财务治理大败局

罗党论 等编著

广东经济出版社

·广州·

图书在版编目（CIP）数据

财务治理大败局 / 罗党论等编著. —广州：广东经济出版社，2024.1
ISBN 978-7-5454-9009-1

Ⅰ.①财… Ⅱ.①罗… Ⅲ.①上市公司—财务管理—研究 Ⅳ.① F276.6

中国国家版本馆 CIP 数据核字（2023）第 224222 号

责任编辑：刘亚平　曾常熠
责任技编：陆俊帆

财务治理大败局
CAIWU ZHILI DA BAIJU

出版发行：	广东经济出版社（广州市水荫路 11 号 11 ~ 12 楼）		
印　　刷：	珠海市国彩印刷有限公司		
	（珠海市金湾区红旗镇永安一路国彩工业园）		
开　　本：	880 毫米 ×1230 毫米　1/32	印　张：	13.25
版　　次：	2024 年 1 月第 1 版	印　次：	2024 年 1 月第 1 次
书　　号：	ISBN 978-7-5454-9009-1	字　数：	315 千字
定　　价：	60.00 元		

发行电话：（020）87393830　　　　　　编辑邮箱：metrosta@126.com
广东经济出版社常年法律顾问：胡志海律师　法务电话：（020）37603025
如发现印装质量问题，请与本社联系，本社负责调换
版权所有・侵权必究

《财务治理大败局》编委会

主　编
罗党论　中山大学

副主编
黄悦昕　中山大学
何建梅　广东白云学院

编　委
颜文倩　中山大学
蔡纪瑶　中山大学
段雨萱　中山大学
李　胜　中山大学
张　哲　中山大学
丁意茹　中山大学

前言

古人云："以史为鉴，可以知兴替。"唯有掌握了历史发展的规律，才能更好地开拓未来。30多年来，中国资本市场激动人心的发展历史孕育了成千上万大大小小的企业，企业间每天都在上演着各种各样令人惊心动魄的剧情。这里有脚踏实地的努力和天马行空的想象，有传承的艰辛和创新的曲折，有成功的喜悦和失败的警醒，更有实施舞弊的悲哀侥幸和水落石出时的惨痛教训。这些都是未来企业和个人发展中宝贵的经验和教训。

我国资本市场的发展一直备受关注。一直以来，我国的经济增长势头强劲，但资本市场却事与愿违，一直很难给投资者带来财富效应。2023年7月召开的中共中央政治局会议明确提出，"要活跃资本市场，提振投资者信心"。就如何提振投资者信心，我们认为，很大的一个着眼点在于要推动资本市场健康发展，要杀鸡儆猴、惩罚害群之马，让他们付出沉重的代价。

正所谓"前事不忘，后事之师"。

本书是作者对我国资本市场财务舞弊行为的严谨思考和深刻感悟，为了揭示我国资本市场财务舞弊历史演进的内在逻辑，本书主要从2019—2021年我国证监会财务舞弊处罚的上市公司中选取了13个典型案例进行讲述，涵盖公司成立、发展、造假、爆雷的全过程，并且融入了企业创始人的生平经历和个人特质，系统分析了企业财务造假的动因、手法与后果。本书的出版旨在丰富和深化读者对我国资本市场财务舞弊的定义、行为模式、运作特征、发展方向、治理对策等问题的认识和理解。

本书最大的特点是采用财经小说的写法，把上述上市公司的前世今生"挖掘"出来，分析了财务舞弊中最重要的元素"大股东"的动机。本书将揭示上述上市公司的财务舞弊"大败局"，对后来的上市公司给出警示和启发，书中涉及大量最新颁布的各种权威性准则和法规，有助于读者对财务报表的理解。

本书适合企业管理者、MBA（工商管理硕士）、EMBA（高级管理人员工商管理硕士）、商学院的本科生和硕士生阅读参考。

对企业管理者（包括MBA和EMBA）来说，本书除了引导他们深入了解这些案例公司一波三折的发展故事、背后的利益输送外，还可以给他们创造一种拨云见日的生动的阅读体验，帮助他们积极学习，扩展和积累财务知识。更重要的是，本书可以让企业管理者知道："财务舞弊哪怕能在短期带来收益，但是长此以往，必将玩火自焚。"经营企业，实实在在方能长远。

对学生来说，本书能帮助他们获得快乐学习的体验，强化其对教材和教师讲授的那些关键财务报表概念的理解。值得一提的是，通过阅读本书的案例，读者可以对财务报表分析过程中所涉及的基本问题有更为丰富的理解。我们相信，在这个过程中，读者的批判性思维、沟通技能等也能得到相应的开发和提升。

本书多样化的可读性案例，具有很强的指导性和启发性，适用于不同的学习模式和授课风格。本书既可以作为公司财务报表分析的学习材料，让读者进行积极主动的自我学习，增进对实务的了解；也可以作为课上练习或课后作业的安排，让教师有效地准备、引导参与式讨论，鼓励学生思考。

  本书由罗党论拟定提纲、写作思路、核心观点并主持修改、定稿。写作分工如下：第一章（黄悦昕），第二章（李胜），第三章（颜文倩），第四章（颜文倩），第五章（黄悦昕），第六章（段雨萱），第七章（颜文倩），第八章（黄悦昕），第九章（张哲），第十章（蔡纪瑶、黄悦昕），第十二章（张哲），第十三章（丁意茹）最后由黄悦昕与何建梅进行统稿。本书仅代表作者个人观点，不代表任何机构的观点。

  所有的历史都趋向于自传体式的告白，企业的发展故事亦不例外。本书中的很多表述和感悟在很大程度上得益于那些跌宕起伏、耐人寻味的企业发展奇遇。同样，本书所涉及的财务知识和管理经验可以运用到生活的方方面面，希望有一天，当我们的读者成为决策者时，会为阅读过这本书而感到欣慰。

罗党论
2023年9月9日

目录

第一章 北京文化：曲终人散皆是梦 / 001

  用艺术品赚钱的商人们 / 002

  成也保底，败也保底 / 006

  幕后的罗生门 / 011

  财务造假的几种操作手法 / 018

  衰草枯杨，曾为歌舞场 / 022

  覆巢之下，安有完卵 / 025

第二章 欢瑞世纪：神剧烂尾终成败局 / 031

  帝国初长成：影视资本化的故事 / 032

  三问询步步紧逼：欢瑞世纪原形毕露？ / 035

  四宗罪水落石出：影视行业造假手法分析 / 043

  帝国处处是残垣：一切皆有先兆？ / 051

第三章　宁波东力：转型收购一场空，供应链贸易造假成常态 / 065

昙花一现的辉煌 / 066

从披星戴帽到"成功"摘帽：会计操纵的甜头 / 069

良缘夙缔，佳偶天成？——为了转型的跨行并购 / 071

从"掌上明珠"到"烫手山芋" / 078

供应链贸易：造假的套路都一样 / 084

引狼入室，自招灾祸 / 085

雪崩时，没有一片雪花是无辜的 / 091

第四章　雪松控股：建立在谎言上的商业帝国 / 095

梦想开始的地方：揭露万亿帝国的尊容 / 096

隐患苗头初露：过度扩张背后的危机 / 100

我是狂欢派对的主人："白衣骑士"接手"爆雷王" / 103

繁华落尽，散一地浮殇：200亿元规模的润邦理财爆雷 / 107

供应链金融难以承受之重 / 109

"长青""长盈"已成泡影 / 114

雪松控股会沉没吗？还会有同样的故事重演吗？ / 116

第五章　乐视网：十年风云会，今朝巢也倾 / 121

被99%的人嘲笑过的梦想 / 122

轰轰烈烈的上市 / 127

为梦想"窒息"的十年 / 134

假作真时真亦假 / 140

繁华落尽一场空 / 152

第六章　海南航空：航空巨头的坠落与治理 / 157

凭风借力上青云 / 158

野蛮生长入歧途 / 160

债台高筑，日暮穷途 / 165

拨云见日迷雾散 / 167

抽丝剥茧溯本源 / 170

萧瑟秋风今又是，换了人间 / 183

结语 / 184

第七章　科迪乳业：大股东"掏空"与造假之路 / 189

赤子追梦：从创办罐头厂到多元化经营 / 190

冉冉升起的新星：科迪乳业成功上市，资本运作不断 / 192

盛名之下，危机四伏：科迪乳业欠薪欠债，陷流动性"迷局" / 195

精心粉饰的"谎言"：科迪乳业财务造假，虚增业绩 / 196

资本的傀儡：集团盲目多元化，科迪乳业遭吸血 / 202

17亿元资金不翼而飞，大股东掏空公司：掌舵人的家族化治理 / 204

激进扩张，草根终败北 / 209

尘埃落定，悲剧上演：科迪乳业被顶格处罚 / 211

一手好牌打烂，企业家盲目多元化之殇 / 213

第八章　康美药业：意济苍生苦与痛，"假"动天下罪与罚 / 219

一代药王的崛起 / 221

潮汕帮的护"康"符 / 223

围剿与反围剿 / 228

不翼而飞的3 000亿元现金 / 232

消失的金钱去哪里了 / 238

飞鸟各投林 / 241

第九章　宜华生活：资本教父和资本帝国的浮沉录 / 247

白手起家，筑梦莲下 / 248

巍然大木，灼灼"宜华" / 250

多米诺效应的"下坠" / 252

百般阻挠终难逃法网，资本教父跌落神坛 / 257

造假背后的秘密 / 261

一手好牌打得稀烂，资本帝国终离散 / 264

第十章 康得新：长使"英雄"泪满襟？/ 269

踌躇满志的创始人 / 270

东窗事发的15亿元债务 / 276

康得新的"纸上富贵" / 280

英雄落幕，兰因絮果？/ 292

第十一章 獐子岛：来去无踪任我行 / 295

海上大寨 / 296

海底银行的风生水起 / 299

"跑路"的扇贝 / 307

扇贝失踪之谜 / 312

藏在深海里的秘密 / 315

第十二章 瑞幸咖啡：复兴走出泥沼路，卷土重来未可知 / 323

光速上市的传奇神话 / 324

创造一个源自中国的世界级咖啡品牌 / 327

"元气满满"的财务报表背后 / 330

行业神话"高处不胜寒" / 340

起死回生，卷土重来未可知 / 342

第十三章 辉山乳业与浑水：苍蝇不叮无缝的蛋 / 347

辉山乳业的崛起与扩张 / 348

发展受阻，风险初显 / 354

浑水的狙击揭露造假手段 / 355

资本的沉沦：股价暴跌、崩盘 / 363

跌落神坛：清盘破产、被迫退市 / 368

东风吹醒英雄梦，不忘初心方可远行 / 370

参考文献 / 374

附录 / 383

后记 / 409

揭开财务舞弊的面纱
探索企业如何走正道

第一章 北京文化：曲终人散皆是梦

黄悦昕

揭开财务舞弊的面纱
探索企业如何走正道

曾几何时，中国的影视界几乎是一潭死水，"内娱倒退20年"的声音高涨。乱世出英雄，1997年，被誉为"现象级爆款商业电影制造机"的北京京西风光旅游开发股份有限公司[①]（简称"北京旅游"）横空出世，一时风光无限。

然而，"梦想始于剧本，而终结于电影"。

"星战之父"乔治·卢卡斯的这句话，放在北京文化身上恰如其分。

空壳公司、保底发行、哄抬股价、自买自卖、减持质押、疯狂套现……一封举报信，让北京文化的"保底神话"成了一场"资本笑话"。北京文化的财务造假案，是中国影视行业从火爆到爆雷的一场"英雄梦醒"，它在幕起幕落之间向观众呈现了人生、人际、人事的千奇百怪和悲欢离合。

这样的呈现，在某种层面上，比电影里的表达更加深刻。

用艺术品赚钱的商人们

宋歌，1994年学成回国，2003年成为风险投资机构软银赛富的合伙人，2004年作为二股东与师弟池宇峰成立完美世界（北京）网络技

[①] 北京京西文化旅游股份有限公司（简称"北京文化"），曾用名"北京京西风光旅游开发股份有限公司"（简称"北京旅游"），2014年10月24日正式更名。

术有限公司，2007年去纳斯达克敲了钟。就在2007年这一年，40岁的宋歌已功名加身，实现财富自由之后，他选择遵从内心的想法，去完成儿时的一场梦。

宋歌出生在央视大院，从小就接触了丰富的影视圈资源。因缘际会，2005年，他曾跟随慈文影视的马中骏押中《七剑》，《七剑》位列当年国产电影票房排行榜第三名。2008年，宋歌出任完美世界影视有限公司（简称"完美世界影视"）总经理，正式进军影视圈进行投资。这既是宋歌深思熟虑的结果，也是命运冥冥之中的成全。

在完美世界影视期间，宋歌的投资例无虚发，从《非常完美》打响开门红，到《失恋33天》以1 400多万元的成本撬动3.5亿票房，宋歌成为年度票房市场最大的黑马，其垄断影视行业的雄心日益高涨。2010年，当万达影视抛来橄榄枝时，宋歌欣然应允，他表示，"既然万达影视有院线优势，就可以做一家集院线、制片、经纪、艺人管理于一体的影视公司"。宋歌坐镇万达影视的两年内，先后招揽了郑晓龙、陈富国、王京花、陈思诚、于正等猛将，拍摄了《北京爱情故事》《警察故事2013》《寻龙诀》等作品，交出了一份漂亮的答卷。然而，万达影视的体制似乎并不能很好地抓住影视市场中转瞬即逝的机遇，徐峥的《泰囧》、周星驰的《西游·降魔篇》，这些曾摆在万达影视面前的机会，都因为决策者的一时犹豫而失之交臂。

犹豫并不是宋歌的性格，他和万达影视最终渐行渐远。2013年，宋歌离开万达影视，回到自己于2010年成立的北京光影瑞星文化传媒有限责任公司（简称"光影瑞星"）。

电影故事极少是一个人的独角戏，现实的影视圈亦不例外。

在这个圈子里，除了"保底达人"宋歌，还有一群举足轻重的资本大佬。2013年后，在北京旅游丁明山的运筹下，北京旅游的影视故事正式拉开序幕。丁明山正式邀请宋歌和定力德生命人寿保险股份有限公司（简称"生命人寿"）的张峻入局。

2013年年底，光影瑞星被北京旅游以1.5亿元收购，并更名为北京摩天轮文化传媒有限公司（简称"摩天轮"）。北京旅游的收购资金是非公开募集的，最大的认购方生命人寿成为北京旅游的第二大股东。

宋歌于2013年开始制作的《同桌的你》《心花路放》，也分别以4.56亿元和11.67亿元的票房大获全胜，其中，后者仅凭5亿元保底发行就拿下了年度华语电影票房的总冠军，为北京旅游带来了1.91亿元的收入，占据公司当年总收入的45.37%。尝到保底发行甜头的北京旅游，逐渐将其内化为项目管理的主要方式，在保底发行的道路上一往无前。

保险资本的护航，并购重组的利好，几个影视圈操盘手贡献的业务，再加上影视行业前几年的火爆，以及2015年上半年A股大牛的行情，北京文化可谓风头无两。2015年6月，北京文化的股价达到42.71元/股。

自此之后，北京文化一度炙手可热。没有了大企业OA审批流程（企业内部的信息化平台审批过程）的束缚，宋歌行事高效、自信果断，非常适应影视圈的生存法则。宋歌仅用了3分钟就和刘震云敲定了《我不是潘金莲》的电影改编，仅用了10分钟就和郭帆敲定了其要加入《流浪地球》的发行，与吴京刚过完剧本就拍板《战狼2》8亿元票房的保底发行。

宋歌独到的投资眼光、敏锐的预判思维，使得北京文化成为名副其实的爆款制造机，也让"宋歌任职董事长，电影业务有保障"这句他在2015年北京文化选举会上放出的豪言不再是一句随意夸下的海口。短短两年的时间，这个拥有理工科背景的资本操盘手，让北京文化如日中天。

随着对影视行业的不断渗透，北京文化原本的主业（旅游酒店）收入不断被打薄（图1-1），公司的总收入与影视经纪业收入无限趋同，直至重合。但是，揭开北京文化的面纱，我们不难察觉，它的无限风光只是个壳。

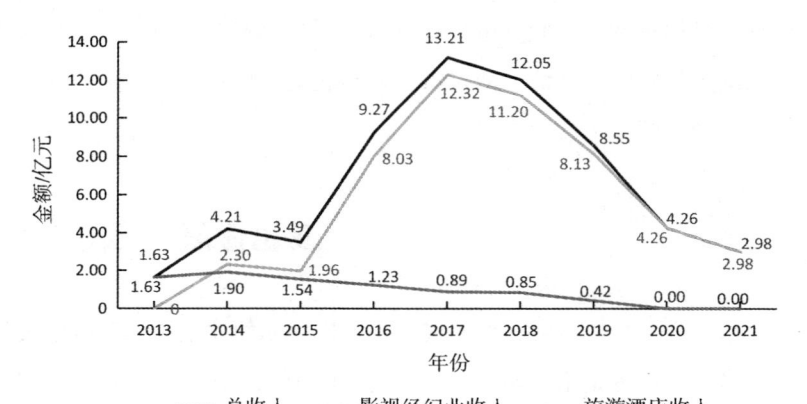

图1-1　北京文化2013—2021年收入情况

数据来源：《北京京西文化旅游股份有限公司年度报告》（2014—2021年度）。

其实，在影视圈，北京文化算是个例外。

在中国乃至世界的影视圈中，由拥有高学历背景的企业家带领的影视公司可谓凤毛麟角。相比于房地产、保险、金融、互联网等行业，影视圈投资回报的不确定性更加显著、成本收益更加不透明，理性思维强而冒险精神较弱的高知企业家，往往不会选择这个行业。

自1993年中国电影市场化意识萌发以来，中国的影视行业不断改革，也曾成为多方资本开疆拓土的重要战场。但是，像北京文化一般有着"整合院线资源、制片公司、经纪公司、艺人培养"的雄心壮志，并切实以"成为影视巨头"为目标的，前所未有。在以宋歌为首的资本大佬的造梦空间里，北京文化要在3年内成为国内一线制作公司，通过内容制作，积累IP和流量，开发衍生产品、主题乐园、文旅小镇，实现游戏授权、商务植入，打通整个产业的赚钱线路。至于像宋歌那样的资本大佬们，也正怀着创业型企业家一样的热血，在机遇稍纵即逝的商海中豪情一博，尝试复制北京文化版的"迪士尼"，打造东方梦工厂。

成也保底，败也保底

以保底发行论成败，似乎成了如今影视圈的非主流。熙熙攘攘的台前幕后，因押错宝下错注而轰然倒闭的影视公司比比皆是，一押成名的赌王少之又少。

2014年8月，北京文化提出《北京京西风光旅游开发股份有限公司非公开发行股票预案（草案）》，计划非公开发行募集资金总额不超过33.14亿元，拟用于对北京世纪伙伴文化传媒有限公司（简称"世纪伙伴"）、浙江星河文化经纪有限公司（简称"浙江星河"）、拉萨群像文化传媒有限公司（简称"拉萨群像"）的收购，以及对艾美（北京）影院投资有限公司[简称"艾美（北京）影院"]的增资。除了对拉萨群像收购案未能获批，由前华谊兄弟影视负责人娄晓曦控制的世纪伙伴、金牌经纪人王京花带领的浙江星河正式集结。相应的游戏规则也浮出水面,世纪伙伴和浙江星河要完成3年的业绩对赌,前者承诺2015—2017年度实现净利润分别不低于1.1亿元、1.3亿元和1.5亿元,后者则须在相同的年度区间内实现不低于0.653亿元、0.843亿元、1.004亿元的净利润。为了完成业绩对赌,北京文化在2014—2017年拟出品的电影多达35部(图1-2)。

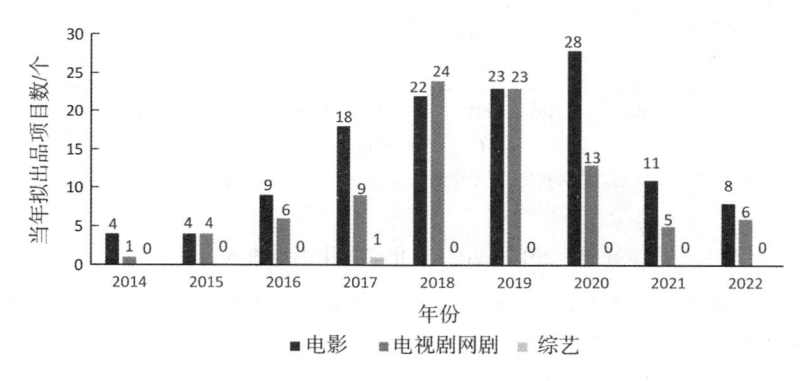

图1-2 北京文化2014—2022年拟出品项目计划进展统计数据

数据来源:《北京京西文化旅游股份有限公司年度报告》(2013—2021年度)。

从2014年至2017年,北京文化的影视经纪业一路高歌猛进,收入在总收入中的占比从54.74%上升至92.94%,这恰恰证实了北京文化的营业重心在完成收购后持续向影视行业转移,其旅游酒店业务范围不断缩小。与此同时,在展开对赌后,2016年和2017年,北京文化收入排名前五的影视作品各占当年营业收入的比例仅为32.60%和46.81%(图1-3)。然而,2016年,北京文化并没有出现爆款,相较于总金额80 322.57万元的影视经纪业收入,报告期内收入排名前五的作品收入仅为26 185.98万元,实在是杯水车薪[①]。2017年,北京文化押中《战狼2》,仅凭该片就获得当年收入排名前五位作品收入的52.06%[②]。自此,北京文化名声大噪。

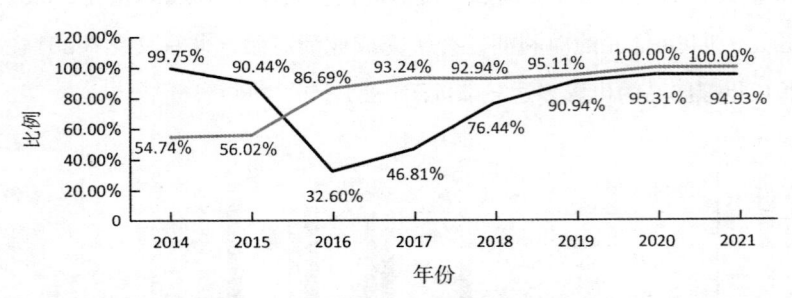

图1-3　2014—2021年北京文化影视收入占比

数据来源:《北京京西文化旅游股份有限公司年度报告》(2014—2021年度)。

即便逢"保"必胜,曾撂下"我对数字很敏感,不想赔钱,不会赔钱"这般自信豪言的宋歌,也不得不承认一个事实:每一部电影都有它的命运。

保底发行是降低影视作品各方风险的机制。但北京文化和其他电影公司面临的外部生态别无二致。在这个市场上,票房表现亮眼的作品屈指可数,赔本亏损和高不确定性才是常态。根据保底发行的游戏规则,北京文化由于传统巨头的资源挤压,所得的分成比例并不高。简而言之,哪怕赌中了爆款,也未必能赌来可观的收益。

---

① 《北京京西文化旅游股份有限公司2016年度报告》,2017年3月。
② 《北京京西文化旅游股份有限公司2017年度报告》,2018年3月。

通过复盘北京文化的投资过往不难发现，其投资神话其实充满裂缝。

2016年，由摩天轮参与出品、冯小刚旗下公司5亿元保底发行的《我不是潘金莲》以0.17亿元票房之差未完成保底；2017年，横空出世的《战狼2》以56.83亿元票房远超北京文化保底发行的8亿元额度，但由于约定分成比例较低，北京文化从该片中仅取得3亿元收入，实际收益约为1.6亿元。除此之外，北京文化投入高达2.1亿元的《二代妖精之今生有幸》只收获了2.92亿元票房，远低于5亿元保底发行的票房规定；参投的电影《有完没完》和《不成问题的问题》只收获了惨淡的3 741万元和777万元的票房，还有一些满载希望的保底发行项目，最终连年报中的年度收入前五位作品榜都进不了。

表1-1为北京文化2014—2019年报告期内收入前五位的影视作品。其中，2014年度和2015年度投资成功的影视作品数有限，能列入年报公示的作品数未超过5部。

表1-1 北京文化2014—2019年报告期内收入前五位的影视作品

年份	项目名称	收入金额/万元
2014	《同桌的你》	3 870.14
	《心花路放》	19 102.41
2015	《解救吾先生》	9 486.70
	《加油吧实习生》	5 770.39
	《桂宝之爆笑闯宇宙》	1 511.91
	《少年班》	930.77
2016	《勇敢的心2》	8 301.89
	《极限挑战》	5 138.01
	《我不是潘金莲》	5 113.80
	《良心》	4 349.86
	《我的岳父会武术》	3 282.42

续表

年份	项目名称	收入金额/万元
2017	《战狼2》	30 015.61
	《秋官课院之狄仁杰浮世传奇》	8 490.57
	《奇侦异案》	6 792.45
	《少年神探宋慈》	6 226.42
	《拼图》	6 132.08
2018	《倩女幽魂》	35 849.06
	《我不是药神》	25 491.34
	《大宋宫词》	10 188.68
	《无名之辈》	9 940.90
	《英雄本色2018》	4 137.51
2019	《流浪地球》	63 178.12
	《攀登者》	3 354.56
	《被光抓走的人》	2 815.31
	《跳舞吧！大象》	2 452.16
	《特警队》	2 175.19

数据来源：《北京京西文化旅游股份有限公司年度报告》（2014—2019年度）。

2018年，北京文化投资并担任宣发的翻拍电影《英雄本色2018》，最终票房只有6 299万元。在北京文化未参与保底发行的项目中，《我不是药神》为其贡献了2.55亿元营收，带来的收益约为1.8亿元。到2019年，北京文化的影视表现一片死寂，只有年初的《流浪地球》带来了6.32亿元营收，约2.6亿元实际收益。除此之外，北京文化一部票房破亿的影片都没有，汇集名导、名编、明星阵容的《妈阁是座城》也只有5 000万元的票房；影帝黄渤主演的《被光抓走的人》仅有7 000万元票房；丁晟导演的《特警队》仅有5 700万元票房；其余影片几乎毫无水花，北京文化当下的表现与其在2019年计划出品46部影视作品的规模相比，实在惨不忍睹。其后，仅有2020年获得28.29亿元票房的《我和我的家乡》，为北京文化贡献了3.5亿元收入，占总收入的82%，而同样引爆院线的《你好，李焕英》，却因上映前北京文化的保底发行份额转让行为，仅为其赚取约1亿元。

保底发行终归是场豪赌，能轰动院线、拥有高国民认可度的作品寥寥无几，押中爆款谈何容易。即便跑赢市场，风光的也只是爆款。

况且，将保底发行与天价片酬当作激进扩张的手段，存在的隐患不可估量。当整体产业处于快速发展周期时，企业本身及其作品存在的弊端和风险都会被业绩成长所掩盖，一旦产业环境趋冷，所有问题便会一触即发。这一切，更像是北京文化在自己身上埋了一颗随时可能会炸的雷。

北京文化的如日中天，源于它的慧眼如炬，压中一个个稀缺的好作品；北京文化的落寞，也源于爆款的成功无法切切实实地为自身变现创收。北京文化的辉煌史，就像一部很有噱头、很风光，却并无太多营养的电影，台前幕后，处处都有掌声，却没人受益匪浅，回味无穷。

幕后的罗生门

江湖事未远，好聚不好散。真正让北京文化加速崩盘的，是从未停止的资本游戏。

做内容的人一旦进入资本局，其思维不可能全然不变，毕竟，和辛辛苦苦做内容的比起来，一路飙升的股价是如此令人兴奋；而当资本大势已去时，彼时努力付出的一部部作品亦无法挽回一路下滑的股价。

2016年春节，丁明山被有关部门带走协助调查。大老板出问题这一消息无疑给了北京文化当头一棒，同样是在2016年，北京文化的第二大股东、生命人寿的实控人张峻被带走协助调查。至此，北京文化的两大股东接连陷入麻烦。

2018年，北京文化的第一大股东中国华力控股集团有限公司陷入债务风波，这场风波致使北京文化在金融机构的信贷受到严重影响，北京文化的资金链断了。

发行可转债计划应运而生，北京文化计划发行不低于20亿元的可转债，这要求公司满足最近3年连续盈利且最近3年净资产收益率平均在10%以上等条件，并且，公司2018年的业绩不得低于2017年。

祸不单行。2018年年底，北京文化正好赶上影视行业查税、限薪等大冲击，收入情况不容乐观。

更加雪上加霜的是，北京文化发行可转债时，公司高层对募集资金的分配产生了重大分歧，彻底决裂。矛盾最终爆发。时任北京文化副董事长的娄晓曦提供的发行可转债草案总共拟募集22亿元资金，其中，0.96亿元划给北京文化的电视剧投资制作项目，而主控权及版权非北京文化的网剧却有11.82亿元。被授权制作网剧项目的第三方与宋歌有着千丝万缕的联系。

不患寡而患不均，何况牵扯金额如此庞大。在娄晓曦的强烈反对下，北京文化变更了可转债报告，募集资金不超过20亿元[①]。在对募集资金拟投入额的分配上，电影占11.1亿元，网剧占5.92亿元，娄晓

---

① 《北京京西文化旅游股份有限公司第七届董事会第十次会议决议公告》，2019年3月22日，深圳证券交易所，http://www.szse.cn/disclosure/listed/bulletinDetail/index.html?a26585a6-d407-42bf-a968-625dcf261c0b。

曦负责的电视剧占2.98亿元。这样的分配方案让内部矛盾看似风波渐歇，雨过天晴。然而，2019年6月18日，北京文化却发布了终止公开发行可转债的公告①。

事情的发展愈加扑朔迷离。中喜会计师事务所已为北京文化提供了14年的年报审计服务，截至2018年年报，均出具了标准无保留意见的审计报告和内控报告。自2019年起，北京文化更换的会计师事务所如过江之鲫，中兴华会计师事务所于2019年给出了带强调事项段的无保留内控报告，苏亚金城会计师事务所则直接以一纸保留意见的审计报告及否定意见的内控报告，让北京文化成功戴帽，沦为ST北文。

北京文化爆雷的导火索埋在2019年6月，娄晓曦以全面退出北京文化为交易条件，与宋歌签订了一份关于9亿元回购世纪伙伴的意向书。然而，在双方就协议达成共识之后，娄晓曦的辞职申请即刻就公示了，可商定好的回购意向书方案却迟迟不见动静，娄晓曦等来的是自己的心血——世纪伙伴被北京文化以4 800万元贱卖的消息。

2020年4月29日，世纪伙伴的转让公告还没捂热，娄晓曦的一封实名举报信就悄然出现在了网络上。举报信中列举了北京文化的四宗罪：第一，宋歌于2018年为北京文化公开发行可转换公司债券，挪用上市公司资金进行业绩造假；第二，宋歌同为北京文化和其被收购公司摩天轮的法定代表人，于2016—2017年挪用上市公司资金用于完成摩天轮的对赌业绩，业绩造假并侵占上市公司利益；第三，宋歌为了把高管离职的股票套现挪用公司资金；第四，宋歌以北京文化的名

---

① 《北京京西文化旅游股份有限公司关于终止公开发行可转换公司债券并撤回申请文件的公告》，2019年6月18日，深圳证券交易所，http://www.szse.cn/disclosure/listed/bulletinDetail/index.html?09f0bd80-74c9-4812-9cea-77980c482916。

义，以高于市场正常水平的租金租用由其姐夫杨利平负责的北京文化产业园，为家人获利。

实名举报北京文化财务造假的娄晓曦，很快就看到了北京文化的回应。北京文化连夜发文称，娄晓曦因涉嫌挪用资金罪出逃海外。

这场罗生门电影已然迎来高潮。

2020年12月，宋歌、江洋、贾园波纷纷提交书面辞职报告[①]，北京文化董事会共有5名非独立董事，其中3人的辞职令北京文化一下子塌了半边天。随后，北京文化又收到证监会的《调查通知书》[②]。北京证监局出示的警示函指出，北京文化2018年年报中的财务信息披露不准确，2018年度多计营业收入约4.6亿元，多计净利润约1.91亿元；公司在对子公司管理、预付款及投资款管控、项目管理等方面存在重大问题。下面，我们来理一理北京文化面临的几个重大问题。

一是错综复杂的子公司管理。北京文化子公司管理混乱最突出的表现，就是对商誉的管理。北京文化的营收主要来自摩天轮、世纪伙伴和浙江星河这3家子公司。受这3家子公司的影响，北京文化2016—2018年商誉高达15.88亿元。然而，经过2019年商誉爆雷，北京文化的商誉只剩下1.12亿元（图1-4）。北京文化2019年的年报称，公司核心管理团队未正常履职，核心创作团队已全部流失，现阶段除已摄制完成的影视剧外没有新影视剧的摄制计划，待现有存货销售完成后，公司将不

---

① 《北京京西文化旅游股份有限公司关于公司高级管理人员辞职的公告》，2020年12月24日，http://www.szse.cn/disclosure/listed/bulletinDetail/index.html?9e617415-956f-43cf-9799-765601cd14e4。

② 《北京京西文化旅游股份有限公司关于公司及相关人员收到北京证监局警示函的公告》，2021年1月4日，http://www.szse.cn/disclosure/listed/bulletinDetail/index.html?7c914d46-6331-4798-b8cc-d6be0b005adf。

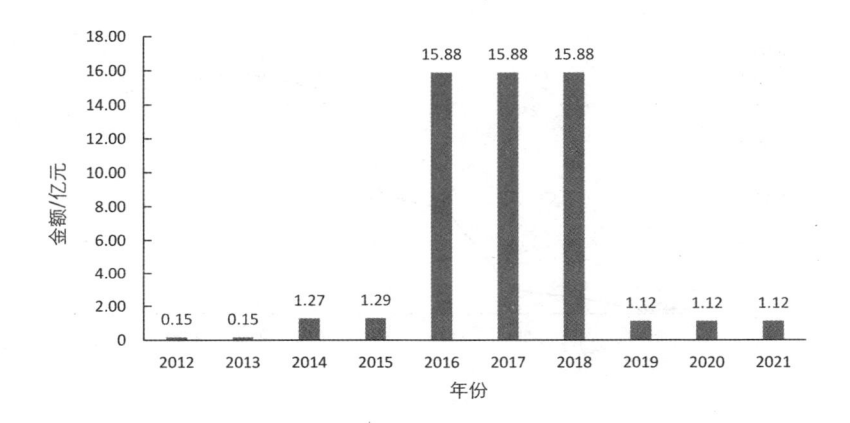

图1-4 北京文化2012—2021年商誉变化

数据来源：《北京京西文化旅游股份有限公司年度报告》（2013—2021年度）。

具备持续经营的能力。

二是令人捉摸不透的预付款。2016年，北京文化的预付款已高达7.25亿元；到了2018年，预付款更是突破15亿元；2020年，账面预付款高达16.16亿元。而在营收方面，在2016—2020年时间里，北京文化的最高营收纪录是2017年的13.21亿元（图1-5），2019年只有8.55亿元。北京文化称，这些预付款均为摄制公司、制片公司的款项。然而，预付款作为最容易进行利益输送的项目，风险极大，尤其是对北京文化这种营收规模不大、经营性现金流入不多的企业来说，过高金额的预付款不符合其经营模式。

三是虚虚实实的投资款管控。即便是商誉不爆雷的年份，北京文化的经营性现金流量净额也非常糟糕。2014—2021年，北京文化的经营性现金流量净额几乎年年都是大额负数或极小额正数（图1-6），

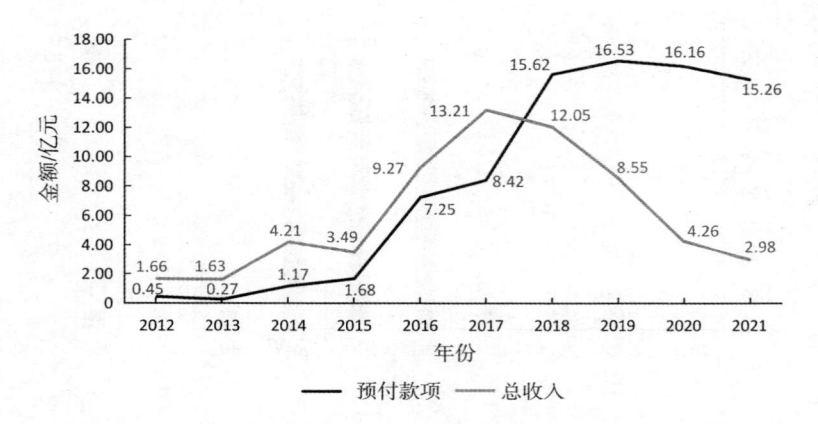

图1-5 北京文化2012—2021年预付款与总收入变化

数据来源：《北京京西文化旅游股份有限公司年度报告》（2013—2021年度）。

这说明，其表面上的净利润并没有真正"落袋为安"，而是通过各种方式将上市公司的资金以预付款的形式输送给了所谓的供应商，而这些钱的来源主要是贷款。北京文化2013—2021年度财务报表披露，北京文化在个别年份的账面短期借款暴增（图1-7），这般硬着头皮承担巨额利息、借债经营，再把资金倒腾出去的操作，让北京文化成为一台名副其实的"提款机"。

以上三种问题，加上盈亏不定的保底项目以及股东们异于寻常的质押比例，最终导致北京文化变得千疮百孔。

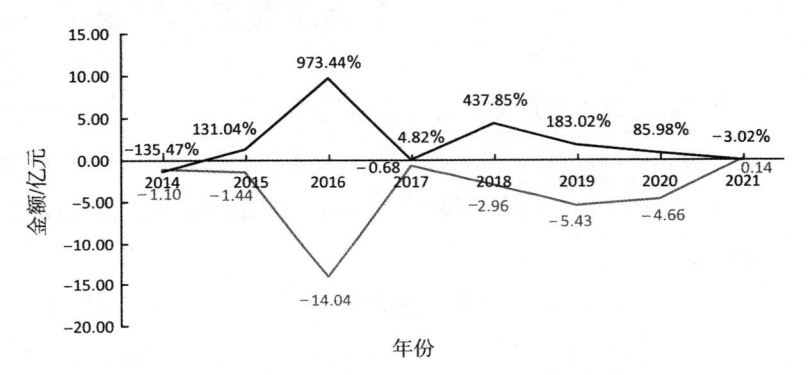

图1-6　北京文化投资活动现金流量变化

数据来源：《北京京西文化旅游股份有限公司年度报告》（2013—2021年度）。

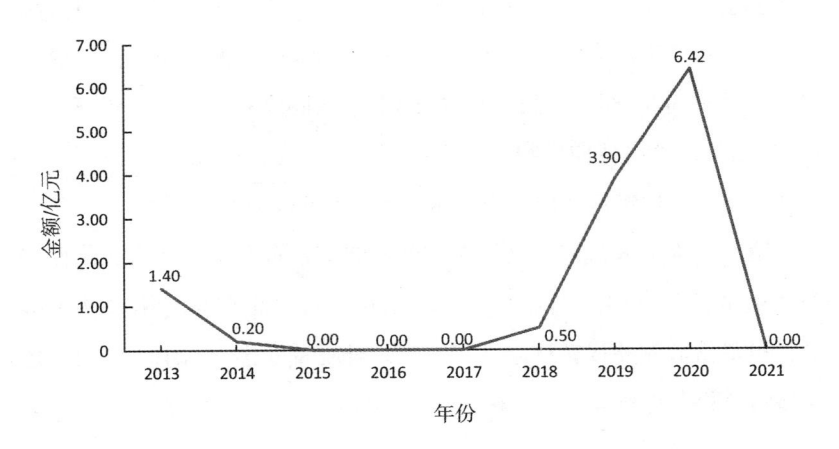

图1-7　北京文化2013—2021年短期借款情况

数据来源：《北京京西文化旅游股份有限公司年度报告》（2013—2021年度）。

财务造假的几种操作手法

中国证券监督管理委员会北京监管局的介入，让部分真相浮出水面。2021年11月1日，《中国证券监督管理委员会北京监管局行政处罚书（北京文化、娄晓曦等）》[①]指出，事情的发生主要经过三个阶段：

第一，2018年7月，北京文化的子公司世纪伙伴将影视剧《大宋宫词》15%的投资份额收益权作价10 800万元，转让给海宁博润影视文化有限公司（简称"海宁博润"）；2019年1月，海宁博润向世纪伙伴支付首笔转让费2 300万元，该项业务在北京文化2018年年度报告中确认收入10 188.68万元。

第二，世纪伙伴与雅格特国际文化传媒（北京）有限公司（简称"雅格特"）签订《项目转让协议》，世纪伙伴将影视剧《倩女幽魂》60%的投资份额收益权作价38 000万元转让给雅格特，协议显示的签署时间为2018年12月10日，实际上，该协议并非在2018年签署；2019年3月，雅格特向世纪伙伴支付首笔转让费5 500万元，该项业务在北京文化2018年年度报告中确认收入35 849.06万元。

第三，《大宋宫词》《倩女幽魂》的交易资金系由北京文化授权娄晓曦全权负责的舟山嘉文喜乐股权投资合伙企业（有限合伙）提供，投资份额收益权转让未真实发生。娄晓曦安排、组织、实施上述虚假转让投资份额收益权，虚构资金循环，流回世纪伙伴。

---

① 《中国证券监督管理委员会北京监管局行政处罚决定书（北京文化、娄晓曦等）》，[2021]10号，2021年11月1日，中国证券监督管理委员会北京监管局，http://www.csrc.gov.cn/beijing/c103560/c1555841/content.shtml。

这盘棋步步为营，环环相扣，娄晓曦利用世纪伙伴虚假转让《大宋宫词》《倩女幽魂》的投资份额收益权，导致北京文化在2018年年度报告中虚增收入合计46 037.74万元，占当期营业收入（追溯调整前）的38.20%，虚增净利润19 108.02万元，占当期净利润（追溯调整前）的58.94%。相关合同、银行流水、记账凭证、公告文件、相关单位出具的情况说明以及相关人员的询问笔录等证据均指向一个事实：北京文化2018年的年度报告存在虚假记载。

按照产业链位置和功能分类，影视行业的参与方可以分成出品人、制片方、经纪公司、发行方和投放渠道五大角色，五大角色的工作环环相扣，每一环节都充满了利益算计。以北京文化为例，凭借上市公司的良好信誉和融资能力，股东们为了掠夺利益可谓绞尽脑汁，手段大致可归纳为以下四种：

第一，收割定向增发的29亿元资金；第二，利用好业绩支撑股价，再通过买卖公司股份进行套现；第三，发行20亿元的可转债；第四，直接通过财务和资产操纵掏空上市公司。其中，第二、第四种手段是影视行业进行财务造假的主要手法。影视行业的财务舞弊手法通常有以下三种：

其一，虚假票房。自从《阿童木》的发行方公开道歉后，电影业似乎变成了只需要票房数字不需要质量和口碑的怪胎。假收视率、假点击率、假票房、真水军等现象早已是见怪不怪。在一线、二线、三线、四线乃至十八线城市，幽灵场层出不穷，假观众、偷漏瞒报与黑客更改、搬砖、锁场，各相关方都在不遗余力地给票房注水。一方面，是院线为完成排片任务而开出的虚拟场次；另一方面，则是发行方为了提高评分、增加曝光率出钱加场锁座。眼下，我国没有类似美国的票房统计机构公开发布电影票所的有关数据,唯一的权威票房统计机构就是国家电影专项资金办公室。这个非社会服务性机构所统计的数据属于国家资源,每周二发布一次数据,且不能完全用于社会信息共享,绝大多数电影发行公司只能靠估算来发布首映数字,缺乏统一的计算标准、发布渠道,统计结果不够公开、透明,加上从出品方、投资方、制片、导演、演员、院线到新闻媒体各方急功近利的推动,使得电影票房掺假行为逐渐变得明目张胆。另外,电影票房数据不涉及票房分账、影院票房营业税和电影专项基金,虚假繁荣还有助于带动投资方背后的股票和基金等的发展,这使得票房造假变得更加"理所当然"。

其二,商誉管理。商誉其实是品牌效应。在资本市场中,公司借壳上市的例子比比皆是,影视圈也不例外,北京文化就是典型。作为企业未来获取超额利润的折现,商誉的作用不言而喻。影视圈根据自身特点也发展出了一套独特的商誉计算机制,比如,收购国内外电影院、经纪公司、娱乐公司等的溢价。然而,影视公司商誉的特殊性在于,哪怕再乐观估计收入递增,影视作品也并非均为爆款,永远无法做到今年一部片子卖1个亿,明年卖3个亿,后年卖5个亿。一旦业绩不支持,商誉的减值功能就大大显现。影视行业的商誉水分之大,有两个方面的原因:一是影视行业的风险承担能力弱,适当提高商誉已成为业界共识。和传统行业相比,影视行业既没有雄厚的固定资产,也没有充裕的现金流。除了部分兼营影院的公司外,大多数影视公司采用的都是轻资产运营模式。而兼营影院业务的公司,运营成本也很高,传统企业关掉厂房后,生产线的成本就会直线下降,但影院行业在遭遇2020年年初的疫情寒冬时,依旧运营成本巨大,损失惨重。二是影视行业的商誉不是真正的经营资产。诸如北京文化之类的公司是并购的文化公司，这种公司本质上是靠明星的名气而非自身的生产经营能力盈利，具有较大的不确定性。

其三，成本造假。电影、电视剧的制作成本不仅包括导演、编剧、摄像、演员、场景、拍摄、后期、食宿行等的费用，还包括市场营销及宣传的费用。每部作品根据概念和要求的不同，又可以划分为小成本制作、中型制作和大制作。尤其当演员薪资牵扯上明星效应，当宣传发布关联到平台流量数据，成本投入的各个环节都可能出现严重的纰漏，造假者非常容易浑水摸鱼。而且，影视产业的账目开支繁多，且时间性强，拍完一部作品剧组就解散，拍摄的支出几乎无法溯源。影视投资的制作成本如此不透明，电影和电视投资又受到地方财政和政策的税收支持，热钱来得极快，不可避免地吸引了更多投机者入局。投机者们靠着虚报强大的人脉关系和天价投资金额，混迹影视圈。

其实，影视圈早已沦为资本抹黑洗钱的重灾区。

十几年来，影视圈通过明星证券化建立空壳公司；通过保底发行、票房造假哄抬股价；通过自买自卖，减持质押疯狂套现，形成了一个完整的资本幕后操作的利益黑链条。所有的乱象和怪象，都可以在此找到源头。随着粉丝经济的兴起，明星早已成为自带流量的"优质资产"。明星用自己的收入开设影视公司，依据自身当下及未来能够带来的经济利益，高价出售给其他上市公司，进行所谓的明星证券化，空壳公司也就应运而生。为了让股民们相信收购空壳公司的决定是可行的，明星、影院往往通过保底发行、票房造假等哄抬股价，取得股民的信任，从而引发追随投资的浪潮。电影、电视剧大卖的现象可以伪造，电影院的上座率和电影口碑也可通过金钱交易得以实现。股票的一路涨停，为资本套现、收割股民提供了便利。除了在收购、借壳等环节放大杠杆外，部分影视上市公司的大股东通过自买自卖、高位减持、股权质押等手段获得大量的高杠杆资金。大股东通过自买自卖将股价慢慢推高，制造交投活跃气氛，随着股票日线图上呈"价升量增"地向多形态发展，在吸引股民跟风涌入后再将他们一网打尽。所谓的影视圈洗钱实际上就是资本家洗白非法收入顺带收割中小股民的过程，演艺明星或因利益相关积极参与，或因忌惮黑恶势力沦为帮凶。影视圈的逐利盛宴中，资本才是真正的"食客"，多少人被诱惑挟持，成了盛宴的"传菜人"。

浮华过后，一地鸡毛。

衰草枯杨，曾为歌舞场

监管部门通过调查发现，北京文化虚假设计投资份额收益权转让合同，以此虚构资金循环，并虚构资金流转指令下达，从而达到多计营业收入的目的，这是北京文化舞弊案中的财务造假手段。中喜会计师事务所给出的2018年北京文化审计报告中，在"关键审计事项"提及其影视及经纪收入确认和商誉减值测试两方面的内容[①]。

北京文化的营业收入主要包括旅游收入、酒店服务收入（包含销售商品）、影视及经纪收入、提供劳务收入和让渡资产使用权收入。2018年度，北京文化影视及经纪收入为1 119 986 648.09元，占北京文

---

① 《北京京西文化旅游股份有限公司2018年度报告》，2019年3月。

化营业收入的92.94%，较2017年度下降9.07%。北京文化的影视及经纪收入构成，主要包括电影发行及其衍生收入、电视剧发行及其衍生收入、艺人经纪及相关服务收入、电影院放映收入等。其中，电影、电视剧完成摄制前通过采取全部或部分卖断、承诺给予影片首（播）映权、预售影片发行权、放（播）映权或其他权利等方式取得款项，待电影、电视剧完成摄制并按合同约定提供给预付款人使用时，便可确认销售收入实现。这里涉及的利益相关方不计其数，而影视及经纪收入是北京文化的关键业绩指标，存在管理层为了达到特定目标或期望而操纵收入确认时点的固有风险。表1-2为北京文化影视及经纪收入的构成及确认原则。

表1-2　北京文化影视及经纪收入的构成及确认原则

影视及经纪收入	收入确认原则
影片票房分账收入	在影片完成摄制并经电影电视行政主管部门审查通过，取得"电影片公映许可证"，并在院线、影院上映后，按双方确认的实际票房统计及相应的分账方法所计算的金额确认
电影放映收入	在影片上映时按收取的售票款全额确认收入，按应付给影片发行方的票房分账款确认为成本
电影版权收入	在影片取得"电影片公映许可证"、母带已经交付，且与交易相关的经济利益很可能流入本公司时确认
电视剧销售收入	在电视剧完成摄制并经电影电视行政主管部门审查通过，取得"电视剧发行许可证"，电视剧拷贝、播映带和其他载体转移给购货方、相关经济利益很可能流入本公司时确认

续表

影视及经纪收入		收入确认原则
艺人经纪及相关服务业务收入	艺人代理服务收入	在公司旗下的艺人从事公司与艺人签订的经纪合约中约定的演艺等活动取得收入时，公司根据与艺人签订的经纪合约中约定的方式确认收入
	企业客户艺人服务收入	在服务已提供，收入的金额能够可靠计量及相关的、将发生的或已发生的成本能够可靠计量，且相关的经济利益很可能流入本公司时确认

数据来源：《北京京西文化旅游股份有限公司2018年年度报告》。

截至2018年12月31日，北京文化合并报表中商誉账面价值为1 587 635 756.14元。公司管理层在每年年度终了对商誉进行减值测试，并依据减值测试的结果调整商誉的账面价值。由于管理层商誉减值测试的评估过程复杂，且减值评估涉及确定折现率等评估参数及对未来若干年的经营和财务情况的假设，而商誉又直接影响利润，故而商誉减值也是容易发生财务造假现象的一个环节。以2018年为例，北京文化的三大中坚力量：摩天轮、世纪伙伴和浙江星河的商誉账面余额分别为11 185.14万元、83 438.36万元和64 140.07万元。商誉减值测试中涉及的关键参数包括预测期、预测期增长率、稳定期增长率、利润率和折现率[①]，也涵盖了北京文化未来的营业收入。北京文化认为，根据2018年给出的商誉减值关键数据，三家子公司的商誉均在2020年迎来下跌，并在此后3年保持平稳。2019—2023年，北京文化三家子公司的营业收入增长率预测均为稳定期（图1-8），北京文化的营业收入会有所波动，未来长期发展趋势会趋于行业整体水平，因此不存在商誉减值的迹象。但事实真的如此吗？结合北京文化历史年度的经营状况、内忧外患的环境，及其艺人业务储备和业务整合规划等情况来看，这样的说法恐怕难以令人信服。

---

① 折现率也称加权平均资本成本，简称"WACC"。

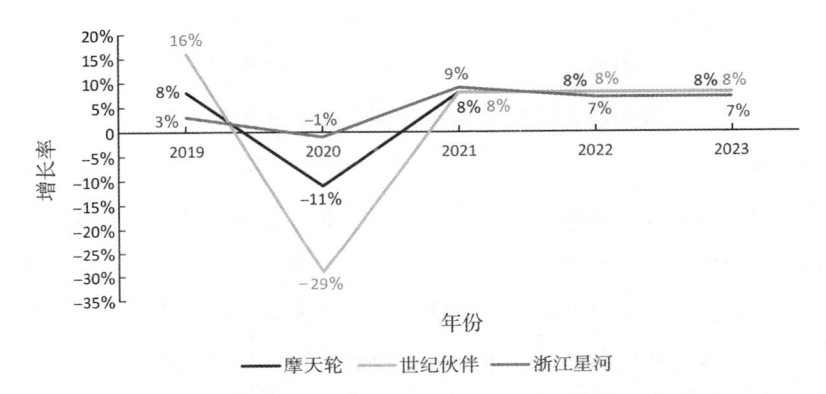

图1-8　北京文化三大子公司2019—2023年销售收入增长率预测

数据来源：《北京京西文化旅游股份有限公司2018年年度报告》。

北京文化之殇，又何止是宋歌、娄晓曦等区区几人的罪与罚？当资本的汪洋裹挟着利益的滔天巨浪席卷而来，被打翻的，怎会只有北京文化这一艘船？在财务舞弊的血池狱中，那些已深陷泥沼的，那些身在迷途未知返的，那些愚昧不自知的，那些沐猴而冠的，如何经得住他人对其自身收入确认、商誉减值测试、对外投资明细等环节进行深入的剖析。

覆巢之下，安有完卵

娄晓曦在打算和宋歌鱼死网破时，也料到了这个下场。

一番剥茧抽丝，终于证实，北京文化违反了2005年《中华人民共和国证券法》（简称"《证券法》"）第六十三条的规定，做出了

《证券法》第一百九十三条第一款所述的违法行为[①]。《大宋宫词》《倩女幽魂》的虚假投资份额收益权转让合同由世纪伙伴签署,娄晓曦安排虚构资金循环,时任世纪伙伴副总经理陈颖参与案涉虚构资金流转指令的下达。娄晓曦知悉、组织、实施案涉财务造假的证据确凿。时任北京文化副董事长、世纪伙伴董事长娄晓曦知悉、组织、实施财务造假行为,导致北京文化2018年年度报告存在虚假记载。时任北京文化董事长、总裁宋歌,时任北京文化董事、副总裁张云龙未能对世纪伙伴进行有效管控,审批案涉投资份额收益权转让合同,未履行勤勉尽责义务。这三人均被认定为北京文化信息披露违法行为直接负责的主管人员。

时任北京文化电视剧事业部总经理、世纪伙伴副总经理陈颖,代表北京文化电视剧板块参与年报审计,发起投资份额收益权转让流程,参与案涉虚构资金流转指令下达,是违法行为的参与者与主要执行者。时任财务经理贾园波以会计机构负责人身份保证北京文化2018年年度报告中财务报告的真实、准确、完整,未履行勤勉尽责义务。时任董事陶蓉、丁江勇、杜扬,时任董事会秘书陈晨,时任财务总监张雅萍,时任副总裁邓勇,时任独立董事邱晓峰、褚建国、李华宾,时任监事刘伟、张润波,职工监事金波在2018年年度报告签署书面确认意见,未履行勤勉尽责义务。这14人均认定为北京文化信息披露违法行为的其他直接责任人员。

面对违法处罚,北京文化的管理层和治理层,上上下下无一幸

---

① 《中国证券监督管理委员会北京监管局行政处罚决定书(北京文化、娄晓曦等)》,〔2021〕10号,2021年11月1日,中国证券监督管理委员会北京监管局,http://www.csrc.gov.cn/beijing/c103560/c1555841/content.shtml。

免。中国证券监督管理委员会北京监管局当即对北京文化给予警告，并处以60万元罚款；对娄晓曦、宋歌、张云龙给予警告，并分别处以30万元罚款；对陈颖给予警告，并处以20万元罚款；对贾园波给予警告，并处以10万元罚款；对陶蓉等12人给予警告，并分别处以3万元罚款。

财务舞弊一事被证实后，宋歌手下原董事会所代表的"旧贵族"，与公司第一大股东生命人寿、第二大股东青岛西海岸控股发展有限公司（简称"西海岸控股"）代表的"新贵族"，为争夺公司董事会9人席位又展开了新一轮头破血流的抢夺和厮杀。最终，以原本股权在手、胜券在握的新贵族痛失公司董事会多数席位的话语权与掌控权画上句号。新贵族以"计划空降的新董事长李霈在影视行业从业经验不足，已披露的个人简历较为简单"为由，立场坚定地抵制李霈担任北京文化董事长一职。可想而知，影视行业从业经验不足的李霈能在风口浪尖上被推选为董事长，背后又有多少的资本博弈。

在发生举报事件一年后，2021年4月29日，北京文化发布公告称，北京文化公司股票自2021年4月30日开市起停牌一天，2021年5月6日复牌后又被实施"其他风险警示"处理，股票简称由"北京文化"变更为"ST北文"。直到2022年6月22日，"ST北文"这个耻辱的帽子才被成功摘下。

2022年7月，北京文化发布《关于公司诉讼事项的公告》称，公司又收到北京登峰国际文化传播有限公司、北京壹同传奇影视文化有限公司、嘉影上行（北京）文化传媒有限公司和西虹市影视文化（天津）有限公司这四家公司的起诉状。北京文化依旧危机四伏。

如今回想，当年《战狼2》一片叫好叫座时，杜扬曾在微博中这样形容北京文化的掌舵人宋歌，"眼光大胆又坚持情怀，是一部部精品电影坚强的后盾，就像片中的大使，保护着怀揣梦想的电影人"。再看看宋歌入局北京文化的起起伏伏，不免令人唏嘘。当年怀揣梦想，从四面八方汇聚一堂，共同组建北京文化的各位高管，在不断的资本操作中渐渐迷失了本心，闹出这般笑话，更是让人扼腕。

曾经的壮志凌云，曾经的踌躇满志，曾经的相知相信，曾经的满怀梦想，都在短短数年的钩心斗角中消磨殆尽。一曲唱罢，人去楼空，绕梁的余音竟是梦碎的声音。

现如今，能令北京文化起死回生的还有《封神》。《封神》系列是北京文化及其董事长宋歌寄予厚望的"英雄梦"。《封神》能否真的能一战封神，让北京文化洗除财务造假、内部紊乱的尘土，重整旗鼓，至今还很难下定论。但一线生机尚在，我们仍然愿意相信，影视圈会在这一次又一次的阵痛中学会长大，唤醒似乎沉睡了很久的良心。

大事记

・2013年12月18日，光影瑞星被北京旅游以1.5亿元收购，并更名为摩天轮。

・2014年1月21日，宋歌当选北京旅游副董事长。

・2014年8月，北京旅游提出《非公开发行股票预案（草案）》，计划非公开发行募集资金总额不超过33.14亿元，拟用于世纪伙伴、浙江星河、拉萨群像的收购以及对艾美（北京）影院的增资。

・2014年10月24日，北京旅游正式更名为北京文化。

・2014年12月17日，北京文化发布《募集资金制度》。

- 2015年6月，北京文化股价达到42.71元/股。
- 2016年，北京文化大老板丁明山、第二大股东生命人寿的实控人张峻被带走协助调查。
- 2018年7月，北京文化子公司世纪伙伴将影视剧《大宋宫词》15%的投资份额收益权作价10 800万元转让给海宁博润。
- 2019年1月，海宁博润向世纪伙伴支付首笔转让费2 300万元。
- 2019年3月，雅格特向世纪伙伴支付首笔转让费5 500万元。
- 2019年6月，以全面退出北京文化为交易条件，娄晓曦与宋歌签订一份关于9亿元回购世纪伙伴的意向书。
- 2020年4月29日，世纪伙伴被北京文化以4 800万元出售，娄晓曦实名举报北京文化财务造假。
- 2020年12月，宋歌、江洋、贾园波辞职。
- 2020年12月31日，北京文化收到证监会的"调查通知书"。
- 2021年4月29日，北京文化发布《北京京西文化旅游股份有限公司关于公司股票交易被实施其他风险警示暨停牌的公告》，北京文化公司股票自2021年4月30日开市起停牌1天。
- 2021年5月6日，北京文化复牌后被实施"其他风险警示"处理，股票简称由"北京文化"变更为"ST北文"。
- 2021年11月1日，中国证券监督管理委员会北京监管局下达《中国证券监督管理委员会北京监管局行政处罚决定书（北京文化、娄晓曦等）》。
- 2022年6月22日，北京文化发布《北京京西文化旅游股份有限公司关于撤销公司股票交易其他风险警示暨停复牌的公告》。
- 2022年7月7日，北京京西文化旅游股份有限公司收到北京登峰国际文化传播有限公司起诉书、北京壹同传奇影视文化有限公司起诉状、嘉影上行（北京）文化传媒有限公司起诉状和西虹市影视文化（天津）有限公司起诉状。

第二章 欢瑞世纪：神剧烂尾终成败局

李 胜

扫码查看

揭开财务舞弊的面纱
探索企业如何走正道

相较于彻头彻尾的烂片，前半部封神、后半部烂尾的剧集更让人印象深刻。无巧不成书，有什么样的剧，就有什么样的制片公司。

始于微末的欢瑞世纪联合股份有限公司（简称"欢瑞世纪"），开局就是王炸，牵手于正、湖南经视，迅速跻身一线影视公司，在巅峰时期，其"造星工厂""古偶帝国"的名头响彻影视圈内外。两次借壳，虽经波折，但最终如愿上市，然而，三次问询，四宗罪状，一纸处决书一出，欢瑞世纪财务造假的丑闻天下皆知。

欢瑞世纪的发展史就是这样一部烂尾神剧，虽然结局潦草，但是过程值得回味。

帝国初长成：影视资本化的故事

2006年，陈援、钟君艳夫妻俩分别出资255万元、245万元，成立浙江三禾影视文化有限公司（简称"三禾影视"）。这个鲜为人知的初创公司，就是欢瑞世纪的前身。在此之前，毕业于浙江职业技术学院外贸专业的陈援，一直在新加坡做地产项目，夫妻两人对影视行业都不熟悉。此时的二人并不会想到，就是这样一个小小的"夫妻店"，能够在短短10年内成长为一个"古偶帝国"。

2007年，初出茅庐的三禾影视刚起步就遇到一位贵人——江湖人称"于妈"的于正。这一年，三禾影视参与投资了范冰冰独立制片的

《胭脂雪》和霍思燕主演的《最后的格格》，这两部剧的编剧都是于正。也是在这一年，三禾影视参与投资了于正转型做电视剧制片人的第一部戏——《大丫鬟》，自此，三禾影视和于正建立了初步合作关系。2009年，三禾影视和于正合作推出的《玫瑰江湖》荣获福建"我爱我剧"最受观众喜爱电视剧奖，欢瑞世纪官方网站至今仍以此作为公司大事记的起点。时隔一年，筹拍3年的《大丫鬟》在湖南经视开播，开播仅5日，该剧的市场占有率就达到了34%。而作为投资方的三禾影视，借此机会与湖南地方频道产生了联系，为后来的合作奠定了基础。

手握于正和湖南经视这两张王牌的三禾影视不满足于现状，2011年9月，三禾影视改制为股份有限公司，并更名为"欢瑞世纪影视传媒股份有限公司"（简称"欢瑞影视"），开启了它的上市计划。2011年10月，欢瑞影视进行了一轮增资，股东名单增加了25人，其中就有杨幂、杜淳、何晟铭。同年，于正和欢瑞影视合作出品的《宫锁心玉》在湖南经视播出后火遍大江南北，捧红了杨幂、何晟铭、冯绍峰、佟丽娅等一众明星，欢瑞影视打出"造星工厂"的名头。于正名声在外，欢瑞影视跻身一线影视剧制作公司，湖南经视稳坐最受欢迎电视频道的宝座，一时间，这个黄金三角组合展现出影视界的无敌姿态。同时，雄心勃勃的欢瑞影视，还在2012年引入中国文化产业投资基金、光线传媒有限公司等机构，准备在A股IPO（首次公开募股）。然而，万事俱备的欢瑞影视却未能等来他的东风。2012年11月至2014年1月，中国证监会暂停IPO14个月，欢瑞影视的上市计划被迫搁浅。

2013年3月，欢瑞影视在北京推出"大制片计划"，在2014年前后与杨幂、唐嫣、刘恺威、林心如、何晟铭等明星以工作室的形式签约,后续又签约了流量小生杨洋、李易峰。同时,欢瑞影视还打造了一批IP大剧,包括《宫锁珠帘》《古剑奇谭》和《青云志》等。随着电视剧的爆火,欢瑞影视"造星工厂"的形象深入人心。"将艺人吸纳为明星股东,并推出一套制片人或导演培养计划",欢瑞影视通过这一方式,留住了一大批人气明星和当红演员,这也成为欢瑞影视日后A股上市的资本。

2014年1月11日,经过长达14个月漫长的等待,早已按捺不住的欢瑞影视与泰亚鞋业股份有限公司[①](简称"泰亚股份")开始首次接触并筹划重组,想借此完成上市的宏愿。同年7月,泰亚股份发布相关预案。然而,此次重组方案以失败告终,欢瑞影视未能如期IPO,苦等两年的中国文化产业投资基金在同年12月宣布离开。虽然经历了两次碰壁,但欢瑞影视并未放弃上市之路,重整旗鼓之后,其将目光投向濒临退市的星美联合。2015年4月,陈援控制的欢瑞世纪(天津)资产管理合伙企业(有限合伙)(简称"天津欢瑞")和上海鑫以实业有限公司签订《股权转让协议》,协议签订后,天津欢瑞掌握星美联合14%的股份,成为其第一大股东。2016年1月,星美联合董事会通过重大资产重组预案,拟作价30亿元收购欢瑞影视100%的股份,欢瑞影视借壳上市。2016年11月,星美联合发布了《关于发行股份购买资产并募集配套资金暨关联交易事项获得中国证监会核准批复》的公告,这意味着欢瑞影视借壳上市成功。至此,欢瑞世纪多年的上市梦终于变为现实。2017年2月,星美联合更名为欢瑞世纪联合股份有限公司,欢瑞影视成为欢瑞世纪并表全资子公司。此时的欢瑞世纪风光无限。

---

① 2016年,泰亚鞋业股份有限公司更名为"恺英网络股份有限公司"。

然而，顶流艺人杨洋、杨幂在欢瑞世纪的巅峰时期选择出走，似乎早已预示着这个影视帝国大厦将倾。

三问询步步紧逼：欢瑞世纪原形毕露？

2017年4月，欢瑞世纪发布了上市后的第一份年度报告，然而正是这份报告，成了欢瑞世纪走向覆灭的开始。2017年6月19日，深圳证券交易所（简称"深交所"）发出对欢瑞世纪的年报问询函，内含8个问题，其中包括对其他应收款前五名中存在对李易峰、浙江悦视影视传媒有限公司、海宁嘉行天下影视文化有限公司的借款及往来款情况的问询，欢瑞世纪于6月29日予以回复。当众人都以为风平浪静之时，一个更大的风波悄然来临。

2017年7月12日，欢瑞世纪发布上市后的半年报。半年报显示，欢瑞世纪第一季度利润为负，半年度业绩预亏，预计亏损超3 000万元。7月14日，也就是半年报发布后的第三天，证监会迅速以涉嫌信息披露违法违规对欢瑞世纪展开立案调查，欢瑞世纪的股价应声暴跌。股价的下跌进一步引发控股股东的平仓危机，致使股价继续走跌。在被证监会立案调查的消息传出后，公司质押给中信证券的股票价格跌至平仓线，欢瑞世纪决定停牌。随后，欢瑞世纪通过采取补充质押股权等一系列措施，才勉强度过危机。正当市场都在为其无法完成借壳上市时做出的业绩承诺而担忧时，欢瑞世纪却出乎意料地给出了一份令人"满意"的答卷。

2018年4月，欢瑞世纪发布了2017年公司年报，展现的业绩十分亮眼。欢瑞世纪资产重组时要求，在2017年度实现的合并报表中归属于母公司的净利润不低于2.90亿元，扣非净利润不低于2.70亿元。而年报中显示，本次重大资产重组之标的资产2017年度归属于母公司股东的净利润近3.93亿元，完成率135.45%；扣除非经常性损益后，归属于母公司股东的净利润近3.76亿元，完成率139.22%，欢瑞世纪超额完成任务。为何在半年报中预亏的欢瑞世纪，却能够在下半年的经营中反亏为盈，且漂亮地完成资产重组时的业绩承诺？或许我们可以从表2-1中看出一些端倪。

表2-1　欢瑞世纪2017年度分季度财务数据

（单位：元）

财务项目	第一季度	第二季度	第三季度	第四季度
营业收入	31 115 132.90	222 963 579.30	177 854 743.44	1 135 280 694.05
归属于上市公司股东的净利润	−28 958 400.35	−10 675 558.65	19 099 736.68	442 605 840.52
归属于上市公司股东的扣除非经常性损益的净利润	−28 943 593.64	−26 680 232.80	−1 303 124.01	437 160 379.61
经营活动产生的现金流量净额	−662 123 126.27	−210 288 817.62	443 219 185.68	−3 168 323.48

数据来源：《欢瑞世纪联合股份有限公司2017年年度报告》，2018年4月。

从表2-1中不难看出，上半年的净利润项确为负数，第三季度的归属上市公司股东的净利润项出现盈利，然而，扣除非经常性损益的净利润仍为负，真正扭转乾坤的是第四季度。第四季度的营业收入为11.35亿元，比前三个季度的总和还要多，占全年总收入的72.43%；

归属于上市公司股东的净利润为4.43亿元，占全年净利润收入的104.98%。虽然欢瑞世纪给出的数据回答了众人的疑惑，但是并未在年报中对数据的具体来源进行披露，这很难让人信服。果不其然，这份数据太过亮眼的年报引起了深交所的注意。2018年5月29日，欢瑞世纪收到深交所的第二封问询函。问询函中罗列了对欢瑞世纪年报提出的16个问题，其中就包含要求欢瑞世纪解释公司第四季度营业收入、净利润显著高于前三季度的原因，是否存在突击确认或跨期确认收入、结转成本费用等情况；详细说明同期净利润与经营活动产生的现金流量净额不匹配的原因及合理性。对此，欢瑞世纪给出的解释是：影视行业的收入确认具有季节不均衡性，公司年初的储备项目少，前三个季度主要集中精力在拍摄电视剧，收入确认少，进而导致利润贡献小；第四季度确认的《天下长安》《天乩之白蛇传说》《秋蝉》这三部电视剧的销售收入合计108 091.90万元，占合并财务报表营业收入的68.97%；确认季度不均衡的特性及资金回笼的滞后性导致本期净利润变动与经营活动产生的现金流量净额不匹配。对深交所提出的16个问题，欢瑞世纪一一做出了有理有据的回应。然而，当《国际金融报》记者将欢瑞世纪发布的半年报和年报摆在一起时却发现，这两份报告存在"数据打架"的现象。

欢瑞世纪占公司主营业务收入前五名的影视剧情况（2017年半年报）如表2-2所示。

表2-2 欢瑞世纪2017年半年报主营业务收入

（单位：元）

序号	项目名称	收入	占主营业务收入的比例
1	电视剧《龙珠传奇》	96 992 452.83	38.17%
2	电视剧《大唐荣耀Ⅱ》	78 141 924.52	30.76%
3	电视剧《青云志Ⅱ》	31 465 989.36	12.38%
4	电视剧《青云志》	2 338 106.79	0.92%
5	电视剧《大唐荣耀》	728 137.36	0.29%
合计	—	209 666 610.86	82.52%

数据来源：《欢瑞世纪联合股份有限公司2017年半年度报告》，2017年8月。

欢瑞世纪占公司主营业务收入前五名的影视剧情况（2017年年报）如表2-3所示。

表2-3 欢瑞世纪2017年年度主营业务收入情况

（单位：元）

序号	项目名称	收入	占主营业务收入的比例
1	电视剧《天下长安》	567 026 198.48	36.18%
2	电视剧《天乩之白蛇传说》	349 741 850.71	22.32%
3	电视剧《秋蝉》	164 150 943.40	10.47%
4	电视剧《天枢之契约行者》	79 245 283.02	5.06%
5	电视剧《盗墓笔记之蛇沼鬼城》《盗墓笔记之阴山古楼》《盗墓笔记之邛笼石影》《盗墓笔记之谜海归巢》	67 924 528.30	4.33%
合计	—	1 228 088 803.91	78.36%

数据来源：《欢瑞世纪联合股份有限公司2017年年度报告》，2018年4月。

在欢瑞世纪2017年上半年的主营业务收入排名前五位的影视剧中，排在前两位的《龙珠传奇》和《大唐荣耀Ⅱ》的收入分别是96 992 452.83元、78 141 924.52元，这两部剧仅在2017年上半年的收入就要高于年报中《天枢之契约行者》和《盗墓笔记》的全年收入，然而，理应出现在年报中的《龙珠传奇》和《大唐荣耀Ⅱ》却没有出现。此外，上述10个项目的收入总计约为14.38亿元；而2017年年报的数据则显示，欢瑞世纪2017年的影视剧及其衍生品项的收入为14.30亿元。两组数据对比，不难看出其中的差异。而此刻，证监会对欢瑞世纪的调查工作已经开展了一年之久，这类难以自恰的财务数据又如何能够逃脱证监会的法眼。

2018年6月6日，《国际金融报》发布一篇报道称，在欢瑞世纪上市一年半的时间里，公司的市值蒸发近六成，文中还给出了数据，欢瑞世纪当日市值为54.74亿元，亏损将近80亿元。两个月后，欢瑞世纪发布了2018年半年报，报告显示，公司实现营业收入2.56亿元，比上年同期增长0.61%；归属于上市公司股东（母公司）的净利润为5 011.31万元，而上年同期为-3 963.4万元，同比实现扭亏为盈。欢瑞世纪2018年半年度报告显示，欢瑞世纪的营业收入主要来源于全资子公司欢瑞影视的电视剧发行收入、艺人经纪收入以及网络游戏收入。然而，仅仅是营业收入0.61%的增长，完全弥补不了3 000多万元的亏损，那么，欢瑞世纪是如何做到扭亏为盈的呢？答案就藏在主要财务数据变动分析表中。数据显示，欢瑞世纪2017年上半年的营业成本为1亿元，上年同期为2.2亿元，同比下降54.55%，节约成本近1.2亿元，其控制成本的主要手段是，剔除上年同期卫视周播剧场约1.23亿元的广告支出。此外，在公告给出的三大主要营业收入来源里，电视剧及衍生品收入占比最高，但比上年同期略有下滑；艺人经纪收入却猛涨530.53%，毛利率高达96.27%。

表2-4 欢瑞世纪2018年半年度营业收入前五名的影视剧情况

（单位：元）

序号	项目名称	收入	占主营业务收入的比例
1	电视剧《锦衣之下》	121 509 434.06	47.54%
2	电视剧《抓紧时间爱》	55 209 099.06	21.60%
3	艺人经纪（艺人一）	21 074 691.54	8.24%
4	艺人经纪（艺人二）	20 997 135.71	8.21%
5	艺人经纪（艺人三）	10 565 577.31	4.13%
合计	—	229 355 937.68	89.72%

资料来源：《欢瑞世纪联合股份有限公司2018年半年度报告》，2018年8月。

值得注意的是，在欢瑞世纪2018年半年度营业收入的前五名中，三位艺人经纪的收入占据总收入的20.58%，也就是说，原本手上的各项IP能够给欢瑞世纪带来的利益已开始呈下降趋势，欢瑞世纪对艺人经纪的依赖却越来越强。结合当时的实际情况不难看出，艺人一和艺人二就是当时的"欢瑞一哥"李易峰和因《香蜜沉沉烬如霜》而大火的杨紫，看似摇摇欲坠的帝国抓住了最后一根救命稻草。然而，有杨洋、杨幂等一众顶流出走的先例，假设李易峰和杨紫也相继"出逃"，欢瑞世纪这个影视帝国还有什么拿得出手的绝活？这一假设在后来也成为了现实，虽然此时的帝国已经崩塌，但是顶流艺人的再次流失，致使欢瑞世纪从此一蹶不振。

时间平稳地来到2019年。然而这一年，注定是不平凡的一年。

2019年3月30日，李易峰在合约到期后决定不再续约，在欢瑞世纪后继无人的时候，"一哥"的离开无疑是一个沉重的打击。随后，欢瑞世纪发布的2018年年报又遭深交所问询，这已经是欢瑞世纪连续第三年被问询，对此，外人早已见怪不怪。

欢瑞世纪发布的2018年年报显示：公司2018年的全年实现营业收入为13.28亿元，同比下滑15.23%；归母公司净利润为3.25亿元，同比下滑23.09%；经营性现金流量为-6.49亿元，同比下滑严重且已连续两年为负；应收账款高达23.22亿元，占公司营业收入的174.85%，接近公司资产的一半，然而计提坏账准备额度却小。例如，《天下长安》报告期内应收账款余额5.06亿元，且截至年报发布时仍未拨出，公司年报中按照账龄分析法只计提了0.25亿元。此外，公司的存货余额为12.73亿元，较期初疯狂上涨69.28%，占公司资产总额的 25.91%。然而，庞大的存货在报告期内仅计提存货跌价准备19.05万元，计提比例只有0.015%。

以上几处异常都在深交所的问询范围内。除此之外，问询函中还要求欢瑞世纪对公司应收账款、存货的周转率降低的情况做出合理解释。至于为何公司分季度营业收入、净利润、现金流波动性大且变动趋势不一致，对于欢瑞世纪来说已经是一个老生常谈的问题了。

对此，欢瑞世纪做出回复：一是因为行业整体表现不佳，且公司加大了影视作品内容和艺人的宣传发布方面的支出，所以公司整体营收下跌，致使利润也跟着下滑。二是受排播调整的影响，电视剧《天下长安》和《天乩之白蛇传说》未能按计划收款，截至2018年年末，上述两部剧的应收账款还有8.1亿元，占总资产的16.49%。到年报披露日，公司已经追回应收账款6亿元，对比同行业其他公司，欢瑞世纪的应收账款占总资产的比例回归正常水平。三是2017年年末的三部电视剧仅处于开拍或筹备阶段，制作成本较低，2018年才开拍的三部电视剧到年末时，其制片成本发生基本完成，致使公司存货余额大幅增加。

此外，欢瑞世纪还认为，公司数据与浙江华策影视股份有限公司、慈文传媒股份有限公司、浙江唐德影视股份有限公司、上海新文化传媒集团股份有限公司这四家上市公司的数据的横向对比说明，自家计提的坏账和存货跌价准备的计提额度没有问题，整个影视行业的应收账款和存货的周转率同比都在下降。

即便欢瑞世纪在做会计处理时，采取非常乐观的方式计提跌价准备和坏账，但报告显示的结果依旧无法掩盖其衰败的事实。再次查看欢瑞世纪的年报就会发现，其在承诺事项履行情况板块，并未直接表明其是否达成资产重组时许下的承诺，其在报告中的原话是："年报审计师在《关于欢瑞世纪（东阳）影视传媒有限公司业绩承诺完成情况的鉴证报告》（天健审［2019］8-249号）中表示：鉴于对欢瑞影视2018年度财务报表出具了保留意见的审计报告（天健审［2019］8-250号），我们无法确定欢瑞影视2018年度业绩承诺的完成情况。"不过，回到主要会计数据和财务指标的表格中就能发现，归属于上市公司股东的净利润为3.25亿元，扣除非经常性损益后的净利润为2.77亿元，而承诺的指标分别是3.68亿元、3.43亿元，这就意味着欢瑞世纪还应履行相关补偿义务。

8月30日，欢瑞世纪发布了2019年的半年度报告，报告显示，归母净利润相比上年同期下降63.58%，但在"影视寒冬"的笼罩下，各大影视公司普遍亏损，欢瑞世纪能做出盈利约2 000万元的业绩当属不易。然而，现在看来，2019年只不过是这场寒冬的开始，不久之后的一纸处决书，更是直接将欢瑞世纪提前送入凛冽的暴风雪中。

四宗罪水落石出：影视行业造假手法分析

被立案调查两年的欢瑞世纪，终于迎来了审判。2019年7月，欢瑞世纪收到由中国证券监督管理委员会重庆监管局下发的《行政处罚告知书》，并于11月4日收到最终的《行政处罚决定书》，处决书中披露了欢瑞世纪财务造假的四大罪状，并根据相关规定对公司及其相关负责人开出罚单，责令整改。

虚增营业收入

根据《企业会计准则第14号——收入》的规定，企业和客户签订合同之后，企业应当履行合同中的履约义务，即在客户取得相关商品控制权时确认收入。影视剧公司在完成影视作品的制作后，拥有影视剧的版权，其销售的商品就是影视剧的版权。在与客户签订版权转让合同后，影视剧公司须将影视作品的母带、拷贝、播映带等转移给客户，完成以上操作后，客户才算取得了商品控制权。所以，在影视行业，公司确认收入的时间不能早于"母带交付"的时间，否则都算提前确认收入（见表2-5），做违规处理。从证监会披露的信息来看，欢瑞世纪正是凭借这种手段，达成虚增营业收入的目的。

表2-5 欢瑞世纪提前确认收入明细表

年份	剧名	确认收入时点	母带交付时点
2013	《古剑奇谭》	2013年12月	2014年6月27日
2013	《微时代之恋》	2013年12月	—
2014	《少年四大名捕》	2014年12月	2015年3月13日

数据来源:《中国证券监督管理委员会重庆监管局行政处罚决定书》(〔2019〕3号)。

2013年12月,欢瑞影视确认电视剧《古剑奇谭》的版权转让收入与发行收入共计5 052.83万元,同期结转成本2 571.96万元。然而,证监会调查发现,欢瑞影视与湖南卫视签订的有关该剧的协议2014年2月17日才开始生效,到2014年6月27日,协议双方才完成《古剑奇谭》的母带交接工作,这两个时间点都晚于欢瑞影视2013年年底确认收入的时间。

2013年12月,欢瑞影视确认电视剧《微时代之恋》版权转让收入1 886.79万元,并结转相应成本846.10万元。虽然调查并未确定母带交接的具体时间,但是欢瑞影视无法证明其在确认收入的时候已经完成上述工作。欢瑞影视与深圳腾讯计算机系统有限公司签订的合同、协议的生效日期为2014年2月10日,不但在时间上晚于收入确认的时点,而且合同本身存在解除并退款的风险。

时隔一年,同样的作案手法再次上演。欢瑞影视于2014年12月确认电视剧《少年四大名捕》收入为2 789.43万元,同期结转成本为1 537.57万元。双方签订的协议生效日期在2015年2月,而真正交付母带已是3个月之后的事情。

因此,欢瑞影视上述三项业务不符合《企业会计准则》和本公司会计政策的规定。欢瑞影视凭借提前确认收入的手段，2013年虚增营业收入6 939.62万元，2014年虚增营业收入2 789.43万元。欢瑞世纪虚增收入情况如表2-6所示。

表2-6 欢瑞世纪虚增收入情况

单位：万元

年份	虚增收入	虚增利润	营业收入	利润总额	收入占比	利润占比
2013	6 936.62	3 521.56	20 091.26	3 595.49	34.53%	97.94%
2014	2 789.43	1 251.87	29 420.49	6 668.40	9.48%	18.77%

数据来源：《星美联合股份有限公司发行股份购买资产并募集配套资金暨关联交易预案》对照表。

数据经过整理之后，欢瑞影视通过提前确认收入虚增营业收入所带来的好处一目了然。2013年，欢瑞影视虚增收入34.53%，而虚增利润高达97.94%，仅此一项造假的盈利，几乎占据了2013年整年的利润。2014年，虚增收入9.48%，虚增利润18.77%，看似2014年的水分大幅减少，然而，这一年的造假主力并不在此。

推迟应收账款计提坏账准备

2012年，欢瑞影视与浙江东阳光影天地影视传媒有限公司（简称"浙江光影天地"）合作拍摄电视剧《掩不住的阳光》，双方在签订的合同中约定，光影天地负责拍摄，欢瑞影视参与投资，投资的2 600万元采取固定回报方式。2013年12月28日前，浙江光影天地须向欢瑞影视返还投资收益1 300万元。按照欢瑞影视投资资金实际到账的时间，光影天地需在365天之后返还该部分投资的本金，合计2 600万元。调查结果显示，欢瑞影视向浙江光影天地的实际拨款情况为：

2012年12月支付520万元,并在以后的5个月里陆续支付完2 600万元。按照合同约定的时间计划是2013年年底,欢瑞影视应该收到浙江光影天地520万元的回款,而实际上,欢瑞影视并没有在此时间收到该笔资金。所以,欢瑞影视应在2013年12月将520万元转入应收账款,并做计提坏账准备,但到了2014年12月,欢瑞影视才将该笔资金连同其他预付款转入应收账款中。

最终,欢瑞影视推迟应收账款计提坏账准备的举动,致使公司在2013年年报中少计提坏账准备5.2万元,2014年年报中少计提坏账准备20.8万元,2015年年报中少计提坏账准备234万元。欢瑞世纪推迟计提坏账准备情况如表2-7所示。

表2-7 欢瑞世纪推迟计提坏账准备情况

推迟计提坏账准备情况	时间		
	2013年12月	2014年12月	2015年12月
按规计提	第一年	第二年	第三年
实际计提	—	第一年	第二年
少计提数额	5.2万元	20.8万元	234万元

虚构收回应收账款

《企业会计准则》规定,到期应收而未收到的账款,公司应按照一定的比例计提坏账准备。倘若公司虚构收回应收账款,那么从账面上看,这笔款项已经收回,就无须计提坏账准备,已经计提的款项可以转回,从而达到减少计提坏账准备的目的。

据查,在与上海轩叙文化交流中心(普通合伙)(简称"上海轩叙")的合作中,欢瑞影视的实际控制人陈援、钟君艳夫妇,私下将自己或所控制的公司资金转给王贤民（欢瑞世纪原股东），委托其将资金转移到曾某名下的账户，然后通过曾某在上海轩叙将该笔资金转回到欢瑞影视，作为上海轩叙应支付给欢瑞影视的款项，以此达成虚构的目的。

2013年，欢瑞影视与上海轩叙签署《演艺人员委托代理协议》，约定上海轩叙每年须向欢瑞影视支付艺人固定佣金，约定的佣金数额为1 000万元。2015年6月，欢瑞影视的账目上确认收回上海轩叙的应收款项850万元。经查，该笔资金最初由陈援、钟君艳私底下转移到王贤民的账户中，经由图2-1中的流程，最终以上海轩叙的应付账款流回欢瑞影视。

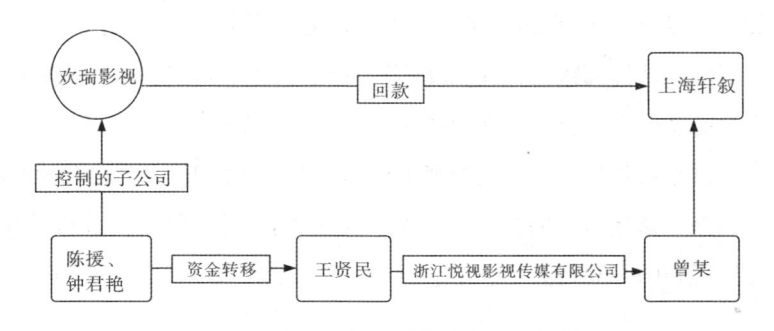

图2-1　2015年欢瑞世纪虚构收回应收账款流程

2014年，欢瑞影视与上海轩叙在原有协议的基础上，签订了一份补充协议。补充协议规定，上海轩叙向欢瑞影视支付的固定佣金提高至1 700万元。2016年1月，欢瑞影视在财务报告中确认收回上海轩叙欠下的1 700万元。经查，该笔资金最初来自欢瑞世纪旗下的欢瑞世纪投资（北京）有限公司［简称"欢瑞世纪（北京）"］和浙江欢瑞文化艺术发展有限公司（简称"欢瑞文化"），经过图2-2中的流程，最终作为应收账款流回欢瑞影视。

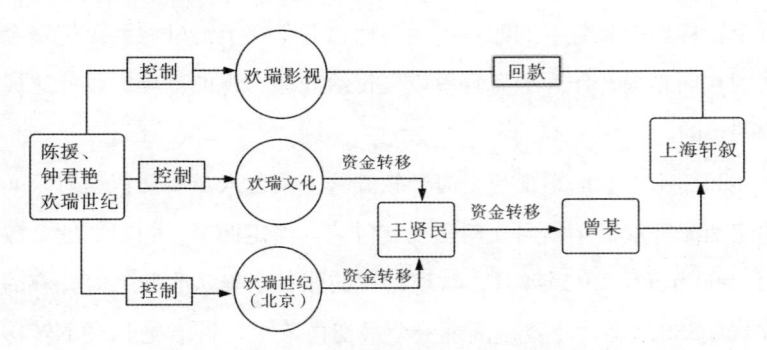

图2-2　2016年欢瑞世纪虚构收回应收账款流程

综上所述，欢瑞影视在与上海轩叙的合作中，共计虚构收回应收账款2 550万元，致使2015年年报中少计提坏账准备425万元，2016年半年报中少计提坏账准备467.5万元。不仅如此，欢瑞影视在与浙江光影天地的合作中，也存在虚构收回应收账款的举动。

2016年12月29日，欢瑞影视确认收回浙江光影天地拖欠的2 600万元，据查，该笔款项的源头为陈援。2016年欢瑞影视虚构收回其他应收款流程如图2-3所示。

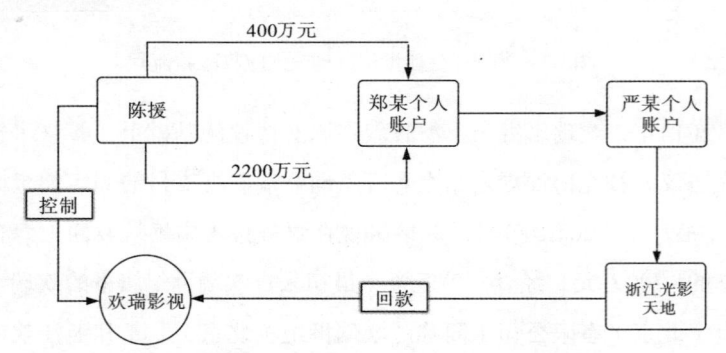

图2-3　2016年欢瑞世纪虚构收回其他应收款流程

最终统计数据显示，欢瑞影视2016年的净利润约为2.65亿元，欢瑞影视通过少计提坏账准备，2016年虚增利润总额2 835万元，占总利润的10.70%。欢瑞影视2016年做出的业绩承诺，要求本公司归属于母公司的净利润要达到2.41亿元，也就是说，除去此项虚增利润，欢瑞影视的业绩已经不达标了。

未充分披露关联方资金占用情况

根据《企业会计准则第36号——关联方披露》的规定，所谓关联方，是指一方控制、共同控制另一方或对另一方施加重大影响，以及两方或两方以上同受一方控制、共同控制或重大影响的相关各方。欢瑞影视的前身是2006年陈援、钟君艳合资创办的浙江三禾影视文化有限公司，股改之后更名为欢瑞世纪影视传媒股份有限公司，资产重组后更名为欢瑞世纪（东阳）影视传媒有限公司，成为欢瑞世纪联合股份有限公司的全资子公司。而欢瑞世纪的实控人也是陈援和钟君艳。根据关联方的定义，陈援、钟君艳、欢瑞文化在资产重组前后均与欢瑞世纪和欢瑞影视构成关联关系。证监会通过调查发现，2013年至2017年，陈援、钟君艳、欢瑞文化均存在占用欢瑞影视资金的情况，但是并未在相关报告中披露。

陈援、钟君艳、欢瑞文化对欢瑞影视的资金占用事项主要有以下三个。

事项一：欢瑞文化与欢瑞影视进行业务合作，合作内容为拍摄和制作电视剧《铁血黑金》。欢瑞文化以该事项为由，从2013年3月开始占用欢瑞影视1 200万元的资金，直到2017年2月才将该笔资金偿还完毕。

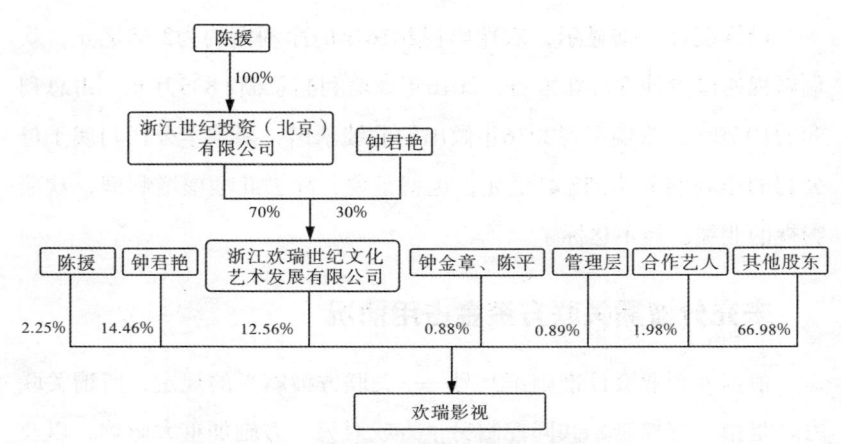

```
                        ┌──────┐
                        │ 陈援 │
                        └──────┘
                           │100%
                           ▼
                ┌──────────────────┐
                │ 浙江世纪投资(北京)│    ┌──────┐
                │    有限公司       │    │钟君艳│
                └──────────────────┘    └──────┘
                      70%    30%
                        │      │
                        ▼      ▼
```

图2-4　欢瑞世纪股份结构及产权控制关系

陈援 2.25%　钟君艳 14.46%　浙江欢瑞世纪文化艺术发展有限公司 12.56%　钟金章、陈平 0.88%　管理层 0.89%　合作艺人 1.98%　其他股东 66.98%　→ 欢瑞影视

事项二：2015年6月，欢瑞影视的某当红艺人私下里向钟君艳提出请求，借款1 800万元用于个人买房，钟君艳和欢瑞文化便随意挪用了公司这笔资金给该艺人。直到2017年3月，欢瑞影视才从该艺人手中收回这笔款项。

事项三：2016年11月，欢瑞文化与欢瑞影视合拍影视剧《龙渊》，在该影视剧的项目实施过程中，欢瑞文化占用欢瑞影视资金800万元，该笔资金直到2017年5月才偿还。

虚构的财务数据，根本无法反映一个企业的运营能力、偿债能力、盈利能力、获利能力等重要指标的真实情况，给广大财务报表使用者提供了错误的市场信息，不仅损害了中小投资者的利益，也扰乱了市场的正常秩序。当一切真相浮出水面，对虚构财务数据的企业本身也是一种毁灭性的打击。在此次审判中，欢瑞世纪被罚款452万元，虽然罚款金额与之造假的数额相比有些微不足道，但是财务造假使得公司信誉受损，"古偶帝国"也最终崩塌。

帝国处处是残垣：一切皆有先兆？

回顾欢瑞世纪的兴衰历程，影视帝国的金色城墙之下，到处都是"断壁残垣"。看着这些"断壁残垣"，也就不难想象其为何走上财务舞弊的不归路了。

一、准备工作，不过是打肿脸充胖子

在外人看来，站在穿越剧风口上，凭借《宫锁心玉》起飞，跻身一线影视公司的欢瑞世纪，金牌制片人兼编剧于正，青春偶像剧频道湖南台，这三者的组合几近无敌。恰逢2012年国家出台了鼓励传媒企业发展的政策文件，提高了对文化产业的重视程度，影视行业迎来空前的发展机遇。借着政策利好的东风，欢瑞世纪积极扩大生产规模，开始专注于"IP+明星"的业务模式，想借此满足自己上市的野心，一时间，"造星工厂""古偶帝国"的称号应运而生。筹备上市的那几年，欢瑞世纪疯狂地购入各种IP版权，并签约杨幂、刘恺威、李易峰等明星，期望通过明星参演IP剧本改编的电视剧获得收益。欢瑞世纪上市前的主要影视作品情况如表2-8所示。

表2-8　欢瑞世纪上市前的主要影视作品

序号	剧名	发行许可证号	集数	许可证取得时间
1	《跑出一片天》	电审数字〔2012〕第265号	1	2012年5月11日

续表

序号	剧名	发行许可证号	集数	许可证取得时间
2	《画皮2》	电审故字〔2012〕第311号	1	2012年6月12日
3	《胜女的代价》	（浙）剧审字（2012）第026号	30	2012年7月2日
4	《王的女人》	（粤）剧审字（2012）第024号	32	2012年7月30日
5	《画皮之真爱无悔》	（浙）剧审字（2012）第058号	42	2012年12月5日
6	《绝对忠诚》	（广剧）剧审字（2012）第082号	26	2012年12月18日
7	《盛夏晚晴天》	（浙）剧审字（2012）第061号	46	2012年12月19日
8	《抓紧时间爱》	（浙）剧审字（2013）第001号	39	2013年1月23日
9	《桐柏英雄》	（浙）剧审字（2013）第005号	33	2013年2月28日
10	《小时代》	电审故字〔2013〕第200号	1	2013年5月28日
11	《胜女的代价2》	（浙）剧审字（2013）第020号	38	2013年6月28日
12	《小时代：青木时代》	电审故字〔2013〕第347号	1	2013年7月31日
13	《天使的幸福》	（浙）剧审字（2013）第026号	30	2013年8月9日
14	《少年神探狄仁杰》	（浙）剧审字（2013）第034号	40	2013年9月12日
15	《红酒俏佳人》	（浙）剧审字（2013）第037号	42	2013年9月26日
16	《少年四大名捕》	（浙）剧审字（2013）第056号	44	2013年12月18日

续表

序号	剧名	发行许可证号	集数	许可证取得时间
17	《掩不住的阳光》	（浙）剧审字（2013）第066号	43	2013年12月25日
18	《古剑奇谭》	（浙）剧审字（2013）第068号	50	2013年12月30日
19	《一念向北》	（浙）剧审字（2014）第007号	42	2014年4月3日
20	《一生一世》	电审故字〔2014〕第352号	1	2014年8月8日
21	《活色生香》	（浙）剧审字（2014）第040号	44	2014年11月28日
22	《爱的阶梯》	（浙）剧审字（2015）第009号	69	2015年5月14日
23	《将军不下马》	（广剧）剧审字（2015）第021号	48	2015年8月21日
24	《美人私房菜之玉蝶传奇》	（浙）剧审字（2015）第032号	50	2015年9月8日
25	《怦然星动》	电审故字〔2015〕第604号	1	2015年11月16日
26	微时代之恋	（浙）剧审字（2015）第063号	40	2015年12月30日
27	《青云志》	（浙）剧审字（2016）第019号	55	2016年6月30日
28	《盗墓笔记》	不适用	12	不适用

数据来源：《星美联合发行股份购买资产并募集配套资金暨关联交易报告书（草案）》。

影视公司向前发展的制约因素之一，就是大量的资金需求，这是因为影视剧的拍摄、制片在前期的投入非常大，并且后期商业周期较长，与传统制造业公司、房地产公司相比，影视传媒公司经营范围狭窄、融资渠道有限、融资资金成本高。作为轻资产行业，影视公司几乎没有可以进行抵押的资产，这让融资变得更加艰难。欢瑞世纪在上市前就面临着这样的融资困境。而在2012年，于正在和欢瑞世纪合作完《王的女人》之后，就再也没有合作，当时忙于上市的欢瑞世纪或许也不曾想过，失去一个金牌编剧、制作人会带来什么影响。事实证明，缺少一个好的编剧、制作人，出品的影视剧的质量就会大打折扣。欢瑞世纪接连出品的二十多部影视剧里，只有《胜女的代价》《盛夏晚晴天》《小时代》《少年四大名捕》和《古剑奇谭》成功出圈，并且在资产重组报告期内，仍有一些已经制作完成但没能播出的作品，详见表2-9。

表2-9 欢瑞世纪上市前未播出的影视作品

序号	电视剧名称	发行许可证号	取得时间
1	《抓紧时间爱》	（浙）剧审字（2013）第001号	2013年1月23日
2	《天使的幸福》	（浙）剧审字（2013）第026号	2013年8月9日
3	《将军不下马》	（广剧）剧审字（2015）第021号	2015年8月21日
4	《掩不住的阳光》	（浙）剧审字（2013）第066号	2013年12月25日
5	《绝对忠诚》	（广剧）剧审字（2012）第082号	2012年12月18日
6	《红酒俏佳人》	（浙）剧审字（2013）第037号	2013年9月26日
7	《美人私房菜之玉蝶传奇》	（浙）剧审字（2015）第032号	2015年9月8日

数据来源：《星美联合发行股份购买资产并募集配套资金暨关联交易报告书（草案）》。

《星美联合股份有限公司发行股份购买资产并募集配套资金暨关联交易预案》对照表的数据显示，2014年、2013年和2012年经营活动产生的现金流量净额分别为-1.27亿元、-0.90亿元和-1.48亿元，公司存货2014年、2013年和2012年期末数额分别为3.71亿元、3.77亿元和2.66亿元。连续3年的巨额现金流出，说明欢瑞世纪的现金流难以满足不断发展的业务需要，公司在现金流方面捉襟见肘。对于前期投入成本高的影视剧制作业务来说，欢瑞世纪面临的压力巨大，亟须补充现金流以保证其经营。由于资金短缺，欢瑞世纪还面临另一个巨大的危机——顶流出走。2015年，杨洋在演完《盗墓笔记》后选择离开欢瑞世纪；同年，杨幂也与欢瑞世纪解约。因此，原本就执着于上市的欢瑞世纪，开始粉饰公司的财务报告，以求尽快上市，获得融资，继续发展壮大。

按部就班的欢瑞世纪发现自己的胃口没有想象中那么大，无法一口气吃成一个胖子，于是选择了打肿脸充胖子。然而，令其没有想到的是，吃出来的胖子货真价实，打出来的胖子，消肿了就会暴露，这就迫使欢瑞世纪走上了财务舞弊这条不归路。

二、借壳上市，不过是赶鸭子上架

为了赢得借壳公司的信任，上市融资，继续发展，欢瑞世纪顾不得收拾好原本的烂摊子，就做出一系列保证和业绩承诺。而事实证明，当自身实力不过硬时，再美的承诺也无法掩盖其打肿脸充胖子的事实。

在和星美联合洽谈商议后，欢瑞世纪于2016年1月审议通过了《重大资产重组报告书草案及摘要》，规定了相关业绩承诺指标，这四个承诺年度分别是2015年、2016年、2017年、2018年，作为实控人的陈援、钟君艳承诺，在这四个年度内每年归属于母公司的净利润分别达到1.70亿元、2.41亿元、2.90亿元和3.68亿元，扣除非经常性损益后的归属于母公司的净利润分别达到1.52亿元、2.23亿元、2.70亿元和3.43亿元（表2-10）。一旦不能完成业绩承诺，欢瑞影视原来的所有股东，包括陈援、钟君艳等34名自然人和26家机构，都要向星美联合的原股东进行股权补偿。

表2-10　欢瑞世纪承诺业绩达成情况对照表

单位：亿元

项目	时间			
	2015年	2016年	2017年	2018年
承诺归母公司净利润	1.70	2.41	2.90	3.68
承诺扣除非经常性损益后归母公司净利润	1.52	2.23	2.70	3.43
实际归母公司净利润	1.71	2.65	4.22	3.25
实际扣除非经常性损益后归母公司净利润	1.54	2.49	3.80	2.77

数据来源：欢瑞世纪2015—2018年年报。

从表2-10可以看出，2015年和2016年，欢瑞世纪均完成了承诺的业绩，但只是刚好达到标准，实际上，这两年欢瑞世纪均存在造假行为，虚增了营业利润。2017年，欢瑞世纪的年报显示，公司超额完成承诺业绩的30%以上，但这份年报中披露的各项信息遭到深交所的严重质疑。

在欢瑞世纪2018年年度报告的业绩承诺达成情况栏中，注册会计师出具了保留意见的审计报告。由于电视连续剧《天下长安》多次撤档且在财务报表日仍未能如期播出,注册会计师即便执行了审计程序依旧不能取得足够的证据,从而难以确定应收账款收回的可能性,按照企业的相关会计政策规定,应对其余额为5.06亿元的应收账款计提坏账准备2 500万元。但是,通过直接对比年报中给出的数据不难发现,实际利润与承诺的业绩相去甚远。

除历史遗留问题外,欢瑞世纪之所以在造假的道路上越陷越深,与其错误的定位有着莫大的关联。欢瑞世纪为公司未来发展规划了四大业务盈利模式:电视剧业务、电影业务、艺人经纪业务、游戏业务。

对比欢瑞世纪2015—2018年的收入数据(见图2-5)会发现,其营业总收入与电视剧业务带来的收入高度重合。2016年年报中,电视剧及衍生品收入均为7.05亿元,该数据在2017年年报中变更为6.93亿元;2017年总营业收入确认为15.67亿元,电视剧及衍生品收入确认为

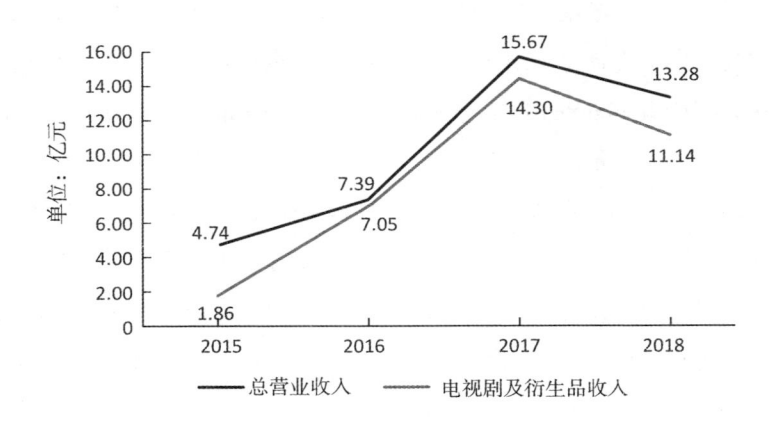

图2-5 欢瑞世纪2015—2018年收入对比

数据来源:欢瑞世纪2015—2018年公司年报。

14.299亿元；2018年总营业收入确认为13.28亿元，电视剧及衍生品收入确认为11.14亿元。不仅如此，欢瑞世纪对未来局势的判断也出现重大失误。

长期以来，欢瑞世纪都在储存各项IP，到其资产重组时，已经具有各大版权，这也是其引以为傲的资本。然而，欢瑞世纪高估了手中IP的价值，同时低估了未来存在的风险。在资产重组预案中，欢瑞世纪提到，2014年国家广电总局出台了"一剧两星"政策，未来电视剧抢占市场的难度将加大，然而，事情比想象的还要糟糕。2015年，国家广电总局出台的一则"限古令"给欢瑞世纪带来了巨大的压力。欢瑞世纪以"古偶帝国"在行业内闻名，主要收入来源是电视剧业务，其手握的27项IP几乎所有的盈利方式都是拍成古装电视剧，当这些电视剧因为"限古令"被积压的时候，公司的收入就大幅下降。

欢瑞世纪的年报数据表明，上市一年，欢瑞世纪的经营现金流转负，公司应收账款、存货逐年递增（表2-11）。尤其是2017年度，公司投入大量资金用于制作新的影视作品，据统计，这一年，欢瑞世纪在库存还有不下5部影视作品的情况下，又开始了11部影视剧的拍摄制作，然而，最终在2017年上映的只有7部，其余的均转为存货。由于影视行业的特殊性，已经播出的影视作品未到合同执行的收款期限，这导致欢瑞世纪2017年的应收账款和存货的账面价值飙升。虽然存货积压严重，应收账款回款进度缓慢，但是欢瑞世纪依旧不肯放慢制作新品的脚步。2018年，欢瑞世纪一共开拍8部影视作品，取得4部影视剧的发行许可证，实际销售的作品只有5部，并且这5部剧没有一部出圈的。

表2-11 欢瑞世纪2015—2018年财务状况

单位：亿元

项目	时间			
	2015年	2016年	2017年	2018年
经营活动产生的现金流	0.47	0.41	-4.32	-6.49
应收账款	6.29	7.58	17.20	23.22
存货	3.75	4.45	7.52	12.73

数据来源：欢瑞世纪2015—2018年公司年报。

失去于正之后的欢瑞世纪，已经很难再产出高质量的影视作品了。2016年备受关注的《青云志》由于剧情注水严重，招致《诛仙》原著迷的一片谩骂；奔着主演李易峰而来的粉丝，发现自己的偶像身为主演戏份却很少，对该剧的热情程度也大打折扣。在"限古令"的大环境下，影视公司更应专注于自己推出的作品的质量而非数量，然而，没有能力制作精品的欢瑞世纪却选择背道而驰，对自己的"IP+明星"模式盲目自信，大量产出垃圾作品，致使其财务状况一团糟。刚上市的欢瑞世纪还能通过造假粉饰自己的财务报表，然而，当事情的发展越发恶劣的时候，任其手段通天，也难以阻止"古偶帝国"走向灭亡。

三、披着现代化公司外衣的君主专制帝国

从欢瑞世纪持续多年的造假行为来看，公司的内部控制并没有对这些行为起到预防和监督的作用。虽然公司设置了独立董事、监事会、审计委员会等，虽然这些机构在形式上符合法律法规的要求，但是并没有对公司进行有效的监督，任由财务造假行为发生。

在2016年，也就是公司上市的这一年，欢瑞世纪一共召开过5次

监事会会议，参会的3名监事没有提出任何异议，独立董事在这一年一共发表过9次独立意见，内容涉及控股股东占用资金、关联方交易及重大人事任命等重大事项。然而，独立董事均未表示过任何异议和反对，最终导致陈援钟君艳夫妇凌驾于内部控制之上，大胆虚构交易，违规占用资金。可见，欢瑞世纪的内部控制环节较薄弱，并没有起到防止财务造假的作用。有效的内部控制要求企业严格执行我国统一的会计准则。在内部的实际控制活动中，欢瑞世纪为提高当期营业收入，在不满足收入确认条件时提前对收入予以确认，降低对风险的评估标准，反映出了公司对会计系统控制的严重失灵。在内部控制形同虚设、缺乏自我监督的情形下，欢瑞世纪发生财务造假事件便也不足为奇。

公司治理结构的不健全在一定程度上受股权结构不合理的影响，欢瑞世纪便存在这样的问题。公司上市后，陈援、钟君艳持有公司30.15%的股权。除此之外，何晟铭、李易峰、贾乃亮等明星均持有重要股份。然而，这些股东对企业的经营决策产生的影响并不大，因为艺人的特殊身份，他们很难对公司治理提出有效意见。可以说，欢瑞世纪的实际控制权仍然掌握在陈援、钟君艳夫妇手中，是典型的家族企业，不健康的股权结构无法对领导者权力形成有效制约，公司高层有很大的机会在财务上"动手脚"。

揭开神秘的面纱，这个曾经如日中天的"古偶帝国"，不过是一个烂片聚集地，真正的精品只有最初打下名气的那几部影视剧。究其造假的原因，总结起来无非以下几点：1.公司实际控制权在陈援、钟君艳手中，他们有对财务"动手脚"的机会；2.造假的成本低；3.造假的惩罚轻。

大事记

· 2006年9月，三禾影视成立，创始人陈援、钟君艳是一对夫妻。

· 2007年，三禾影视因为《胭脂雪》《最后的格格》两部剧结识于正，参与投资于正转型制片人的第一部戏《大丫鬟》。

· 2009年，三禾影视和于正合作推出的《玫瑰江湖》荣获福建"我爱我剧"最受观众喜爱电视剧奖。

· 2010年6月23日，钟君艳、陈援将其在三禾影视的全部出资合计500万元转让给浙江欢瑞影视制作股份有限公司。同年，参与投资的《大丫鬟》火遍大江南北，三禾影视与湖南经视产生联系。

· 2011年1月31日，三禾影视联手于正、湖南经视出品的《宫锁心玉》一炮而红，三禾影视正式跻身一线影视公司。

· 2011年6月，三禾影视第一次增资，注册资本由500万元增至5 000万元。同年7月，三禾影视第二次股改，钟君艳持股40%。

· 2011年9月，三禾影视改制为股份有限公司，更名为"欢瑞世纪影视传媒股份有限公司"。随后，欢瑞世纪两次增资，吸纳杨幂、何晟铭、杜淳等明星入股。

· 2012年9月，欢瑞世纪第三次增资，牵手北京光线传媒股份有限公司。12月，欢瑞世纪进行第四次增资以及第一次股权转让，中国文化产业投资基金（有限合伙）、上海金融发展投资基金（有限合伙）入股。

· 2012年，《胜女的代价》获湖南广播电视台卫视频道电视剧"年度最具人气奖"。

· 2013年，欢瑞世纪在北京推出"大制片计划"，2014年前后与

061

杨幂、唐嫣、刘恺威、林心如、何晟铭等明星以工作室的形式签约。历经4次股权转让，公司股东数量增至45人。

- 2014年，欢瑞世纪第一次借壳泰亚股份上市失败。公司出品的电视剧《古剑奇谭》荣获国剧盛典年度最受欢迎电视剧、百度沸点年度人气电视剧、金熊猫奖长篇电视剧类评委会特别奖，《盗墓笔记》荣获第四届娱乐营销5S金奖"最具市场洞察力大奖"。欢瑞世纪名声大噪，稳坐"古偶帝国""造星工厂"的名誉宝座，签约当红明星李易峰。在第六次股权转让中，李易峰、贾乃亮入股，公司股东数量突破60人。

- 2015年4月，欢瑞世纪计划借壳星美联合上市。7月，第十二次股权转让，杨幂解约转让所持全部股份。公司收获各方荣誉，如"年度iTV最具业界口碑电视剧出品方""中国剧制播艺术影响力'中国最具艺术影响力的电视剧制作人'""中国剧制播艺术影响力'中国最具艺术影响力的电视剧出品机构'"。同年签约明星杨紫。

- 2016年11月，星美联合发布《关于发行股份购买资产并募集配套资金暨关联交易事项获得中国证监会核准批复》的公告，欢瑞世纪成功上市。欢瑞世纪被评为浙江省重点文化企业，出品的《大唐荣耀》《麻雀》获选年度国民品牌电视大赏年度国民品牌周播剧。

- 2017年2月，"星美联合股份有限公司"更名为"欢瑞世纪联合股份有限公司"。公司发布的2016年年报被深交所发出问询函质疑。

- 2017年7月17日，因涉嫌信息披露违法违规，被证监会立案调查。

- 2018年5月29日，收到深交所的第二封问询函。

- 2019年3月30日，欢瑞世纪"公司一哥"李易峰合同到期并解约。随后，公司发布的2018年年报遭到深交所第三次问询。
- 2019年11月4日，收到证监会《行政处决书》，被曝连续4年财务造假，罚款452万元。
- 2020年6月23日，欢瑞世纪实际控制人钟君艳和陈援等，将所持欢瑞联合100%出资总额、欢瑞联合的控制权从钟君艳和陈援夫妇变更为赵枳程（时任副董事长兼总裁）。
- 2021年9月30日，钟君艳和陈援夫妇将持有的天津欢瑞97.36%的股权转让给赵枳程的睿嘉传媒（天津）有限公司，欢瑞世纪的实控人变更为赵枳程。11月15日，杨紫合约到期不再续约，至此欢瑞世纪顶流明星全部流失。

第三章

宁波东力：转型收购一场空，供应链贸易造假成常态

颜文倩

揭开财务舞弊的面纱
探索企业如何走正道

扫码查看

资本市场上广泛流行着一句话："并购失败的概率超过70%。"这句话出自《哈佛商业评论》的一份分析报告。或许你看到过太多通过并购成功转型、走向飞黄腾达的企业案例，但是，正如"幸存者偏差"所言——坠毁的飞机是不会说话的，看不见的弹痕才最致命。成功并购的光鲜背后，也有无数企业被并购折腾得倾家荡产，跌入万丈深渊，淹没在历史的渺渺烟尘中。

宁波东力股份有限公司（简称"宁波东力"）就是深受垃圾资产并购荼毒的"主角"。这出"'穷小子'高高兴兴迎娶'白富美'，'抱得美人归'，却在'新婚'刚到一年时发现被'假白富美'骗得身无分文"的戏码实在让人大跌眼镜。"倾家荡产娶媳妇"的悲剧背后也折射出垃圾资产并购之路正逐渐演变成巨大的庞氏骗局，给我们敲响了警钟！

昙花一现的辉煌

2007年8月23日，宁波东力正式登陆深圳中小板，成为当时宁波为数不多的上市公司之一，它也是中国齿轮行业首家A股上市公司。光环和掌声随之而来。

宁波东力的创始人宋济隆是浙江绍兴人。"狭路相逢勇者胜"，敢闯敢干是根植于浙江人骨子里的基因。与沿海其他省份的人相比，浙江人能吃苦；与内陆人相比，浙江人很灵活。浙江人的创新能力和吃苦精神是外地人十分佩服的。人们在总结浙江人的精神时，总是说他们"特别能创业"。这是一种务实的睿智，浙江人的聪明在于当某些人还在因顾及自己的面子而犹豫不决时，他们已从这些人的口袋里赚取了大把的钱。浙江人的性格糅合了南方人的细腻和北方人的豪爽，他们的品质很适宜经商。"小商品、大市场""小企业、大协作"的温州模式和"一只拨浪鼓摇动世界小商品市场"的义乌模式就是鲜明的例子，浙江人的创新创业精神早已闻名遐迩，被广为传颂。

宋济隆深受浙江文化的熏陶，骨子里就有一股敢闯敢干的劲头。1998年，宋济隆创立了宁波东力传动设备有限公司，经过近20年的奋斗，他把资产不足10万元、职工仅有20余名的小厂发展为年产18大系列、1万余种规格、10万台（套）各类传动设备的大型机械制造商，让宁波东力成为中国齿轮行业唯一在A股上市的公司、国家齿轮行业标准的制定者。

宁波东力主要从事减速电机、齿轮箱等传动设备的设计、制造与销售，主要产品为小型减速器、模块化减速电机、大功率重载齿轮箱，产品主要应用于冶金、矿山行业。经过多年的发展，公司逐步确立了以传动设备、供应链综合服务、门控系统、工程技术服务四大产业为主体，多元并进、专业化发展的经营格局。

公司上市前，宋济隆持有东力控股集团有限公司（简称"东力集团"）70%的股权和发行人10%的股权，其妻子许丽萍持有东力集团29.2%的股权和发行人10%的股权，宋济隆夫妇直接和间接控制发行人75%的股份，是发行人的实际控制人。

在《宁波东力传动设备股份有限公司招股意向书》中，管理层提到，根据发展规划，公司至2010年的中期目标是：通过公开发行并上市募集资金，实现资产年均增长25%左右，2010年公司资产达到10亿元；营业额年均增长30%左右，2010年公司营业额达到10亿元。

如公司所预期，宁波东力在上市后业绩实现良好增长，除2009年受全球金融危机的影响外，其营业总收入同比增速均保持在25%以上，2010年营业总收入达到7亿元以上，总资产达到17亿元。

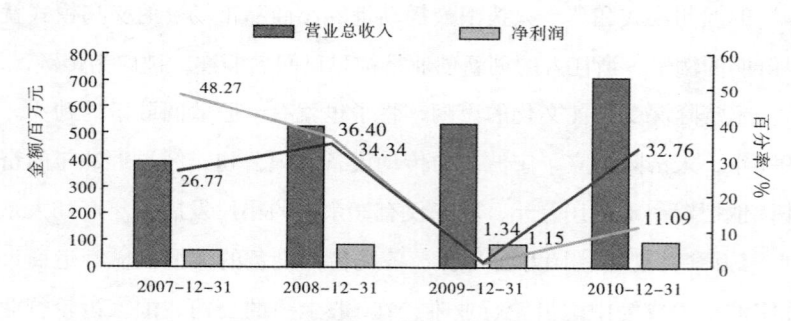

图3-1 宁波东力2007—2010年营收和净利润情况

在此期间，宁波东力的股价自2018年10月起持续上涨，从最低点2.72元/股上涨到7元/股以上。

在宋济隆的带领下，宁波东力带着光环，在通往荣华富贵的道路上一帆风顺。

可惜好景不长，上市后，经过短暂的辉煌，宁波东力的业绩日益下滑，2012年和2013年业绩一度为负。

从披星戴帽到"成功"摘帽：会计操纵的甜头

从2012年开始，我国经济增长再次出现下行压力，钢铁、煤炭等顺周期行业下滑，风电行业持续低迷，导致宁波东力传动设备股份有限公司（宁波东力曾用名）的下游产业需求不足，产能严重过剩。覆巢之下，焉有完卵。在此大背景下，公司自上市以来首次出现亏损，2012年全年净利润亏损5 449.95万元，这对公司来说是一次重大打击。

考虑到2012年的亏损，宁波东力传动设备股份有限公司在2013年决定调整销售模式，将直营变为渠道销售，直销人员大幅减少，减少了43.07%的销售费用，与2012年相比，成本下降了13.11%。可惜，虽鞭之长，不及马腹，2013年，宁波东力传动设备股份有限公司仍亏损413.16万元，公司似乎徒劳无益。

因连续两年净利润亏损，2014年4月23日，宁波东力披星戴帽[①]，股票简称由"宁波东力"变更为"*ST东力"，当日股价为3.69元/股。

知耻而后勇。此后，宁波东力似乎受到了严重的刺激，开始积极寻找扭亏为盈的方法，2014年，宁波东力接连三次发力，发力内容包括：

---

① 披星就是股票代码前面加"*"号，戴帽就是股票代码前加"ST"，合在一起就叫披星戴帽。股票代码前加"*ST"，就是在警示该股票有退市的风险。披星戴帽后，如果下一年该股票仍然亏损，发行该股票的公司就要做准备退市的工作；如果连续亏损满3年，就会被暂停上市；在披星戴帽之后如果6个月内仍继续亏损，就要面临退市处理。退市后的公司有去三板进行交易的，有破产的，也有在披星戴帽期间业绩有了盈利，过一段时间就摘帽，即去掉*ST标志的。

❖ 2014年5月，宁波东力变更会计估计，房屋折旧由20年变更为20～30年，机器设备折旧由10年变为10～15年，预估累计减少折旧932万元；对1～2年、2～3年的应收账款坏账准备计提比例进行变更，其中，将1～2年的应收账款坏账准备计提比例由20%变更为10%，2～3年的应收账款坏账准备计提比例由50%变更为30%，预估将会减少计提资产减值损失1 630万元。

❖ 2014年11月，宁波东力发布公告称，拟将子公司东力新能源装备有限公司100%的股份转让给做高档织物面料加工的宁波北纬纺织品有限公司，转让价为3.54亿元，但最后转让失败。同年12月，公司将东力新能源装备有限公司的股权转让对象变更为东力集团，即公司的第一大股东，转让价也为3.54亿元。该项资产处置在2014年为其贡献了93%的净利润。

❖ 2014年，宁波东力取得因供应商豁免部分债务的债务重组利得223.98万元，并将此项债务重组利得计入营业外收入。

在公司绞尽脑汁的努力下，2014年年末，宁波东力尝到了会计操作的甜头，实现净利润0.24亿元（见表3-1），扭亏为盈。扭亏为盈后，2015年3月16日，宁波东力成功摘帽，虽然当年的业绩只有0.05元/股，但是，至少公司保壳成功，暂时摆脱了强制退市的阴影。但是，这种成功终究只是名义上的，如果剔除当年转回资产减值损失0.07亿元和处置资产产生收益0.3亿元的影响，其净利润还是负的，公司仍面临着巨大的经济压力。

实际上，2012—2015年连续4年，宁波东力扣除非经常性损失后的每股收益都是负的。由此可见，其主营业务的盈利能力早已一落千丈，上市公司的地位随时不保，强制退市的"达摩克利斯之剑"一直悬在宁波东力的头上。

在这千钧一发之际，宁波东力必须做出正确的决定，才能真正渡过难关，重返业界大哥的宝座。

表3-1　宁波东力2013、2014年利润表

单位：百万元

项目	年份	
	2013年	2014年
营业总收入	569.34	507.95
营业收入	569.34	507.95
营业总成本	601.40	547.05
营业成本	456.33	423.80
税金及附加	4.86	4.73
销售费用	33.45	27.91
管理费用	62.38	57.06
财务费用	35.94	41.00
投资净收益	3.59	33.46
资产减值损失	8.44	−7.45
营业利润	−28.47	−5.63
加：营业外收入	24.70	33.09
减：营业外支出	1.21	4.60
其中：非流动资产处置净损失	0.27	0.43
利润总额	−4.98	22.85
减：所得税	−0.84	−0.99
净利润	−4.14	23.84

良缘夙缔，佳偶天成？——为了转型的跨行并购

摘帽"成功"后，宁波东力正好赶上了2015年的牛市，股价开始

大幅上涨，最高达到20.75元/股。但在牛市过去之后，其股价便持续下行，回到8元/股左右的位置。

对于当时的宁波东力而言，要彻底摆脱困境，并购重组无疑是一条捷径。在重重压力下，在这个企业发展史的转折点，宁波东力做出一个重大决定。2016年，宁波东力发布收购深圳市年富供应链有限公司（简称"年富供应链"）的预案，以增值率约700%向关联方购买深圳百强企业——年富供应链100%的股份，并向年富供应链增资2亿元。年富供应链在被收购时做出的业绩承诺也确实漂亮，其实控人李文国等人承诺，在并购完成后继续经营管理年富供应链，并承诺年富供应链在2016年5月至12月、2017年度、2018年度和2019年度实现扣除非经常性损益后归属于母公司的净利润分别不低于11 000.00万元、22 000.00万元、32 000.0万元和40 000.00万元。2017年6月8日，宁波东力收购案获得证监会有条件通过。2017年7月7日，宁波东力最终以21.6亿元"发行股份+支付现金"的方式将年富供应链100%的股份收入囊中，同时募集配套资金3.6亿元用于现金对价支付。

资产评估时，年富供应链的净资产账面价值为2.7亿元，评估增值为702.69%。收购完成后，年富供应链给宁波东力带来了17.51亿元的商誉。在大家的祝福与欢送下，"穷小子"与"白富美"喜结良缘。

自此，宁波东力这家国内"齿轮第一股"成为通用设备制造、供应链管理服务并行的双主业上市公司。

"穷小子"终于迎娶了"白富美"，"抱得美人归"。要知道，2016年宁波东力的净利润才1 157万元，扣除非经常性损益后的净利润仅有510万元，是名副其实的"穷小子"。与年富供应链结合后，昔日的"穷小子"开始走向人生的巅峰。

第三章　宁波东力：转型收购一场空，供应链贸易造假成常态

2017年8月，子公司年富供应链并入上市公司报表后，为宁波东力贡献了不俗的业绩。2017年宁波东力实现营收128.7亿元，同比大涨约24倍，其中有94%来自年富供应链；净利润同样增加约12.8倍，其中年富供应链贡献约58%。

年富供应链，这位与宁波东力"相见恨晚"的"白富美"究竟是何许人？

年富供应链成立于2008年7月。作为国内领先的一体化供应链集成服务商，年富供应链是深圳市重点物流企业、深圳市百强企业、中国民营500强企业。其业务主要是围绕整条产业链上的企业，为他们提供采购执行、进出口代理、资金结算、仓储、物流配送、销售执行等一体化供应链管理服务，包括交易类业务和代理类业务。

年富供应链交易类业务的主要盈利模式是"进销差价"。年富供应链通过向供应商赊采，买断商品所有权，形成应付账款，然后以高于成本价的价格赊销给客户，形成应收账款，在收到客户支付的货款后，再向其供应商支付货款，从而取得价格差收益。交易类业务按经手货物销售额全额确认收入，但这部分的价差收益产生的毛利率较低。

代理类业务主要是帮助企业进口报关，通过收取服务费来盈利。代理类业务的毛利率较高。

年富供应链的业务主要还是交易类业务。这种业务模式决定了年富供应链的财务特征：一是货币资金余额规模大；二是应收款项占比高；三是高资产负债率；四是前五大客户和供应商名单中外资企业较多。

（1）货币资金余额规模大（见表3-2）。年富供应链在提供相

关服务时,货物采购、代垫税费需要保持较多的营运资金用于业务周转。2014年和2015年,年富供应链货币资金余额分别为171 344.98万元、226 765.79万元,占资产总额的比例分别为25.83%、30.47%。

表3-2　年富供应链2014年和2015年货币资金情况

单位：万元

货币资金	日期	
	2015年12月31日	2014年12月31日
现金	7.87	3.58
银行存款	27 372.50	30 826.97
其他货币资金	199 385.41	140 514.43
合计	226 765.79	171 344.98

（2）应收款项占比高（见表3-3）。年富供应链的资产以流动资产为主,其应收账款主要为交易类业务的应收账款。

表3-3　年富供应链2014年和2015年部分流动资产情况

项目	日期			
	2015年12月31日		2014年12月31日	
	金额/万元	占比	金额/万元	占比
货币资金	226 765.79	30.47%	171 344.98	25.83%
以公允价值计量且其变动计入当期损益的金融资产	15.45	0.00%	331.65	0.05%
应收票据	28 521.04	3.83%	42 109.41	6.35%
应收账款	295 497.86	39.70%	244 742.64	36.89%

（3）高资产负债率（见表3-4）。2014年、2015年和2016年1—

9月，年富供应链资产负债率分别为98.42%、96.98%、96.40%。这主要由年富供应链所处供应链管理行业的商业模式和业务特点所决定。

表3-4 年富供应链并购前财务指标情况

单位：亿元

财务指标	2016年1—9月	2015年度	2014年度
营业收入	141.14	148.31	104.88
净利润	0.45	0.93	0.39
毛利率	1.76%	2.16%	1.80%
资产负债率	96.40%	96.98%	98.42%
经营活动产生的现金流量净额	10.79	3.21	13.24

数据来源：宁波东力公告。

（4）前五大客户和供应商名单中，外资企业较多。年富供应链前五大客户和供应商名单中，外资企业较多，而且每年销售和采购的集中度都达50%以上。年富供应链2016年度前五大客户和前五大物流供应商如表3-5、表3-6所示。

表3-5 年富供应链2016年度前五大客户情况

序号	客户名称	营业收入/万元	占营业收入总额比例
1	FORTUNE SHIP INTERNATIONAL INDUSTRIAL LIMITED FORTUNE SHIP TECHNOLOGY（HK）LIMITED 贵州财富之身科技有限公司 深圳市财富之身科技有限公司 遵义市水世界科技有限公司	522 350.86	25.25%

续表

序号	客户名称	营业收入/万元	占营业收入总额比例
2	HONG KONG RAGENTEK COMMUNICATION TECHNOLOGY CO., LIMITED 锐嘉科集团有限公司	192 326.41	9.30%
3	海尔集团电器产业有限公司	163 740.51	7.91%
4	EXCELLENT ORIGIN HONG KONG TECHNOLOGY LIMITED	122 550.56	5.92%
5	ANT INTERNATIONAL (HONGKONG) LIMITED	75 182.43	3.63%

表3-6　年富供应链2016年前五大物流供应商情况

序号	物流供应商名称	采购额/万元
1	深圳市彩联供应链管理有限公司	481.12
2	CARSON LOGISTICS (HK) LIMITED	446.81
3	ONTIME INTERNATINOAL LOGISTICS (HK) CO., LIMITED	445.14
4	KINGRROAD LOGISTICS LIMITED	295.39
5	JIN WEN FENG LOGISTICS LIMITED	236.41
	小计	1 904.87

由于年富供应链取代深圳市年富实业发展有限公司（简称"年富实业"）成为本次交易的标的公司，在将相关业务整合至年富供应链的同时，交易各方经协商决定，将年富实业的股权架构平移至年富供应链。在收购前的4—5个月，年富供应链总共经历了2次增资和3次股改。

年富供应链这位倾国倾城、国色天香的"白富美"真的会看上落魄的"穷小子"宁波东力吗？它们结合的背后是否另有玄机？

从年富供应链这位"白富美"独特的"气质"上，我们可以发现一些蛛丝马迹。

一方面，虽然年富供应链表面上创造营收的能力不错，但是毛利率居公司各项业务最末，并由2017年年末的2.07%降至2018年第二季度末的0.83%（见表3-7、图3-2）。另一方面，年富供应链独特的营业模式导致其货币资金、短期借款期末余额较大，存在资金内控和应收账款无法收回的风险。实际上，这位"白富美"的身上隐藏着巨大的风险和危机。幻想着吃天鹅肉的"穷小子"已经落入"白富美"精心设计的圈套，当他还在沾沾自喜、沉溺于"新婚"的喜悦中时，危险正在不断靠近，甚至可能将他吞噬。

表3-7　年富实业公司2017、2018年各产品营业收入和毛利率情况

产品名称	2017年 营业收入/元	2017年 毛利率	2018年 营业收入/元	2018年 毛利率
传动设备	631 651 872.97	21.74%	833 758 304.53	21.86%
门控系统	97 478 111.29	44.21%	115 312 484.67	41.60%
供应链管理服务	12 123 827 218.41	2.07%	10 792 067 943.06	0.74%

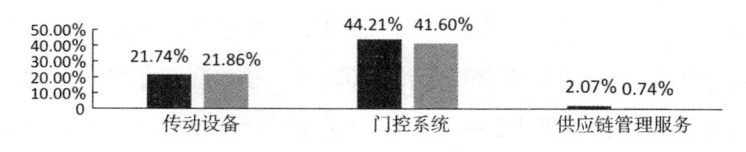

图3-2　年富实业各产品毛利率对比

从"掌上明珠"到"烫手山芋"

并购年富供应链后,宁波东力的业绩开始有所提升。从2017年的收入及利润情况来看,年富供应链2017年8月至12月给宁波东力带来121.23亿元的营收和1.48亿元的净利润,分别占宁波东力全年收入和净利润的94.33%和58.19%,成为宁波东力的主要业绩来源。

诚然,这次收购为宁波东力带来了营收上的大幅增长,但收购背后的隐忧也不容忽视——收购年富供应链为宁波东力带来高负债和对外担保。

宁波东力披露的数据显示,公司2017年供应链业务应收账款期末余额为37.81亿元,占公司总资产的23.07%,公司针对供应链业务应收账款计提坏账准备4 214.42万元,整体计提比例为1.10%。宁波东力2017年年报显示,公司应收款项期末较期初增长1 402.20%,增加了37.32亿元,主要系增加子公司年富供应链期末应收货款37.35亿元。

此外,年富供应链并入宁波东力合并报表后,宁波东力的资产负债率陡然上升。截至2017年6月30日,宁波东力的资产负债率仅为37.51%。2017年8月,年富供应链与宁波东力并表后,宁波东力2017年第三季度末的资产负债率一举上升至78.53%,并于2017年年末进一步上升至79.12%(见表3-8)。2018年三季报内,宁波东力的资产负债率更是高达97.76%。宁波东力2018年三季报显示,经营活动产生的现金流量净额(见表3-9)为-1.03亿元,现金流量净额大幅减少主要由代理进口业务垫付货款及税款所致。宁波东力的货币资金也从2017年年末的42.90亿元,减少至2018年第一季度末的37.82亿元,并于

2018年第三季度末进一步降低至11.74亿元。

此外,宁波东力还因并购年富供应链带来账面短期借款76.38亿元,同期新增对外借款取得资金53.25亿元,期末受限货币资金占比82%,经营活动现金流量净额对带息债务的保障从2016年的0.4降至0。

表3-8 宁波东力2016—2017年部分财务指标情况

项目	时间	
	2016年12月31日	2017年12月31日
营业总收入/百万元	514.84	12 870.26
同比/%	2.73	2 399.84
净利润/百万元	11.57	159.32
同比/%	3.72	1 277.33
负债合计/百万元	627.21	12 970.96
增长率/%	-15.77	1 968.03
资产负债率/%	36.49	79.12

表3-9 宁波东力2014—2018年重要财务指标情况

单位:万元

项目	年份				
	2018年9月30日	2017年12月31日	2016年12月31日	2015年12月31日	2014年12月31日
货币资金	117 400.59	428 991.81	4 697.64	6 795.49	6 874.07
商誉	3 420.34	175 111.41	3 420.34	3 420.34	—
短期借款	309 029.53	812 198.98	38 600.00	53 390.90	44 375.50
预收款项	41 388.68	31 370.88	3 460.68	2 306.63	1 718.48
长期借款	50 100.00	50 100.00			
营业总收入	1 185 838.93	1 287 026.47	51 484.43	50 115.16	50 795.16
资产减值损失	309 639.70	1 856.80	175.08	326.96	-745.22

续表

项目	2018年9月30日	2017年12月31日	2016年12月31日	2015年12月31日	2014年12月31日
营业利润	−316 157.48	17 903.14	653.51	−19.52	−563.49
经营活动产生的现金流量净额	−10 310.71	887.72	15 691.96	6 318.28	3 764.41
资产负债率	97.76%	79.12%	36.49%	40.79%	39.23%

2017年，宁波东力对外担保达6.89亿元，截至2017年年末对外担保金额占净资产的20.22%，其中，大部分来自对年富供应链的担保。然而，即使是在现金不断流出的情况下，2018年4月26日，宁波东力仍发布公告称，拟为年富供应链提供最高额度不超过45亿元的融资担保并承担连带担保责任。宁波东力表示，此次担保有利于子公司筹措资金、开展业务，符合公司的整体利益。最终，该笔担保获董事会通过。2017年宁波东力对子公司的担保情况如表3-10所示。

表3-10　2017年宁波东力对子公司的担保情况

担保对象名称	担保额度相关公告披露日期	担保额度/万元	实际发生日期（协议签署日）	实际担保金额/万元	担保类型	担保期	是否履行完毕	是否为关联方担保
东力传动	2017年4月20日	3 000	2015年3月1日	3 000	连带责任保证	2015年3月1日—2018年3月1日	是	否

续表

担保对象名称	担保额度相关公告披露日期	担保额度/万元	实际发生日期（协议签署日）	实际担保金额/万元	担保类型	担保期	是否履行完毕	是否为关联方担保
东力传动	2017年4月20日	6 000	2016年5月3日	4 000	连带责任保证	2016年5月3日—2017年5月2日	是	否
		6 000	2017年5月3日	4 000		2017年5月3日—2018年5月2日	否	
		3 000	2017年5月24日	3 000		2017年5月24日—2020年5月24日	否	
年富供应链	2017年10月11日	29 000	2017年11月8日	7 778		2017年11月8日—2019年9月12日	是	
		29 000	2017年11月8日	10 660		2017年11月8日—2019年9月12日	否	
		18 000	2017年11月13日	12 085		2017年11月13日—2018年8月29日	否	
		60 000	2017年11月24日	1 513		2017年11月24日—2018年7月3日	是	
		60 000	2017年11月24日	39 235		2017年11月24日—2018年7月3日	否	

宁波东力似乎被卷入了一个局，身陷泥潭，越陷越深，难以自拔。它要开始自救了，否则只能沉入沼泽，完全被淤泥所淹没，窒息

而亡。

2018年5月，李文国等人再次提出要宁波东力为年富供应链的银行授信提供担保。这一次，宋济隆发现了年富供应链存在财务问题，并于2018年6月28日向公安机关报案，举报李文国等人的合同诈骗行为。

2018年7月1日晚，宁波东力发布公告称，公司于2018年6月29日收到宁波市公安局出具的《立案告知书》，公司被合同诈骗一案符合刑事立案标准，公安机关已对该案进行立案侦查；公司全资子公司年富供应链法定代表人李文国已被公安机关采取强制措施，案件侦查工作正在进行中。

从这份公告被发布开始，这出大戏开始变得越来越不可控，事态发展越来越严重，严重到超过所有人的悲观预期。

2018年7月2日、7月3日及7月4日，宁波东力的股价开始大幅下跌，累计跌幅达20%。2018年7月6日，宁波东力及年富供应链多个银行账户被冻结，被冻结金额共计1.71亿元人民币和216万美元。后来，被冻结银行账户的范围扩大到50户，累计冻结金额达4.16亿元人民币和1 385.5万美元。

受合同诈骗案及年富供应链法定代表人李文国被采取强制措施等的影响，年富供应链不仅多个银行账户被冻结，还出现经营场地被供应商、客户围堵的情况，对公司日常业务开展造成影响。

这种超预期的严重后果是宁波东力完全没有预料到的，这从公司连续3次修改业绩公告中可以看出端倪：

2018年4月26日，公司发布公告称，预计2018年1—6月归属于上市公司股东的净利润为1.1亿~1.4亿元；

2018年7月13日，公司公告称，修正后的2018年1—6月预计亏损为0至8 000万元；

2018年8月29日，公司2018年半年报正式出炉，最终业绩亏损为31亿元。

要知道，截至2018年8月31日，宁波东力的总市值也才19亿元。

亏损的31亿元，按公司2016年的净利润1 157万元核算，等于一次就亏掉了公司268年的净利润总和。

多么令人痛心的数字啊！宁波东力多年的努力就这样付之一炬、烟消云散了！南柯一梦，一梦十年，醉梦面中笑，梦醒无人怜，叹只叹梦中笑容今犹在，悲只悲梦醒无泪一场空！

收购年富供应链的17亿元打了水漂，2 000万元的应收款是假的，13亿元的其他应收款也都是假的（见表3-11）。大梦一场空，年富供应链这个"白富美"完全是个冒牌货，该公司基本上所有的业绩数据都是假的。可谓是"金玉其外，败絮其中"。

表3-11 宁波东力计提减值的明细

本期计提资产减值准备总额为3 089 349 086.52元。具体如下：	
序号	项目	本期计提金额
1	商誉	1 716 910 705.55元
2	应收账款	21 503 240.20元
3	其他应收款	1 350 935 140.77元

数据来源：宁波东力关于深圳交易所问询函回复的公告（2018年）。

用宁波东力公告的原话说就是："由于年富供应链财务造假时间长，造假手段多样，客户配合造假，核查难度大，随着公安机关侦查工作深入,年富供应链高管等人员的陆续交代,以及财务自查工作开展,年富供应链财务造假事实日趋明朗。"

供应链贸易:造假的套路都一样

事实上,这是一个充满诱惑、欺骗、造假、侥幸、反目的资本故事。现在,让我们来探究这场惊天骗局的来龙去脉。据《每日经济新闻》记者报道:

就被并购一事,年富供应链专门组成了一个3人核心小组:李文国、杨战武和刘斌。秦某作为金融中心的负责人,则按照杨战武和刘斌的要求提供相关帮助。在中介尽调过程中,刘斌为了满足上市公司收购的财务数据要求,需要资金走账,如果资金量大则会找杨战武协调,杨战武则会将秦某叫到办公室,要求他想办法解决。

"一般有两种形式,一是以虚构的贸易将资金打给客户的香港关联公司,然后这些客户的香港关联公司再以虚假的贸易将钱打给我们的香港子公司;二是以虚假贸易形式把资金打出去,而账上就挂着应收款。"秦某说。

更让人惊异的是,为了应对中介机构的实地调查,"杨战武找来几个人冒充几家公司的负责人来应付访谈"。

此外,由于中介机构需要对公司的客户进行函调,以调查公司的业务和应收款是否真实,杨战武还与刘斌沟通,要求后者协调客户,配合做好函调工作。为了取得客户的配合签字盖章,相关负责人在出面做客户工作时,也许诺给客户加大垫资、加快退税款回款速度,让他们配合确认虚假的应收款。

第三章 宁波东力：转型收购一场空，供应链贸易造假成常态

2020年1月22日，宁波市中级人民法院以合同诈骗罪一审判处被告单位深圳富裕控股有限公司、深圳市年富供应链有限公司罚金各3000万元，判处李文国无期徒刑、剥夺政治权利终身并处没收个人全部财产，杨战武、刘斌被分别判处11年、8年有期徒刑，分处罚金300万元。同时，依法追缴本案各被告违法所得宁波东力股票及其孳息、违法所得赃款返还宁波东力，不足部分责令各被告单位、被告人分别予以退赔。同年4月22日，浙江省高级人民法院终审裁定维持原判。

据相关文章报道，法院查明，年富供应链以上述3人为核心的并购小组，在重组前指使下属部门向第三方评估机构提供事先伪造的虚假财务数据，以虚高的21.8亿余元评估值骗取上市公司股份及现金对价21.6亿元，并购完成后，年富供应链在不具备合同履行能力的情况下继续造假虚增利润，骗取宁波东力增资2亿元，还诱骗上市公司为其担保15亿元。

这场惊天骗局令人叹息！宁波东力公司自2017年6月9日收购年富供应链获证监会审核通过，至2018年7月1日公告遭受年富供应链诈骗，历时仅仅一年。从收购得来的"掌上明珠"到"烫手山芋"，年富供应链以一场合同诈骗，将东家的信任彻底击垮。宁波东力也因这场骗局，遭到重大损失。

引狼入室，自招灾祸

令市场震惊的宁波东力21亿元并购诈骗案终于尘埃落定。

一桩令金融圈瞩目、全市场哗然的"蛇吞象"并购案，最终以惨痛的事实证明，这是一起精心谋划的合同诈骗案。

那么，年富供应链究竟是通过何种卑劣手段来打造自己"白富美"的形象，进行财务造假的呢？经过梳理后我们发现，主要有以下三种手段：

一、虚增收入、利润

1. 虚增出口代理服务费收入和利润

年富供应链的业务主要分为交易类业务和代理类业务，其中代理类业务主要是进口报关，涉及三个环节：一是内贸环节，境内客户将货物以出口委托价出售给年富供应链；二是出口环节，年富供应链将前述货物以报关价出售给年富供应链的香港子公司升达（香港）有限责任公司（简称"升达"）或香港孙公司联富国际发展有限责任公司（简称"联富"）；三是外贸环节，升达或联富再将前述货物以境外销售价销售给客户的境外子公司或关联方。

正常的业务模式下，报关价和境外销售价均等于出口委托价，代理服务费按照出口委托金额的一定比例收取。

2014年7月至2018年3月，在与锐嘉科集团有限公司（简称"锐嘉科"）的出口业务中，年富供应链虚构《补充协议》和《境外供应链服务协议》，在出口环节以服务费的名义，将货物（仅整机，不含物料）的价格在出口委托价的基础上虚增1%、3%或5%，形成报关价；在外贸环节，年富供应链以服务费的名义，将全部货物的价格在报关价的基础上虚增1.95%，形成境外销售价。在此情况下：

虚增收入=虚增利润=境外销售价－出口委托价

其中，2014年虚增营业利润3 627.41万元，2015年虚增营业利润

9 114.41万元，2016年虚增营业利润3 181.41万元，2017年虚增营业利润1 352.71万元，2018年1—3月虚增营业利润104.59万元。

此外，2016年12月—2018年3月，在与贵州财富之舟科技有限公司（简称"贵州财富"）的出口业务中，年富供应链在外贸环节虚增境外销售价格，在2017年9—11月期间，还在出口环节虚增报关价格，由此虚增对贵州财富的出口代理服务收入。在此期间，年富供应链2017年虚增营业利润5 468.21万元，2018年1—3月虚增营业利润1 599.86万元。

2016年7月—2018年3月，在与遵义市水世界科技有限公司（简称"水世界"）的出口代理业务中，年富供应链在外贸环节虚增境外销售价格，由此虚增对水世界的出口代理服务收入。在此期间，年富供应链2016年虚增营业利润1 745.52万元，2017年虚增营业利润3 236.17万元，2018年1—3月虚增营业利润928.57万元。

2. 虚增境外代采业务收入和利润

2017年6月—2018年3月，年富供应链通过虚构与财富之舟科技（香港）有限公司（简称"香港财富"）的境外代采业务，虚增境外代采业务收入。香港财富配合年富供应链进行无实际业务的购销造假行为。在此期间，年富供应链2017年虚构收入200 682.96万元，虚增相应的营业利润9 528.42万元；2018年1—3月虚构收入117 175.99万元，虚增相应的营业利润3 726.14万元。

综上，2014年7月—2018年3月，年富供应链虚增营业收入348 217.81万元，虚增相应的营业利润43 613.43万元。其中，2014年虚增营业收入3 627.41万元，虚增相应的营业利润3 627.41万元，占年富供应链当期披露营业利润的84.50%；2015年虚增营业收入9 114.41万元，虚增相应的营业利润9 114.41万元，占年富供应链当期披露营业利润的71.96%；2016年1—9月虚增营业收入3 678.45万元，虚增相应的营业利润3 678.45万元，占年富供应链当期披露营业利润的75.64%；2017年虚增收入107 040.43万元，虚增相应的营业利润10 121.87万元，占宁波东力当期披露营业利润的56.54%；2018年第一季度虚增收入119 809万元，虚增相应的营业利润6 359.16万元，占宁波东力当期披露营业利润的108.72%。表3-12、表3-13，图3-3分别为年富供应链2014—2016年营业收入及利润情况，年富供应链2017年、2018年第一季度营业收入及利润情况，年富供应链营业收入和净利润占公司合并报表比重。

表3-12　年富供应链2014—2016年营业收入及利润情况

单位：万元

项目	2016年1—9月	2015年度	2014年度
营业收入	1 411 396.76	1 483 085.08	1 048 821.36
营业成本	1 386 622.98	1 451 027.15	1 029 967.96
营业利润	4 863.15	12 666.32	4 292.58
利润总额	5 580.91	13 261.77	4 878.33

表3-13　年富供应链2017年、2018年第一季度营业收入及利润情况

单位：亿元

项目	2017年度 年富供应链（8—12月）	2017年度 公司	占公司合并报表比重	2018年第一季度 年富供应链	2018年第一季度 公司	占公司合并报表比重
营业收入	121.24	128.70	94.20%	61.61	63.41	97.16%
净利润	1.49	1.59	93.71%	0.39	0.51	76.47%

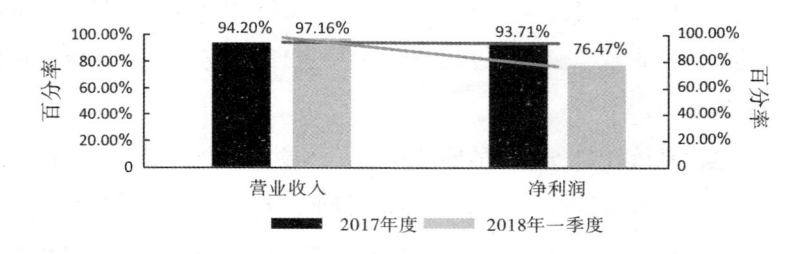

图3-3 年富供应链营业收入和净利润占公司合并报表比重

二、虚增应收款项

并购前，年富供应链因经营不善，无法收回东莞康特尔云终端系统有限公司、山东富宇蓝石轮胎有限公司、PSONS公司共计31 653.62万元的应收款项。但年富供应链并未计提坏账准备，而是将上述坏账转为年富供应链对其关联公司的虚假应收款项，由此在2016年9月30日虚增应收款项31 653.62万元，在2017年和2018年第一季度虚增应收款项31 653.62万元。

三、诱骗增资，转移贷款担保

在并购的过程中，第三方中介机构根据虚假财务数据及冒充的关联公司负责人的虚假陈述，做出年富供应链按收益法估值为21.8亿元的错误评估报告。而为了实现业绩承诺，李文国等人继续隐瞒实际业绩，加大造假行为，虚增公司利润，并要求相关客户单位配合其骗取宁波东力的信任，同时以公司经营需要及加快退税进度为由，诱骗宁波东力于2017年10月对其增资2亿元。此外，李文国等人以增加业务量、利润为由，通过有关银行违规增加银行授信等方法，骗取宁波东力为其提供银行授信担保额度22.7亿元。截至2018年6月30日，年富供应链的银行贷款总额为31.77亿元，其中有13.57亿元贷款担保被转移至宁波东力。

这次系统性财务造假的隐蔽性强，凸显"三个利用"。一是利用真实客户和业务基础。年富供应链根据业绩目标，利用真实的客户虚构业务或虚增服务费率，存在客户配合签订虚假合同、配合资金流转以及在询证函余额不符的情况下盖"相符"章的情况，客观造成财务造假长期未暴露。二是利用境外实体。年富供应链利用其控制的境外实体虚构境外代理采购和销售业务，这种完全在境外进行购销的业务模式操作简便，再加上境外实物流较难追溯，被发现的难度较大。三是利用供应链行业具有的融资性质。供应链行业资金进出频繁，年富供应链又采用总额法核算，资金量大，往来频繁，使得其虚增业绩、掩盖坏账等有较大的操作空间，给相关部门对其违法事实的甄别和调查梳理带来很大困难。

理想丰满，现实骨感。生活里没有安徒生童话，也没有"穷小子"与"白富美"一起幸福生活的美好故事。正如英国作家爱略特所言，"理想与现实之间，动机与行为之间，总有一道阴影"，有时甚至是一道无法逾越的鸿沟。

而对于宁波东力遭遇的这场骗局，《证券市场周刊·红周刊》的评论可谓切中肯綮："作为中国齿轮行业首家A股上市公司，宁波东力少有惊人表现，不仅上市后业绩平平，更是为了保壳'饥不择食'策划重组，终落入骗局漩涡。因这场闹剧，宁波东力'委屈'吃下监管层一记罚单，纵使'不服'，也只能自吞苦果。"

第三章　宁波东力：转型收购一场空，供应链贸易造假成常态

雪崩时，没有一片雪花是无辜的

这场财务造假，宁波东力反而是最大的受害者，并购的目的原本是提升业绩，但没想到并购标的的资产和利润都存在虚构的成分。此外，在这一过程中，相关中介机构也没有尽到应尽的义务，无论是立信会计师事务所出具的审计报告，还是独立财务顾问国信证券出具的相关意见，都未曾对年富供应链的财务数据提出过异议。最终造成了这场"悲剧"。

宁波东力并购重组遭遇骗局虽然只是个案，但因并购重组产生"后遗症"上市公司颇为常见。标的资产方往往为了自身利益，将"豆腐卖出肉价"，为此也不得不做出较高的业绩承诺，从而导致承诺无法兑现。上市公司并购重组乱象丛生的现状，一方面说明上市公司在并购时没有本着审慎的态度；另一方面说明中介机构也没有扮演好"把关者"的角色。

毋庸置疑，"诈骗门"给上市公司及股东带来的损害不容小觑。宁波东力2018年年报显示，公司巨亏28亿元，资产减值38.09亿元，主要就是由于对年富供应链股权投资及应收款计提减值准备、坏账准备不足等所致。2019年，宁波东力净利润2 186.08万元，不及2017年1.59亿元公司净利润的1/7。进入2020年，宁波东力才逐渐恢复元气，前三季度实现净利润14.23亿元，扣非净利润5 408.56万元，三季度末每股净资产由2019年年末的0.86元回升到1.11元，但仍较事发前缩水一半以上。

"欲收年富，必承其重"，谁承想，宁波东力当初以为的"美满

姻缘"，却成了纠缠一生的噩梦，正所谓"南柯一梦终须醒，浮生若梦皆是空"。宁波东力的悲惨经历给所有财务造假的公司一记响亮的耳光，也警示所有投资者擦亮自己的双眼，不要盲目并购，以免落入他人精心设计的圈套。最终，宁波东力成为后人口中的"前车之鉴"，为后来者敲响警钟。

大事记

· 1998年，宁波东力传动设备有限公司创立。宁波东力前身可追溯至原宁波市江东区东郊乡东升村的集体企业——东升减速电机厂。1998年，东升减速电机厂更名为宁波东力传动设备有限公司。

· 2007年，宁波东力传动设备股份有限公司在深圳中小板挂牌上市，成为中国齿轮行业首家A股上市公司。上市当年扣非净利润比2006年高出51.4%。

· 2011年，宁波东力传动设备股份有限公司净利润大幅缩水，增长率为-76.19%。

· 2012年，宁波东力传动设备股份有限公司出现首度亏损，开启了亏损之旅。

· 2013年，宁波东力传动设备股份有限公司被"披星戴帽"，处在保壳之路上。

· 2013年，扣非净利润为负，宁波东力传动设备股份有限公司负债8.34亿元。

· 2014—2015年，宁波东力负债7.19亿元和7.45亿元。

· 2016年6月，宁波东力宣布作价21.6亿元、以增值率约700%向关联方购买深圳百强企业——年富供应链100%的股份，并向年富供应

第三章 宁波东力：转型收购一场空，供应链贸易造假成常态

链增资2亿元。

- 2017年8月，子公司年富供应链并入上市公司报表后，为宁波东力贡献了不俗的业绩。

- 2018年7月，宁波东力毫无预兆地发布公告称，这些年一直被年富供应链给"骗"了，收购"爆雷"使上市公司遭受重大经济损失。

- 2018年7月6日，宁波东力及年富供应链多个银行账户被冻结，被冻结金额共计1.71亿元人民币和216万美元。最新的公告显示，宁波东力银行账户冻结范围扩大到50户，累计冻结金额达4.16亿元人民币和1 385.5万美元。

- 2018年7月14日，宁波东力进行2018年半年度业绩预告修正：由预计盈利1.1亿~1.4亿元，修正为亏损0~8 000万。2018年，宁波东力巨亏28亿元，资产减值38.09亿元。

- 2018年8月7日，宁波东力公告年富供应链银行账户被冻结资金达到5亿元，并存在5.6亿元的债务逾期。同日，年富供应链的法人及副董事长李文国、总裁兼董事杨战武双双被宁波市人民检察院批准逮捕；财务总监刘斌、金融副总裁秦理、业务副总裁徐莘栋被公安机关取保候审，运营副总裁林文胜和风控总监张爱民失联。

- 2018年8月24日，宁波东力（002164）收到证监会《调查通知书》（甬证调查字2018039号）。

- 2018年12月，由于年富供应链资不抵债，债权人、深圳传音控股股份有限公司（股票代码：688036）旗下子公司惠州埃富拓科技有限公司申请对年富供应链进行破产清算。

- 2020年4月，浙江省高级人民法院对年富供应链合同诈骗案做

出刑事终审裁定，年富供应链被判处罚金3 000万元，其直接负责的主管人员被判处无期徒刑，并没收个人全部财产。

· 2020年7月14日，宁波东力（002164）收到中国证监会《行政处罚及市场禁入事先告知书》（处罚字〔2020〕60号）。

· 2021年1月19日晚间，宁波东力及相关当事人收到中国证监会下发的《行政处罚决定书》（〔2021〕2号）。

第四章 雪松控股：建立在谎言上的商业帝国

颜文倩

扫码查看

揭开财务舞弊的面纱
探索企业如何走正道

资本市场充满着诱惑，尤其是让人眼花缭乱的金融理财产品，一直在刺激着无数中小投资者跃跃欲试的神经。然而，稍有不慎，就会有投资者落入大玩家精心编织的弥天大网里，成为资本大鳄的"板上肉"，任人宰割、随人翕张，沦为资本的附庸。

曾被称为"广州第一民企"的雪松控股集团有限公司（简称"雪松控股"），不知从何时起，竟偏离了正常的发展轨道，打着"供应链金融"的旗号精心设计了一场骗局——成立数十家皮包公司，开票空转流水，通过金融资产交易所（简称"金交所"）、伪金交等融资平台，将债权项目包装成理财产品销售至全国各地。

但谎言终究是谎言，谎言被揭开的那一天，近万名投资者亏得血本无归，走投无路的雪松控股，最终也被拉下了神坛。

梦想开始的地方：揭露万亿帝国的尊容

深圳的1989年是一个值得一提的年份。中央下达《关于同意成立深圳证券交易所的批复》文件，中国证券市场之轮启动；史玉柱开始推广巨人的M-6401桌面排版印刷系统软件；马化腾以739分的高分成绩考入深圳大学电子工程系，与他同时入学的还有一位名为张劲的广州"低调"青年，就读于金融系。殊不知，这位当时"低调"的青年后来的人生，竟会颇具传奇色彩。

第四章　雪松控股：建立在谎言上的商业帝国

张劲出生于1971年，是个典型的"别人家的孩子"。在那个物质贫瘠的年代，学习好又"会来事"的年轻人，总是带着一股令人赞叹的聪明劲。18岁那年，他以优异的成绩考进深圳大学金融系。脑瓜子机灵的他很快就发现了藏在身边的致富机会，那就是当时在内地还没有形成规模的股票证券交易。

尤其是1990年年底，上海和深圳两地的证券交易所相继成立，上证指数诞生。张劲第一时间参与其中，靠着自己学到的金融学知识，从基点100点开始入手，一路跟到1 000点，在反复的验证中找到了炒股赚钱的门路。他也没有错过深发展（深圳发展银行股份有限公司）暴涨1 000多倍的传奇时刻，到毕业的时候，张劲已经完成了数百万资金的原始积累。

深圳这个城市颇具魅力，其血液中时刻涌动着创新与创业的基因。在这里，人们的梦想也从未间断过。初生牛犊不怕虎，凭着一腔孤勇与热血，张劲带着大学时的积蓄，选择了一个对国内而言全新的领域——风险投资。毫无疑问，这是个非常考验投资目光的行业，而且，顾名思义，这些投资都伴随着巨大的风险，稍不留意，可能就会血本无归。在20世纪90年代，风投机制也是科技部首次引入的商业模式，很少有人敢做第一个吃螃蟹的人。

第一个吃螃蟹的人，要么吃了满嘴油，要么吃了满口腥。张劲很幸运地成了前者。这份幸运，来源于他在炒股赚钱之余，始终没有停止扩充对金融学知识的积累。带着炒股赚来的全部资金，他入股了深圳中小企业创业投资公司。利用自己的学识，张劲在4年左右的时间里，陆陆续续挑选了近300家有发展前景的公司进行投资。截至他离开风投行业时，这些公司大多数有着良好的经营状况，其中光是上市的公司，就催生出70多家。

时间很快来到了1997年。这一年发生了很多事情，香港回归祖国、长江三峡工程截流成功等，这些事情无一不对中国的发展影响深远。在1997年发生的诸多事情中，最令人难忘的，大概就是7月从泰国开始爆发的亚洲金融危机。

尽管当时金融风暴还没有影响到中国，但张劲已经察觉到市场的剧烈变化，早早就开始筹备离开金融市场，转型去做实业。1997年，在导师的鼓励下，张劲成立广州君华经济发展有限公司，进军当时处于低谷的房地产行业。此时的张劲，年仅26岁就已身价千万，无论是放弃的魄力，还是转行的果断，他的杀伐果断都令人叹为观止。

当时广州的福利分房政策即将结束，房市在金融危机的铁蹄下喘息。到1998年，金融风暴波及中国内地时，张劲已完成转型。他直接抄底房地产，瞄准了烂尾楼盘"华达山庄"，亲自规划了一个独具水榭园林风情的高端别墅区——"江南世家"。甫一开盘，江南世家便从同质化严重的住房中脱颖而出，张劲也因此在房地产市场上崭露头角。

初出茅庐便在股市和地产屡战屡胜，张劲印证了自己作为"未来主义者"的眼光，也深深地相信自己已经掌握了投资的"真谛"：苦心经营远不如"看得准"来得妙，而许多个"看得准"在一起，就可以构筑商业王国。

此后，张劲开始深度挖掘实业的潜力，一路高歌猛进。

2002年，广州君华贸易有限公司（简称"君华贸易"）成立，"雪松"雏形初现。张劲开始布局大宗商品贸易，挺进钢材、铜、铝等大宗商品贸易领域。提前布局大宗商品供应链服务平台——供通云。

2002年，君华斥资9 000万元改制了1997年深圳科技局设立的深圳首家创投公司，2004年，该公司重组后更名为"深圳中小企业创业投资有限公司"，形成房地产、贸易、创投三大主业格局。

2007年，君华集团有限公司（简称"君华"）一边是通过铝制品出口进入中国民企20强，铜业贸易与江西铜业集团有限公司、金川集团股份有限公司建立合作伙伴关系；一边是正式进军汽车贸易领域，成为东风本田的A类合作伙伴，东风本田广州君华4S店成功开业。同年，君华的营业收入突破30亿元。

2009年，君华又进军煤炭贸易领域，成为长江流域最大的煤炭贸易商之一。

2016年10月，君华进军文旅地产，以8亿元对价从几个浙江人手里受让丽江玉龙旅游股份有限公司、丽江晖龙旅游开发有限公司这两家公司，取得丽江大研花巷项目，该项目面积共计2万平方米，共有21个物业，评估值为12.9亿元。

君华这场以地产发家的创业探险，经过创投、贸易、文旅的历练，在2015年实现了593亿元营收，跻身中国民企50强。同年，君华整合旗下产业板块后更名为雪松控股集团有限公司（简称"雪松控股"），雪松控股正式成立。

彼时，雪松控股已经成为集地产、金融、化工、贸易、服装、文娱于一体的民营企业。其在2018年上榜全球500强企业名单后，就成了榜单里的常客。

用张劲自己的话说，"创业九死一生，人生冷暖自知"。

他曾经去香港学习，目睹过全港的炒楼之风，也见证过金融危机下的楼市寒冬。他敢于冒险，虽然他并非技术背景出身，也不曾在任何一个领域深耕，但很明显，多元化战略符合他的特性。张劲商业嗅觉灵敏，往往能在风向刚刚转换时就捕捉到新的风口，他对此也颇为自得："在房地产尚在启蒙阶段，我们便进入房地产行业；在房地产市场最疯狂的时候，我们选择暂时离场；在中国的实体经济最低迷、资本脱实向虚的时候，我们布局实体产业；而等国家和有识之士全面倡导和呼吁经济必须脱虚向实之时，我们的产业布局已经完成。"

从起家创业到名满全球，张劲始终保持精准的投资目光，毫无疑问，他是一位传奇人物。而在他的带领下，"神秘"的雪松帝国也拔地而起、扶摇直上，向世人露出面纱下的容颜。

隐患苗头初露：过度扩张背后的危机

2015年，张劲重构产业布局，当年8月，雪松资本投资有限公司成立，雪松控股开始进入金融领域。金融化成为雪松控股一个重要的发展方向，为此，公司不惜砸下大笔资金。"控股"名牌和营收增速昭示出张劲的野心。

恰逢其时的转型让雪松控股快速腾飞。2016年，《新财富》把供通云选为最佳商业模式，称其"利用十余年的大宗商品行业经验及丰富的上下游资源，结合行业标准化程度高、流通性强、变现率高且快、金额大等特点，'从产业中来，到金融中去'，升级供应链平台，打通了产业端的各个链条环节，对接资金端，解决产业链融资问题，让传统产业链重获活力"。

此时的雪松控股正值巅峰，转型造就了"地产+实业+金融"全方面的产业巨轮。

此后，雪松控股在资本市场上高举高打，不停"买买买"，展现了鲜花着锦、烈火烹油的盛况。2016年11月，雪松控股以约48.18亿元收购了碳四综合利用行业的领军企业淄博齐翔腾达化工股份有限公司（简称"齐翔腾达"），控股比例为41.90%。通过这次并购，雪松控股终于拥有了第一家上市公司平台。张劲意气风发，对媒体豪情万丈地喊出了"三个万亿"的目标：未来5年，雪松控股要实现万亿销售额、万亿资产、万亿市值。若要让营业收入达到这个标准，参照2020年的《财富》世界500强排行榜，雪松控股的营业收入至少需要排到当时排第38位的摩根大通之后，超越中国银行和中国移动。

2017年6月，雪松控股又通过新成立的雪松文化旅游开发有限公司（简称"雪松文旅"），以42亿元收购了服装类上市公司希努尔男装股份有限公司（简称"希努尔"），使其文旅产业借壳上市。

从2016年11月到2017年6月，在不到7个月的时间里，雪松控股的两次大手笔运作花掉了90多亿元资金。这种大手笔运作、高杠杆融资业务也为雪松控股的"坍塌"埋下伏笔……

2018年，雪松实业集团有限公司（简称"雪松实业"）年报显示，雪松控股能够入围世界500强主要依靠大宗商品产业链服务业务，这占据了雪松控股营收的绝大部分。2018年，雪松实业总营业收入为2 140.19亿元，其中，大宗商品采购供应及综合物流服务业务收入达1 983.86亿元，占总营业收入的92.70%。大宗商品产业链业务的爆发式增长，推动了雪松控股营收的巨幅增长。但是，营业收入及爆发式增长背后，利润却微乎其微。雪松实业的供应链管理业务虽然在总营收中的占比高达92.70%，但其毛利率却仅为0.77%，属于"勉强保本"。

雪松控股面临的另一大挑战就是利润增长迟缓。数据显示，2016年，雪松控股的净利润为746.86万元；2017年的净利润为3 664.54万元，净利润增长率为390.66%；而2018年的净利润为5 584.61万元，净利润增长率为52.40%，增速出现断崖式下跌（见表4-1、图4-1）。

表4-1　雪松控股2015—2019年营业收入及净利润情况

年份	营业收入/万元	营业收入增长率/%	净利润/万元	净利润增长率/%
2015年	50 621.17	8.27	522.55	127.83
2016年	69 607.59	−31.27	746.86	−66.93
2017年	77 484.32	11.32	3 664.54	390.66
2018年	172 008.52	121.99	5 584.61	52.40
2019年	358 473.90	108.40	4 499.13	−19.44

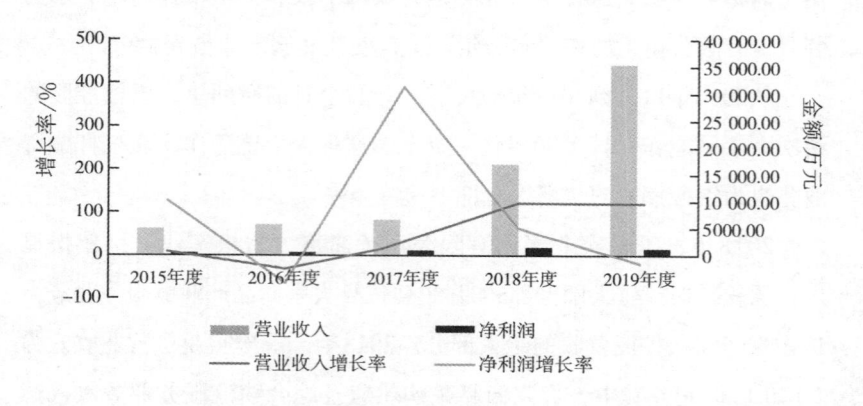

图4-1　雪松控股2015—2019年营业收入及净利润

这座高耸入云的摩天大楼已经频现裂缝。

我是狂欢派对的主人："白衣骑士"接手"爆雷王"

张劲曾经将雪松控股的目标定位为——在广州打造全球顶尖的综合性产业集团，做"中国嘉能可"。那么，嘉能可又是何方神圣呢？

据公开资料，嘉能可（GLENCORE）是一家瑞士公司，成立于1974年，总部设立于瑞士巴尔，是全球大宗商品供应链的领军者，全球排名第一的大宗商品交易商，也是全球第四大矿业集团。其主营业务是在全球范围内广泛从事金属及矿产、能源产品及农产品营销、生产、精炼、加工、存储及运输活动。对于从事大宗商品交易的人来说，嘉能可是一个令人景仰的、神一般的存在。

自1974年成立以来，嘉能可仅用40年的时间，就完成了从一家初出茅庐但行为激进的瑞士石油贸易商，进化为全球大宗商品全产业链巨头的辉煌历程。嘉能可的主营业务是矿产和石油等资源型实物贸易，通过先后收购美国、秘鲁、赞比亚等地的矿产资源，成功实现了多元化发展，其产业涉及矿产、石油、钢铁生产和食品加工等方面，其所经营项目无所不包。

更值得一提的，是嘉能可的金融扩张之路。从20世纪90年代开始，嘉能可便建立起了一套有别于传统的大宗商品贸易盈利模式。在这一模式中，贸易商不再通过简单的赚取差价盈利，而是通过提供直接融资或其他供应链金融服务，换取矿业生产企业稳定的产品包销权以及优势价格，再利用嘉能可在物流仓储方面的领先优势，借助大宗商品期货及衍生品工具，选择合适的时间、地点进行交割，利用时空或信息优势套取利润。

这一盈利模式让雪松控股董事局主席张劲怦然心动，他找到了雪松控股的发展目标——做中国的"嘉能可"。如果说，20年前的嘉能可通过金融助推打通上下游产业链，实现跨越发展的话，那么，20年后，要成为"中国嘉能可"的雪松控股，也必须走上"金融助推"这条路。

收购中江国际信托股份有限公司（简称"中江信托"），无疑是雪松控股做"中国嘉能可"棋局中的重要一步。而这一步，冥冥之中也成为雪松控股由盛转衰的一个重要转折点。

2018年11月，雪松控股申请收购"明天系"旗下中江信托71.35%的股份获得银保监会批准，2019年4月22日完成股权变更，2019年6月，中江信托更名为雪松信托，雪松控股终于在全国68块信托牌照中占得"雪松信托"一席。

当时，中江信托号称估值300亿元，雪松收购股权的对价逾200亿元（实际上只支付了60亿元）。在信托圈，中江信托是有名的"爆雷王"，在雪松控股接手之初，中江信托不但大股东缺位，而且"踩雷"产品多达35个，涉及金额约79亿元，涉及投资者人数2 400多名。拿下中江信托这个烫手山芋，对雪松控股来说无疑是一着险棋。

虽说对想要在金融领域大展拳脚，拥有信托牌照的雪松控股来说很关键，但此时的中江信托可以说是一个巨大的坑，项目爆雷不断，公司有80亿元的资金窟窿无法填补。不出所料，雪松控股并未扭转雪松信托的亏损局面，2019年、2020年雪松信托的净亏损分别达到14.4亿、7.3亿元。2019年上半年，作为雪松控股的核心子公司雪松实业的账面上的货币资金仅为49.59亿元。看似牢固的商业模式却潜藏危机，接二连三的大手笔并购让雪松控股背上巨额的债务重担，加之雪松信托糟糕的表现，公司开始变得捉襟见肘。

屋漏偏逢连夜雨，船迟又遇打头风。除了中江信托这个大累赘外，雪松控股旗下的化工能源核心公司的业绩也出现下滑。作为雪松控股旗下化工能源业务的核心企业，齐翔腾达在雪松控股入主后，2017—2018年的营业收入分别为222.26亿元、279.24亿元；净利润分别为8.50亿元、8.43亿元。2018年的净利润有所下滑。而进入2019年，齐翔腾达的净利润却出现大幅下滑。2019年三季报告显示，前三季度，齐翔腾达的净利润为5.24亿元，同比下降24.90%。化工能源实业利润日渐下滑的情况对雪松控股来说更是雪上加霜，加重了公司的负担。

而在资产质量方面，雪松控股面临存货高企、应收账款回收以及商誉减值风险三大隐忧。

第一，存货高企。由于供应链业务增加库存以及房地产项目投入增加等原因，雪松控股存货规模快速增长，已由2016年的21.34亿元增长至2021年的167.86亿元，在四年半的时间里翻了8倍。值得注意的是，雪松控股所持的房地产项目大多集中于中山、南宁等地，受限购政策影响较大，存在一定的跌价风险。

第二，应收账款回收风险。由于雪松控股大宗商品供应链业务规模不断扩大，采购量增加，导致预付款和应收账款增长速度惊人。2019年，雪松控股的应收账款从58.78亿元开始翻倍，近年来一直维持在百亿元以上，庞大的预付款和应收账款对公司的资金占用十分明显，还存在一定的回收风险。雪松控股2017—2021年运营能力如表4-2所示。

表4-2 雪松控股2017—2021年运营能力情况

单位：次

运营能力指标	2017年12月31日	2018年12月31日	2019年12月31日	2020年12月31日	2021年12月31日
应收账款周转率	2.373	5.655	9.893	4.162	8.453
存货周转率	2.505	9.044	14.153	9.896	50.502
流动资产周转率	0.634	1.502	3.726	1.305	1.686
固定资产周转率	1.539	7.6	13.152	11.275	21.965
总资产周转率	0.325	0.598	1.014	0.428	0.613

第三，商誉减值风险。近年来，雪松控股进行了大量的并购扩张，2016年收购齐翔腾达，2017年收购希努尔，2019年收购中江信托，业务拓展至化工、纺织服饰、金融等领域。外延式并购不仅消耗了雪松控股大量的现金流，也积累了大量的商誉。截至2021年6月末，雪松控股商誉为35.24亿元，且无形资产中的商标权占比高。如果今后并购公司的业绩不达标，雪松控股将面临大量商誉减值的风险。

截至2021年9月底，雪松控股受限资产规模达267.89亿元，其中货币资金受限27.49亿元、存货受限61.88亿元、投资性房地产受限52.37亿元、长期股权投资受限82.13亿元。可见，雪松控股整体资产流动性很弱，可用于再融资的信用资源有限。

另外，雪松控股在建及拟建房地产项目和石油化工在建项目尚需大规模投资，后期还面临着较大的资金支出压力。

风起于青蘋之末，浪成于微澜之间。一步错，步步错，此时的雪松控股已经失去了往日的威风。面对如此困境，雪松控股又该何去何从呢？

繁华落尽，散一地浮殇：200亿元规模的润邦理财爆雷

2020年，雪松控股以"应收账款"为底层资产，借各类金交所、产交所、伪金交所通道，向自然人发售超过350只"理财产品"，总规模超200亿元。

雪松控股对外发行的这些理财产品统称为"润邦理财"，并不包括雪松信托所发行的产品。润邦理财由雪松控股旗下的全资子公司——深圳市前海润邦财富管理有限公司统筹。润邦理财的销售渠道大体可分为线上平台购买和线下购买两大类。其中，线上平台包括大连金融资产交易所的官网和松果财富的APP，产品购买门槛是30万元起。线下购买场所为雪松控股在全国40个城市设立的财富中心，与雪松信托联合办公。线下购买的门槛与信托产品一致，为100万元起。

润邦财富的一系列产品，均在2021年4月开始逾期，彼时的雪松控股还能按时支付利息。此外，雪松信托也出现违约，长青系列存续规模达76.55亿元，有20多亿元违约，长盈系列的131产品和133产品亦从2021年9月开始违约。

自2021年下半年起，雪松控股的理财和信托等各个渠道的投资人多次讨债，公司方面先后7次给出承诺，但均未能兑现。2021年12月21日，雪松控股向广州市黄埔区政法委提交了一份《关于相关理财产品兑付方案的汇报》，承认"由雪松控股集团承担差额补足义务[①]的相关理财产品出现了逾期兑付的情况"。

---

① "差额补足义务"是指雪松控股向投资者承诺，就受托投资方未履行投资协议约定的付款义务的差额部分，承担差额补足义务，换言之，雪松控股须为这些融资的偿还承担全部兜底责任。

这份汇报材料承诺，雪松控股将在2023年6月前完成全部逾期产品清理，并给出每个月的兑付计划，比如"2022年1月兑付2021年8月前到期的产品本金的10%""2022年3月兑付2021年9—12月期间到期的产品本金的10%"等。此外，这份材料还称，自2022年1月起，产品投资收益支付统一调整为每月最后一个工作日集中支付，应付未付的收益于2022年1月支付。但在投资者看来，这份兑付方案"不提资金来源、不提增信措施""看不到诚意、看不到希望"。

2022年1月，雪松控股表示已经无力支付利息。

2022年1月30日深夜，壬寅年春节假期前一天，雪松控股发出致歉信，宣布原定于1月底完成的兑付无法落实。投资者等不来张劲露面，只等来他的致歉信："一句道歉不能解决问题，我们没有理由寻找任何借口，也没有理由逃避任何责任，无论如何都将确保2月底之前完成兑付承诺的履行。"他在信末写下的"新春大吉，万事如意"的祝福在约8 000名兑付无果的投资者听来尤为刺耳，他们的人均投资额高达250万元。雪松控股发布于1月30日的致歉信，意味着《关于相关理财产品兑付方案的汇报》已是一纸空文。这彻底触怒了理财产品投资者。

2022年春节假期刚过，雪松控股分布在各地、承受着投资者巨大压力的理财产品销售经理们齐聚广州，要求公司董事长、创始人张劲给出解释和还债保证。他们三五成群，堵在雪松控股总部的各个出口。"这一次绝对不能让张劲跑了。"一名投资人说。

"我已经准备好了被限高、被追债。总会有这一天，我要经历这一切。我没有跑，也没打算跑。"张劲在当日电话会议中表示，此外，他还说，"短时间内我不会考虑跟投资者面对面，但愿意召开一个雪松财富板块的内部会议,把资产摊出来给大家看一看"。

2月9日下午,张劲通知员工居家办公,召集总部及区域的高管在雪松控股总部开会。会议进行的过程中,雪松控股在各地的理财产品销售经理们聚集到会议室,要求张劲个人为雪松控股逾期的理财产品承担连带责任。张劲断然拒绝,会议一度陷入僵局。"有的同事没有进入会场,就在外面守着,发现张劲的宾利车在不断转圈,怀疑他想找机会脱身",一名雪松控股员工说,会议进行到18时许,张劲起身,销售经理们担心他会离开,一拥而上,过程中,保安和其他员工发生了推搡。

"张劲大吼了一声",一名在现场的员工回忆说,包括张劲在内,所有人又坐下了,事情不了了之。

供应链金融难以承受之重

2022年2月16日,深交所向雪松控股旗下的两家上市公司雪松发展股份有限公司(简称"雪松发展",即希努尔)和齐翔腾达下发关注函,要求其核实媒体曝出的30家空壳公司是否为公司的供应商或客户,并说明公司是否参与雪松信托产品底层资产的应收账款相关的供应链业务。产品大面积违约后,投资者们才恍然发觉,这家世界500强企业的信誉一文不值。当他们登门查证底层资产时,却发现多家债务人和债权转让方的办公场地不过三四十平方米,甚至有多家相关贸易公司使用同一个注册地,且早已人去楼空。

以齐穗实业灿邦12M债券转让项目为例,该项目的资产转让方为齐穗实业投资有限公司(简称"齐穗实业"),受托投资方是深圳市天运骏业资产管理有限公司（简称"天运骏业"），雪松控股作为差额补足义务人，投资起点为100万元。这款产品的底层资产是齐穗实业的应收账款。齐穗实业确实向银盘新材料产业（江苏）有限公司（简称"银盘新材"）多次销售大量的电解铜，然而双方的交货方式是在仓库内实现货权转移。换言之，这批电解铜并不需要离开仓库，双方就完成了买卖。

齐穗实业和银盘新材这两家公司曾出现在多份已爆雷的理财合同中。工商资料显示，这两家企业均为小微企业，但齐穗实业的注册资本高达20亿元。值得注意的是，这家公司在广州的注册地址先后换了4个。据投资人实地考察，这些注册地址多为若干贸易公司的集中注册地，其中一个注册地甚至是一块菜地，而在其目前的注册地——黄埔区中新广州知识城亿创街1号406房门口，看不到任何与该公司相关的标识。

据财新报道，亿创街1号被命名为"人才大厦"，位于广州市郊区。据统计，已经爆雷的润邦理财产品合同中涉及的企业，共有5家注册在这个人才大厦的406房，齐穗实业就是其中之一（表4-3、图4-2）。"这些企业只是用这个房间的地址注册，从没有人来这里上班，只有警察来过"，人才大厦的大堂经理交代。齐穗实业显然是一家皮包公司。然而，就是这家公司，于2020年间在大金所备案登记了20亿元的理财产品，承销商全部为天运骏业。天运骏业是润邦理财的通道之一。而在2021年年底，天运骏业已经人去楼空。润邦理财的另一个通道，是善尚投资管理（深圳）有限公司，这一公司注册地同样已无人办公。

表4-3 注册地址相同的5家企业

序号	公司名称	注册地址
1	广州柴富能源有限公司	广州市黄埔区（中新广州知识城）亿创街1号406房之212
2	广州筑通贸易有限公司	广州市黄埔区（中新广州知识城）亿创街1号406房之213
3	雪松物产（实业）有限公司	广州市黄埔区（中新广州知识城）亿创街1号406房之346
4	齐穗实业投资有限公司	广州市黄埔区（中新广州知识城）亿创街1号406房之366
5	广州丰汇实业有限公司	广州市黄埔区（中新广州知识城）亿创街1号406房之380

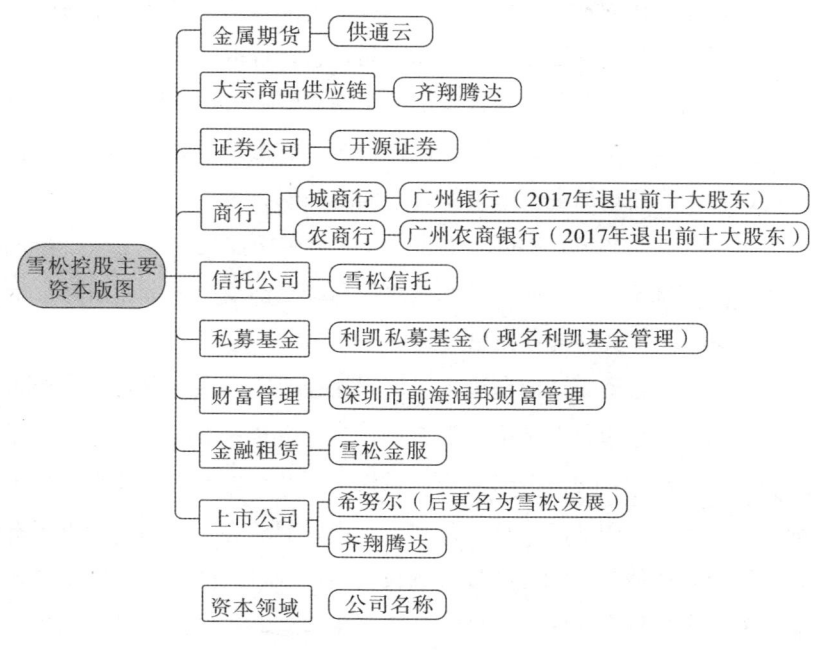

雪松控股主要资本版图：
- 金属期货 — 供通云
- 大宗商品供应链 — 齐翔腾达
- 证券公司 — 开源证券
- 商行
  - 城商行 — 广州银行（2017年退出前十大股东）
  - 农商行 — 广州农商银行（2017年退出前十大股东）
- 信托公司 — 雪松信托
- 私募基金 — 利凯私募基金（现名利凯基金管理）
- 财富管理 — 深圳市前海润邦财富管理
- 金融租赁 — 雪松金服
- 上市公司
  - 希努尔（后更名为雪松发展）
  - 齐翔腾达

资本领域 — 公司名称

图4-2 雪松控股主要资本版图

类似于齐穗实业这样的皮包公司，在雪松控股的供应链中比比皆是。据财新报道，诸多皮包公司在工商登记资料上的联系电话为同一个，或者注册地址为同一个。这些理财产品涉及的上海、深圳、成都、广州等十余家公司疑似均为空壳。这些空壳公司通过开票空转流水，通过地方金交所等融资平台，将债权项目包装成理财产品销售至全国各地的自然人，最终爆雷。

聚光灯下，监管越来越严，张劲打着"供应链金融"的旗号进行虚假贸易、融资套现的阴谋最终被揭穿。

雪松控股的债务融资体系，可分三步来理解。

第一，从融资名义的角度来看。雪松控股的业务主要为"融资性贸易"，即只作为发债平台，帮助供应链上下游以应收款项作为底层产品融资。其实，这是企业在借助贸易之名，行拆借融资之实。一些资信不足的贸易企业与雪松控股虚构贸易周转，雪松控股本身也涉嫌关联大量皮包公司，发债自融。这样一来，雪松控股账面上的营业收入增速喜人，公司的业绩节节攀升，同时在财务表外大量套现，可谓两头不落。在世界500强的光环下，且由于雪松控股并非上市公司，总体财务信息不公开，所以其利润质量和经营活动净现金流的异常难以被察觉，闭环交易的存在更是隐秘。

第二，从融资渠道的角度来看。雪松控股主要通过融资性信托和理财产品两条渠道，向公众投资者进行债务融资，其时间阶段有先后差别。2019年8月至2020年7月末，雪松信托共计发行含"长青""长泰""长盈"在内的67只信托计划，其中，"长青"系列投向供应链金融，而其他信托计划主要投向城投和地产项目。随着2018年基金业协会关闭底层资产为借贷性质产品的备案通道，市场上大量此类产品涌向监管相对宽松的金交所、产交所（产权交易所）。在控股大连金融交易所1年并在此挂牌超12只产品后，随着2020年年底"金交所不得直接、间接向个人销售产品，不得跨区域展业"的禁令出台，雪松控股便开始在伪金交所"象征性备案"，继续与监管方玩猫鼠游戏。这些产品的底层资产均为小微贸易企业的应收账款，它们被包装成"债权转让项目"在地方金交所备案，并由松果财富或大金所挂牌发行。

第三，从交易结构的角度。雪松控股发行的信托计划与理财产品名异实同。以理财产品为例，雪松控股的理财产品销售经理促成客户与受托投资方（实为雪松控股的傀儡）的委托协议，受托方将投资款用于购买"应收账款"销售方所持的债券资产，当债务人向受托方偿还债务后，受托方便可向投资人还本付息。在这中间，雪松控股作为平台方出具了差额补足承诺函，对产品兑付做了兜底承诺，承担"差额补足义务"，并作为营销主体对产品进行销售（图4-3）。

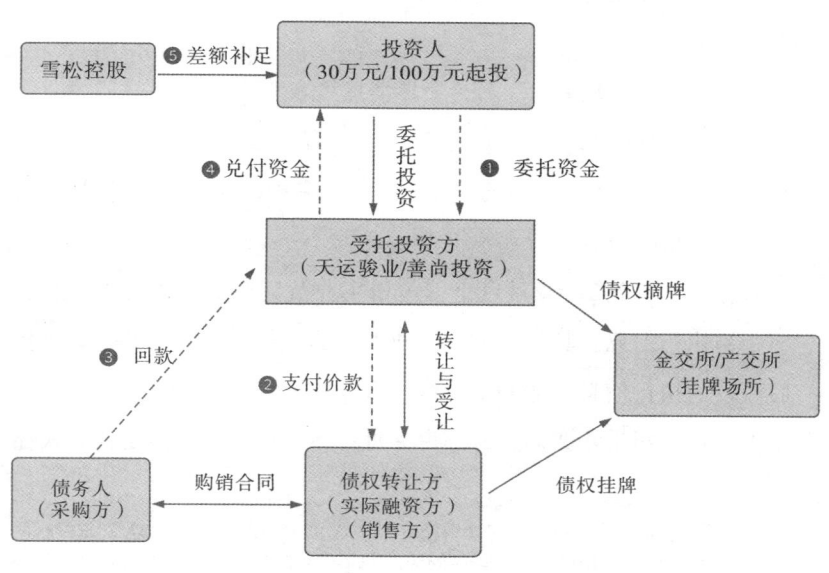

图4-3 雪松控股相关理财产品交易结构

资料来源：《券商中国》。

就这样，雪松控股在全国成功编织了一张虚假的贸易大网，各个结点互相穿梭往来，交织成复杂的贸易链条。

"长青""长盈"已成泡影

2022年4月25日，雪松控股广州总部曾被投资者"围攻"，大批购房者堵在雪松控股总部大厦前，大喊着"还钱"的维权口号，"还我房子！还我钱款！"的声音震耳欲聋。只是，这次讨要投资款的不是别人，而是公司员工。张劲曾在2020年发动600名员工购买本公司在广州何棠下村旧改项目的融资区商品房，并许诺给予员工约1.8万元/米²的福利价。结果，楼还没盖好，雪松控股就爆雷了。因为当时是一次性付款，于是便出现了许多员工和购买者，纷纷来到雪松总部楼下要求退钱的情形。

祸不单行，十几天后，另一个坏消息传来。

2022年5月9日，联合资信评估股份有限公司（简称"联合资信"）公告称，将雪松实业主体和"19雪松01"[①]的信用等级由"A－"下调至"BB"。

公告指出，2022年2月以来，雪松实业及其控股股东雪松控股发生多起被执行信息。其中，雪松实业涉及的执行信息高达19条，雪松控股涉及的执行信息高达39条。这些涉及的诉讼中，包括但不限于工程施工、合同纠纷及票据纠纷等。并且，雪松控股及其法定代表人存

[①] 联合资信公告中提到的"19雪松01"，为雪松实业在2019年12月20日发行的公司债券，发行规模为10亿元，到期时间为2022年12月20日。但是，随着之前的债务违约和股权冻结，这笔债券大概率也将面临逾期的风险。

在失信行为，被采取限制消费措施。

公告中还提到，雪松控股及其一致行动人淄博齐翔石油化工集团有限公司持有的齐翔腾达46.13%的股份已全部被司法冻结和标记。雪松实业持有的雪松发展控股股东雪松文化旅游投资有限公司（简称"雪松文投"）100%的股份和广州君凯投资有限公司（简称"广州君凯"）100%的股份因财产保全被司法冻结。雪松文投及广州君凯所持雪松发展的股份被司法冻结的占98.72%。如上述被司法冻结的股份被采取强制措施，齐翔腾达和雪松发展存在实际控制人变更风险。

公告指出，总体看，雪松实业及雪松控股均被列为被执行人；公司持有的两家上市公司股份被司法冻结，可能面临失去控制权风险；公司部分融资可能存在逾期并涉诉。因此，联合资信认为，上述事项对雪松控股的资产流动性、再融资能力及偿债能力产生重大不利影响。

联合资信是目前中国最专业、最具规模的信用评级机构之一，2021年被香港《财资》评为"2021年度中国最佳评级机构"。此次调级并非联合资信对雪松控股的首次调级，自2021年11月以来，雪松控股的主体信用等级已经连续三次下调，从最高的"AA+"一路降到"BB"。

此外，据媒体报道，2022年3月，雪松控股发行的部分债权融资计划未按时支付利息，投资者已向广州市中级人民法院提起诉讼，并申请查封公司资产。

如今的雪松控股，早已没有了昔日意气风发的模样。

雪松控股会沉没吗？还会有同样的故事重演吗？

随着供应链金融概念大热，越来越多的企业打着"供应链金融"的旗号疯狂圈钱，其中不乏上海电气集团股份有限公司这样的老牌国企，以及雪松控股这样的世界500强企业。

2022年2月18日，证监会通报2021年案件办理情况时指出，虚假陈述案件数量保持高位，重大欺诈、造假行为时有发生。其中，企业的违法手段升级，刻意利用新业态、新模式掩盖造假；通过伪造合同、虚开发票等惯用手法的有组织、系统性造假案件约占60%，供应链金融、商业保理等新业态逐渐成为造假新"马甲"。在这些违法的企业中，有的借供应链金融之名，虚增收入562亿元、虚构利润47亿元；有的利用商业保理业务实施造假。这不免让外界质疑供应链金融本身存在巨大bug（程序漏洞）。一部分人质疑供应链金融自融、虚假贸易等风险现象难以防范，还有一部分人则直接否定供应链金融模式。

实际上，供应链金融本身并没有问题，它不仅可以缩短企业应收账款的收款周期，降低买卖双方的交易成本，还可以提高资金的周转速度，盘活供应链资金。然而，在实操中却无法避免出现这样的巨额财务黑洞，虽然我们无法控制别人停止违规操作，但是在风控上把好关依然能有效避雷，为广大投资者提供高性价比的投资理财产品。

对广大投资者而言，做好详细尽调是关键。不要盲目相信大企业的个体信用，在投资前应充分了解理财产品的底层资产逻辑。此外，也应该重点观察投资平台，包括其背后的关联企业，了解相关企业的风控能力、是否具备足够的经验等。

2016年张劲曾呼吁："严管强控不再受欢迎，回到自发秩序的呼声愈发高涨……我们应该做好充足准备，让所有的价值创造者——也包括雪松（控股）自身，成为下一场狂欢派对的主人，给每位到来的大小投资者带来惊喜。"从2018年开始，雪松控股连续4年上榜世界500强企业名单，这似乎是张劲诺言的应验。投资者闻风而至，沉浸在张劲的狂欢派对中等待更多的惊喜；他们完全顾不上在派对间隙思考：谁来为这场派对买单？事实证明，是张劲本人，是雪松控股，是近万名投资者在为这个狂欢派对买单！

企业家是干什么的？熊彼特认为，企业家的工作是"创造性破坏"。作为企业家，拥有审时度势的能力是必要的，因为提前抢占山头带来的利益不言自明。但是，这些利益应该建立在"创造"上，以遵守游戏规则为前提。张劲一直以低调的形象示人。2015年，他是自掏腰包给员工炒股亏损买单的"中国好老板"，而2022年，他却成为投资者口中的恶人。如果当时你在雪松控股总部大楼拦住一个投资者，他恐怕会义愤填膺地告诉你："这一次绝对不能让张劲跑了。"前后巨大的对比正说明，在这个层面，张劲的责任感淡薄，尚不具备真正的企业家精神。

作家吴晓波将中国企业界的今天描述为"理性复归"，他认为，"道德秩序混乱的年代已经过去，知识和理性是现在最重要的生存法则"。但是，雪松控股的覆灭未尝不是"失败基因"遗留的一个例证。知识和理性为伪企业家披上了创新的外衣，他们似站立挺拔的一棵松，而树干内的蛀虫却从未消亡。

吴晓波谈到撰写《大败局》一书的动机时，真切地希望我们尽可能弄清危机是如何发生、如何蔓延，以及受害者是如何陷入危机的，他说，"唯有这样，我们才有可能在未来的岁月中尽可能地避免第二次在同一个地方掉进灾难之河"。认真审视张劲和他的雪松帝国，张劲的"三个万亿"梦与南德集团牟其中的"世界十强"梦如出一辙；雪松控股的骗局也与早年爆雷的德隆集团、中科集团、P2P平台（网络供贷平台）一样，并没有想象中的严谨与精密。但是，这样的骗局在20年间诱捕了一批又一批投资者，即使他们已经目睹过高额回报的危险性。张劲眼光最狠毒之处在于，他知道每一个试图改变命运、体面生活的人，都不可能放弃寻找快速发财的机会。

实干创新的口号，像张劲一样的企业家已经喊了许多年。而要让实干创新的精神真正在企业生根成长，不论是企业家还是监管部门，都还有很长的路要走。

大事记

·1989年，张劲被深圳大学经济学专业录取，后到香港理工大学攻读硕士学位。其间于股市斩获"第一桶金"。

·1997年，雪松控股的前身广州君华经济发展有限公司成立，推出高端别墅区项目"江南世家"。

·2002年，广州君华贸易有限公司成立供通云供应链公司，从金属期货和国际贸易进入大宗商品供应链领域。

·2007年，君华营业收入突破30亿元人民币。

·2011年，基于对未来不明朗的形势的判断，君华完全退出建筑行业，收缩地产等各项业务，并相应削减了团队规模。

·2015年，君华整合旗下产业板块，业务涵盖新兴服务、公共服务和金融服务三大领域，共有七大产业集团。此后更名为雪松控股集团，本年度实现营业收入593亿元人民币，跻身中国民营企业百强（第50位）。

・2016年，雪松控股控股齐翔腾达，营业收入飙升至1 570亿元。

・2017年，雪松控股控股希努尔（后更名为"雪松发展"），营业收入突破2 210亿元，位列中国民企第15位、广州民企第1位。

・2018年，雪松控股首次入围《财富》世界500强排行榜，排名第361位。

・2019年，上榜《财富》世界500强排行榜第301位，收购"中江信托"，并更名为"雪松信托"，承担其35个逾期项目共计79亿元资金的兑付责任。主要业务集团"雪松实业"营收2 675.52亿元，占集团总营收的93.84%；公司归母净利润18.82亿元，净利率仅0.7%。

・2020年，上榜《财富》世界500强排行榜第296位，控股大连金融交易所，"中江信托"逾期信托项目兑付出现二次违约。

・2020年9月22日，《证券时报》发布报道称，雪松实业集团的负债总额从2015年年末的90亿元增至2020年6月末的528亿元，资产负债率65.2%，扣除无形资产、商誉等部分后的资产负债率为77%。截至2020年6月末，雪松实业累计还欠35.4亿元税款未缴纳。被质押子公司资产总计455亿元。

・2021年1月29日，雪松发展发布2021年度业绩预告，2021年度归属于上市公司股东的净利润再度亏损4.54亿~6.78亿元，扣非后净利润亏损3 400万~5 000万元。

・2021年，上榜《财富》世界500强排行榜第359位，雪松控股部分理财产品开始出现延期支付利息。

・2022年1月30日深夜，雪松控股发出致歉信，宣布原定于1月底完成的兑付无法落实，并称春节后会进一步与投资者共商方案，确保2月底前完成兑付。

·2022年2月9日，雪松控股被迫召开员工大会，理财销售经理集体要求张劲个人为逾期的理财产品承担连带责任，遭到拒绝。

·2022年4月25日，在雪松控股公司总部大门口，雪松控股员工为公司承诺的"广州何棠下村旧改项目融资区商品房"福利内购房维权。

·2022年5月9日，联合资信发布评级报告，将雪松实业的主体信用评级由"A-"调低至"BB"，评级展望为负面。

第五章 乐视网：十年风云会，今朝巢也倾

黄悦昕

揭开财务舞弊的面纱
探索企业如何走正道

"这个人也许永远不回来了，也许明天回来！"

《边城》的这句留白，放进乐视网的故事里，同样意蕴悠长、耐人寻味。

贾跃亭的回国行程，似乎陷入了某种奇怪的循环，下周复下周，下周何其多。如今，留下一个人去楼空、江山易主的乐视网，在资本的涤荡中蹉跎了岁月。

国内互联网影视领域的首家上市公司，国内迄今为止唯一一家实现盈利的视频网站，那些"为梦想窒息"的豪情壮语，那些热血激昂的开疆拓土，怎能不让人向往？当年的乐视帝国，数不尽的项目投资，算不清的资本站台，拳打苹果，脚踢三星，甩锅小米，举报快播。凤楼龙阁连霄汉，玉树琼枝作烟萝，几曾识衰亡？一旦东窗事发，十年财务舞弊，一场庞氏骗局，哪怕是退场，乐视网也是轰轰烈烈、声势浩大。

茨威格说过一句话："所有命运馈赠的礼物，早已在暗中标好了价格。"

乐视网昔日的风头无两，或许在一开始，就是命运一场掩人耳目的捉弄罢了。

被99%的人嘲笑过的梦想

"只有被99%的人嘲笑过的梦想，才有资格谈那1%的成功。"

这是贾跃亭对乐视网的骄傲。

贾跃亭，1995年毕业于山西省财政税务专科学校，大专学历，会计专业；1996年下海，成立山西垣曲县卓越实业有限公司，任总经理；2002年，创建山西西贝尔通信科技有限公司；2003年，带领核心团队前往北京，成立北京西伯尔通信科技有限公司（简称"西伯尔"）；2004年，脱胎于北京西伯尔移动业务部的乐视网正式诞生。

21世纪的开端，恰是中国视频平台的风口。2003年，贾跃亭认识了当时还在跑信息产业部和各家运营商的中国国际广播电台新闻中心记者刘弘。刘弘看好无线网络的发展，贾跃亭也看中同片蓝海。英雄所见略同，两人一拍即合，西伯尔在2003年年底成立无线星空事业部，专注于流媒体业务。2004年，无线星空事业部正式从西伯尔架构中分离出来，独立为乐视移动传媒科技（北京）有限公司，成为乐视网的前身。

乐视网是中国最早的一批视频平台之一。当时中国的视频网站市场，收入变现的方式以平台点击量和广告收入为主，非常单一，视频质量也参差不齐，视频内容更是千奇百怪、毫无章法。

2005年，在刘弘的策划下，乐视网斥资300万元拍摄专供手机上放映的总长度为25分钟、共5集的电视剧《约定》，一度引起轰动。乐视网成为中国联通第一个手机流媒体业务"视讯新干线"的最大内容供应商，以及广东联通手机电视内容供应商。当年乐视网旗下的"乐视无限"为"视讯新干线"提供了超过70%的内容，与中国移动更是签订十多个基于PDA（个人数字助理）手机的流媒体项目。此举在今天看来仍显得颇具战略眼光，只是当时3G尚未普及，很难期待这一模式能找到积极的参与者和响应者。

但乐视网从来不会把路走窄了，先发制人用低价进行版权收购，

123

这成了其后来居上的另一个契机。只是，第一个吃螃蟹的人总是辛苦的。当时的互联网上，国人版权意识淡薄，盗版横行，初创时期的乐视网既没有资金，又没有背景。专注于购买正版内容然后吸引付费观众的乐视网，在2006年资金链几乎断裂，裁员多达80%。

种瓜得瓜，挺过2006年寒冬的乐视网获得上海移动的视频流媒体SP牌照（移动通信服务项目工作经营许可证），并顺利成为首家获得国家广电总局颁发的《信息网络传播视听节目许可证》（手机等手持终端设备）的民营企业，这成为乐视网有别于国内其他视频网站的身份标签。一番大浪淘沙之后，众多视频网站慢慢沦为YouTube模式的在华模仿者，而脱胎于中国管制甚厉的电信运营商合作体系的乐视网却焕发生机。

2007年，乐视网的"网络视频基础服务和视频平台增值服务"业务架构基本构建完成，并形成付费和免费两类服务模式（表5-1）。某种意义上，这也是贾跃亭的运营商资源与刘弘的广电系背景的珠联璧合之作，付费服务成为乐视网发展视频点播付费业务的重要通道，免费服务则为乐视网获得大量优质的版权内容提供了便利，使其在互联网的日新月异中站稳了脚跟。

表5-1　乐视网2007—2009年的主要盈利模式

类别	业务	客户群	盈利模式
付费服务	网络高清视频服务	付费用户	收取包月服务费
	网络超清播放服务	付费用户	收取服务费
	网络视频版权分销	合作方	收取版权许可使用费
	视频平台广告发布	广告主	收取广告发布费
	视频平台用户分流	具有相关用户群体的网站	收取用户分流服务费

续表

类别	业务	客户群	盈利模式
付费服务	手机电视技术及内容服务	电信运营商、内容集成商及手机用户	收取技术服务费和内容服务费
	企业TV服务	企业用户	收取技术服务费
免费服务	网络标清视频服务	免费用户	人气聚集和内容积累，提升视频平台价值
	个人TV服务	注册用户	
	3G乐视网视频服务	免费手机用户	

资料来源：《乐视网信息技术（北京）股份有限公司首次公开发行股票并在创业板上市招股意向书》，2010年7月23日。

2008年，贾跃亭对外官宣融资，短短数月，便成功获得北京汇金立方、深圳创新投资、深圳南海成长精选基金的投资，总额为5 200多万元。兜里有钱的乐视网，开始大量购进电视剧版权，并通过互联网进行点播和渠道分销。乐视网摇身一变，成了当时多数人眼中一个从事版权贩卖的"二道贩子"。

直到2009年，政府开始重拳出击版权领域，版权费用水涨船高。兵贵神速，随着互联网基础设施的逐渐完善，更多资本参与布局网络视频市场，百家争鸣的局面彻底打开。然而，坐拥大量版权的乐视网早已胜券在握、胸有成竹。深交所官网2010年7月23日发布的《乐视网信息技术（北京）股份有限公司首次公开发行股票并在创业板上市招股意向书》（简称《乐视网招股意向书》）显示，2007—2009年，乐视通过网络高清视频服务业务和视频平台广告发布业务实现的收入占公司营业收入的比重合计分别为99.85%、95.37%和75.81%（图5-1），并开发出网络视频版权分销业务和视频平台用户分流业务，极大地丰富了自身的盈利模式。

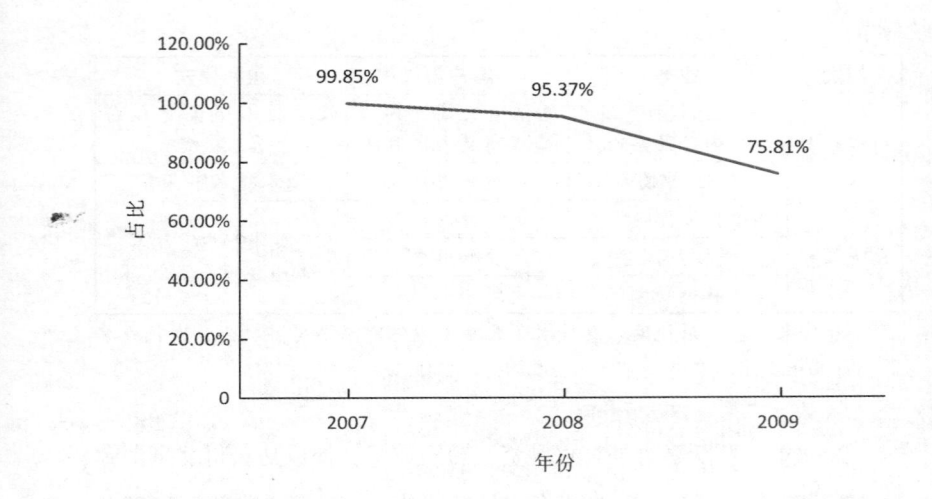

图5-1　乐视网2007—2009年网络高清视频服务业务和视频平台广告发布业务收入占公司营业收入的比重

数据来源：《乐视网信息技术（北京）股份有限公司首次公开发行股票并在创业板上市招股意向书》，2010年7月23日。

其实，运营视频网站本就是一个高成本、高资金需求、高运营风险的"三高"行业。在国内一众亏损的视频网站中，乐视网的成绩单无疑夺人眼球。凭借对视频版权的变现和独家首映等方式，乐视网谱写了一段国内视频网站首家实现盈利的佳话。相比于当时炙手可热的优酷、土豆等专业视频网站，名不见经传的乐视网，似乎成功实现了从黑马腾空到一骑绝尘等的种种奇迹，成为国内视频行业的龙头老大，开启了轰轰烈烈的上市之路。

第五章　乐视网：十年风云会，今朝巢也倾

轰轰烈烈的上市

不论圈内圈外，相比于其他企业，乐视网的上市，似乎吵闹了许多。

从视频平台争鸣到如今的短视频盛行，互联网总以一种让人瞠目结舌的速度更新迭代着。

乐视网的上市时期，正是我国网络视频行业一片生机盎然的时代。《乐视网招股意向书》显示，2008年的网络视频发展出现四大特征：第一，大型媒体单位纷纷推出视频门户以提升行业吸引力和服务水平；第二，大型网络视频服务商整合进程加速，资本力量助推行业洗牌；第三，视频服务商版权意识提升，行业规范日臻完善；第四，付费点播模式备受推崇。

而乐视网的发展，确实顺应了当时的发展浪潮。当时的乐视网，对运营商的依赖程度越来越深，乐视网也乐见其成。毕竟，当时VOD（国内高清视频点播）业务主要有两种形式：一是将视频网站的内容打包到运营商的宽带服务包里，比如ADSL（非对称数字用户环路）服务包，网站根据用户点播的数量从运营商处得到分成；二是对个人用户的点播进行收费。乐视网将自己与运营商牢牢捆绑在一起，将这一举动列为在支付便捷和可靠方面的收费通道优势的重要体现，这是无可厚非的。为此，乐视网拟募集21 090万元用于互联网视频基础及应用平台改造升级项目的基础上，还针对3G手机流媒体应用平台进行改造升级，推出2 741万元的募集资金计划，其对这一业务的重视程度可见一斑。乐视网2007—2009年手机话费支付方式总收入及分运营商的点播服务收入占比如图5-2所示。

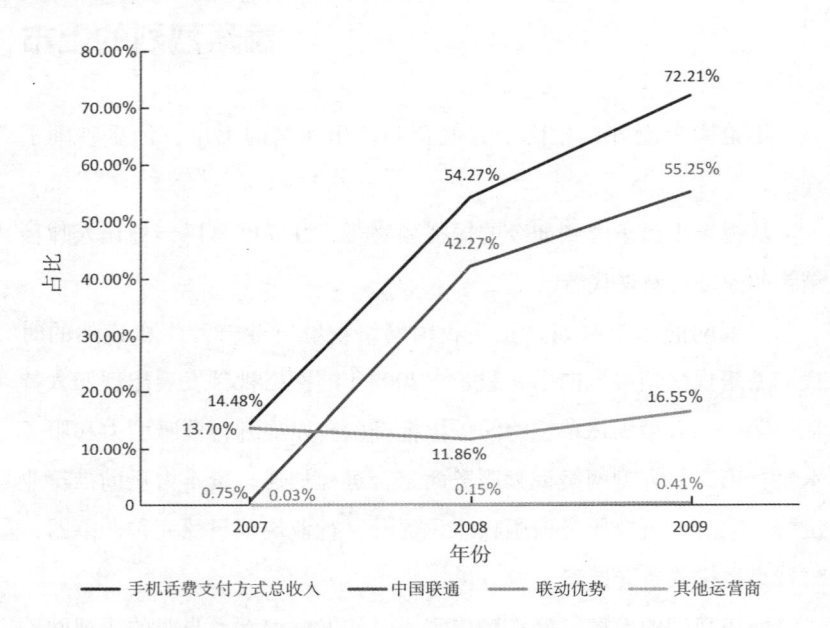

图5-2　乐视网2007—2009年手机话费支付方式总收入及分运营商的点播服务收入占比

数据来源：《乐视网信息技术（北京）股份有限公司首次公开发行股票并在创业板上市招股意向书》，2010年7月23日。

除了平台打造，在用户资源和版权资源的维护上，乐视网也煞费苦心。2009年，乐视网向付费用户提供的网络高清视频服务累计达900万人次以上，在互联网视频个人付费领域占有11.38%的市场份额（图5-3）。截至2009年12月31日，乐视网拥有日独立访问用户约580万人，日均PV（页面浏览人次）约达4 600万浏览量，推出的P2P客户端累积下载安装量约3 500万次，用户资源优势明显。同时，截至2010

年4月，乐视网拥有电影版权2 324部，电视剧版权43 097集。《乐视网招股意向书》显示，在2008—2009年国内出品的票房收入排名前20部影片中，乐视网获得独家网络版权的影片便有7部，非独家网络版权的影片共6部，合计占20部热门影片总量的65%，已然占据了国内网络版权市场的半壁江山。从某种意义上来说，乐视网主打的"合法版权+用户培育+平台增值"三位一体的商业模式取得阶段性成功。

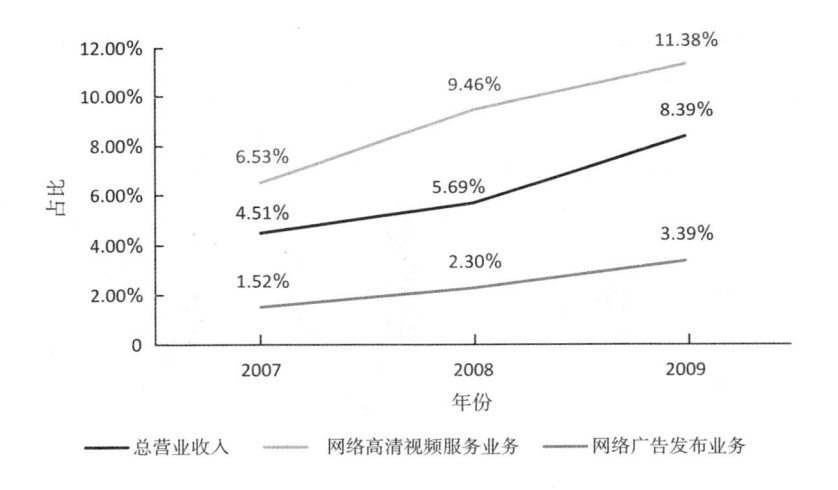

年份	总营业收入	网络高清视频服务业务	网络广告发布业务
2007	4.51%	6.53%	1.52%
2008	5.69%	9.46%	2.30%
2009	8.39%	11.38%	3.39%

图5-3　乐视网2007—2009年总营业收入及分业务收入的市场占比情况

数据来源：《乐视网信息技术（北京）股份有限公司首次公开发行股票并在创业板上市招股意向书》，2010年7月23日。

然而，且不论这份成功是否能够达成乐视网期待在中长期变现的夙愿，单单就乐视网的这份成绩是否果真这般亮眼，人们就吵翻了天。全世界最权威的互联网站点流量统计工具Alexa的数据显示：2010年6月中旬，乐视网在国内网站的流量排名为168位，远远落后于优酷的第10位、土豆的第12位和激动网的第67位。于是，"排位靠后，财务指标靠前""非常IPO"等众多争议此起彼伏,不绝于耳。

细看乐视网的招股意向书,确实疑云遍布,其中最扎眼的便是资产负债表上固定资产和无形资产这两大块。2007—2009年,乐视网的总资产分别为6 712.20万元、14 831.36万元和23 946.17万元,其中无形资产的占比分别为75.30%、34.03%和36.96%,固定资产的占比分别为3.68%、8.17%和33.62%(图5-4)。

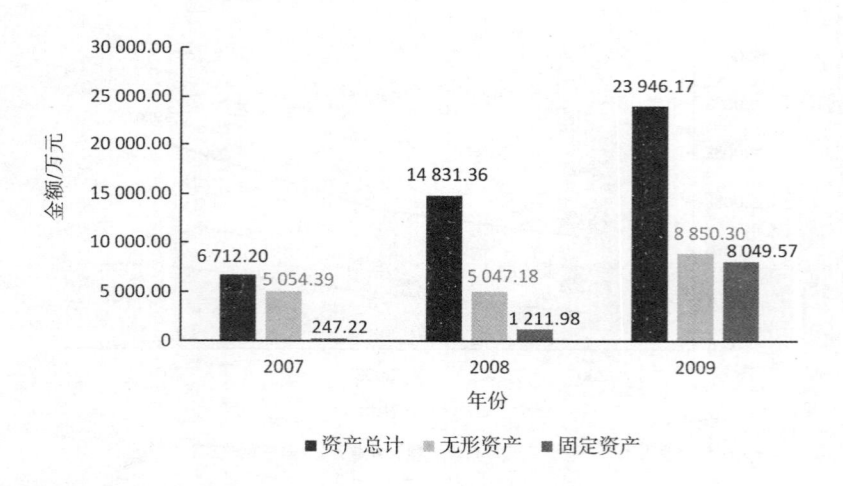

图5-4 乐视网2007—2009年资产情况

数据来源:《乐视网信息技术(北京)股份有限公司首次公开发行股票并在创业板上市招股意向书》,2010年7月23日。

然而,乐视网的无形资产主要包括三个方面,分别是影视剧版权、系统软件和非专利技术,其中最令人怀疑的便是影视剧版权。《乐视网招股意向书》显示,2007—2009年,乐视网的无形资产中版权费比重呈逐年递增趋势,分别为3.70%、17.22%和54.03%。乐视网坚持"正版版权"的经营思路和积极加强正版版权采购的举动无可非议，但其版权费用从2007年的187.08万元飞速上涨到2009年的4 782.21万元，确实有点吓人。对此，乐视网给出五个方面的理由：第一，乐视网对版权的重视和采购量加大；第二，所购版权以热门影视剧为主，物以稀为贵；第三，版权权利的地域范围辐射海外；第四，跨网权经营的增加；第五，行业内打击盗版力度加强，使得整体版权交易费用水涨船高。而在《乐视网招股意向书》的报告期内，所购影视剧版权包括张艺谋导演的所有商业大片（《三枪拍案惊奇》《满城尽带黄金甲》《英雄》《十面埋伏》《千里走单骑》等），以及《赤壁》（上、下）、《机器侠》、《窃听风云》、《大内密探零零狗》、《熊猫大侠》、《桃花运》、《潜伏》、《在那遥远的地方》、《无形杀》、《沧海》、《马文的战争》、《柳叶刀》、《猎鹰1949》、《画皮》和《疯狂的赛车》等热门影视剧。细数这些作品，真正能排上号的不过尔尔，能在上述五点理由中立住脚的更是寥寥。乐视网在这些交易中是否"别有洞天"，或者在整合归集金额中是否动了手脚，种种猜测非常耐人寻味。

抛开版权费确定原则不谈，乐视网的无形资产的版权费摊销，也是一笔烂账。在无形资产的摊销问题上，乐视网以"影视剧库"长期为自身提供服务为由，将其作为一项整体无形资产，并认定为"使用寿命不确定的无形资产"，其账面价值不应摊销，而是每年进行减值测试。但乐视网转头又认为，一方面，由于自身坚持影视剧版权采购行为不动摇，"影视剧库"的价值理论上是不断增长的；另一方面，由于采购并不均衡，如采用前述会计处理方法，则当影视剧版权授权期结束需要从"影视剧库"账面价值中转销时，部分版权的集中转销会导致发行人利润产生巨大波动。权衡之下，乐视网对无形资产中的

"影视剧库"采用账面价值分期摊销的会计处理方法,美其名曰是为了更合理的经营成果体现和更具可比性的各期经营成果分析。

此外,乐视网选择对"影视剧库"的账面价值采用直线法摊销,并在此项无形资产的摊销过程中,按照单部影视剧版权的购买价格和授权期限进行摊销。前者依据《企业会计准则第6号——无形资产》的规定,规定中指出,"企业选择的无形资产摊销方法,应当反映与该项无形资产有关的经济利益的预期实现方式,无法可靠确定预期实现方式的,应当采用直线法摊销"。后者给出的理由是"影视剧库"中不断有新增节目购入,购买节目无统一报价,如将"影视剧库"作为一项整体无形资产进行摊销,则面临摊销原值和摊销期限无法确定的困难,故而分门别类,逐一摊销。

乍一看,这套说辞逻辑自洽,并无不妥之处,但略一思索,却能发现其中"暗藏玄机"。站在消费者的立场,除了旷世佳作,观众对视频的追捧无外乎讲求新鲜热乎,那么按照常理,视频往往首播热度最高,之后逐渐下滑,趋于稳定。如此一来,在摊销这部分费用时,是否也应该同方向、同趋势变动,而非直接直线平均?当下影视圈作品质量良莠不齐,能令人交口称赞的作品屈指可数,且不论乐视网在市场上还有众多对家劲敌,哪怕乐视网真真正正做到了行业垄断,也绝无可能让自己"影视剧库"里的作品部部经典咏流传,不败岁月。相比之下,同行业其他视频网站,诸如优酷采用首年及以后依次按70%、20%、10%摊销的方法,貌似更加靠谱可信些。乐视网这种做法,在版权费的摊销期限被延长的情况下,会直接导致递延摊销的版权费用不断累积,此举不免人困惑。

再看固定资产,《乐视网招股意向书》显示,2009年,单单乐视网根据业务发展需要采购服务器、交换机等设备，就导致公司的固定资产账面价值净增6 837.58万元。乐视网本属于网络视频服务行业，主营网络视频基础服务和视频平台增值服务业务，生产经营过程中所依赖的主要资产为服务器、交换机等设备和影视剧版权，这些资产价值较高而导致公司资产结构中非流动资产占有较大的比例，本还在可理解的范畴。但奇怪就奇怪在，乐视网的用户规模在2007—2009年并无火箭般的增长，为了满足不断扩大的经营规模的需要而凭空增加了6 837.58万元的购置费，这理由委实有点牵强。再看其对折旧原则的考虑，对比优酷等三家在美国上市的视频网站的服务器类资产，由于服务器、交换机等资产技术更新快、损耗高，以上三家企业无一例外的都是采用3年的折旧年限，仅有乐视网一家采用5年的折旧年限。如果换算成统一标准，乐视网的折旧费用就会陡然上升，其各项财务指标怕也无法如此尽善尽美。

在国内视频巨头频频亏损的情况下，乐视网在2008年及2009年的营业收入环比增长99.39%和97.99%，净利润环比增长106.05%和47.01%，每年的营收近乎翻倍，令人又惊又喜（图5-5）。如此可观的盈利能力，如若真能实现，的确是互联网行业发展的一大飞跃。可乐视网却始终拒绝公布细节，在一片吵吵闹闹中，热热闹闹地登陆创业板，实现了华丽转型。

依据当年《首次公开发行股票并在创业板上市管理暂行办法》的规定，如果公司最近一年亏损，是不满足上市条件的。然而，在乐视网的一番操作下，相较于年年巨亏的优酷、土豆，其交出的成绩足够亮眼。尽管当时已是舆论沸腾，乐视网依然IPO顺利过会，成为"中国视频行业第一股"。

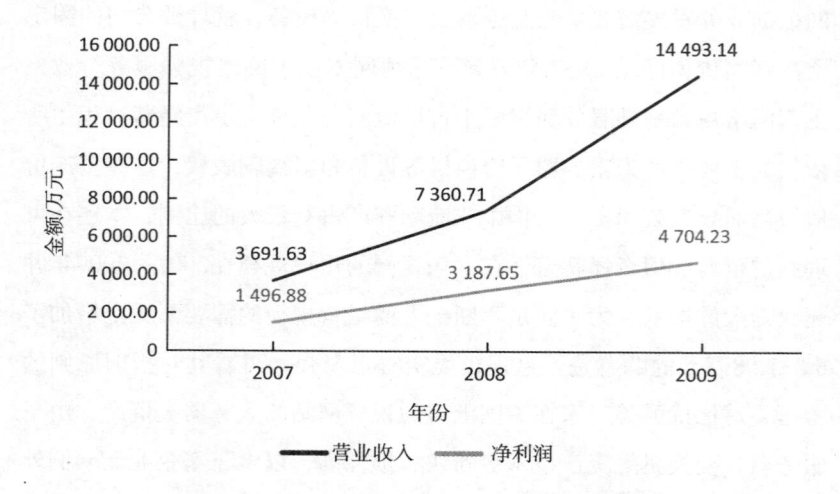

图5-5　乐视网2007—2009年营业收入和净利润增长情况

数据来源：《乐视网信息技术（北京）股份有限公司首次公开发行股票并在创业板上市招股意向书》，2010年7月23日。

为梦想"窒息"的十年

上市后的乐视网，迎来了自己的黄金时代。

"这是一个最好的时代，也是一个最坏的时代；这是一个智慧的年代，这是一个愚蠢的年代；这是一个信任的时期，这是一个怀疑的时期。

这是一个光明的季节，这是一个黑暗的季节；这是希望之春，这是失望之冬；人们面前应有尽有，人们面前一无所有；人们正踏上天堂之路，人们正走向地狱之门。"

查尔斯·狄更斯这段话，是乐视网风云10年最真实的写照。

2010年，乐视网在创业板上市。基于视频产业及大屏智能终端领域打造"平台+内容+终端+应用"的乐视生态体系建设日渐铺开。其控股主导的业务板块包括乐视云计算、电子商务、广告平台、大数据平台、乐视自制、花儿影视、超级电视、应用服务、应用市场等，也在贾跃亭的设想中一步步落地生根。

但这远远不够，贾跃亭想要的，是一个可以匹敌Netfix（在线视频服务提供商）+特斯拉+苹果的商业帝国。从一个视频网站扩展至一个跨国企业，可能太过于天马行空。但在贾跃亭的词典里，似乎没有异想天开这个词。2012年，"乐视生态"理念正式提出并付诸实践，由乐视网和乐视控股（北京）有限公司（简称"乐视控股"）共同打造的"垂直闭环生态链+横向开放生态圈"全球共享完整生态系统构想初具雏形。2013年5月2日，贾跃亭发布内部邮件《致三星电视们即将逝去的青春》，宣称乐视超级电视将令电视产品重焕新生，并推出"CP2C"的50年会员制销售计划。如此颠覆传统的销售模式一经提出，又是一场唇枪舌剑，不少人开始质疑乐视网这状如美容院卖卡跑路的行径，是否意味其大厦将倾。更可笑的是，那些在贾跃亭的构想中被"颠覆"的三星们，依旧在之后数年稳坐全球销冠的宝座，吊打乐视网。

乐视网如同一辆失控的赛车，在大跃进的跑道上横冲直撞。然而，被频频打脸的贾跃亭似乎并没有刹车的打算，他的画饼技能反倒愈发炉火纯青。2013年10月，不到40岁的贾跃亭，在一通令大众云里雾里的新概念加持下，持有乐视网超140亿元的市值，成为创业板首富。徜徉在金钱梦乡里的贾跃亭，如同上瘾般疯狂扩张乐视网的生态。酣战在即，必先招兵买马。贾跃亭异常高调地重金挖人，连拆好

135

几对业界的黄金拍档，招招命中。一时间，坊间的"打乐办"如春笋破土，对着乐视网人才招揽的财富和自由引诱之路左堵右挡，真是好不热闹（表5-2）。

表5-2 乐视网2011—2014年招揽的高管

时间	高管	职位	过往履历
2011年2月	雷振剑	乐视体育CEO	聚友网运营副总裁
2013年3月	张志伟	乐视致新销售副总裁	京东商城黑电业务部总经理
2013年3月	袁斌	乐视网联席CTO	爱奇艺副总裁
2013年10月	赵一成	乐视TV副总裁	当当及凡客诚品市场负责人
2014年5月	强炜	首席营销官	奥美集团体育营销总监
2014年8月	谢楠	广告销售副总裁	央视未来广告副总裁
2014年8月	刘建宏	首席内容官	央视著名解说
2014年10月	李大龙	智能硬件副总裁	北京智能视界科技CEO
2014年11月	于航	海外市场及版权事业部副总裁	新浪体育频道合作总监

资料来源：互联网新闻报道。

2014年，乐视体育文化产业发展（北京）有限公司（简称"乐视体育"）B轮融资达80亿元，公司估值一度攀升至215亿元。这轮融资创造了互联网体育公司B轮融资额及估值的新纪录，乐视体育也成为继Facebook、Uber、Airbnb后，全球少数单轮融资10亿+美元俱乐部的最新成员，愈发炙手可热。

兜里揣钱的贾跃亭对乐视网的业务进行了一轮"生态化反"。2014年12月，贾跃亭启动乐视"SEE计划"，意在打造超级汽车以及汽车互联网电动生态系统。2015年4月，乐视网进军手机行业，宣布开始研发乐视超级手机。在这场"星"光闪耀的发布会上,贾跃亭放言:"有了乐Max,不仅可以扔掉iPhone6 Plus,甚至可以扔掉iPad!"然而,号称打破ID边界的全球首款无边框ID手机,如同跳梁小丑,在消费者一轮疯抢后紧接着迎来一波投诉,无比滑稽。但哪怕到此刻,所有当局者都以为乐视网攀登的是无限风光的顶峰,因为半年之后,乐视网如愿迈过千亿市值的大门,迎来加冕。或许有人早已嗅出事情的"馊味",但聚光灯下的贾跃亭,是孤独的颠覆者,是年轻的创业板首富,是全球亿万市场的撬动者。几乎没人相信,在他的带领下,乐视的前方会是粉身碎骨的万丈深渊。

从上游"版权+自制"的内容,到中游视频网站的平台,到下游电视、手机、汽车等的终端,再到延伸业务即多屏分发的应用开放平台,乐视网仿佛打了生长激素一般,疯狂膨胀。在原有的内容、互联网及智能电视等的基础上,乐视网的业务板块拓展至电商、体育、云计算和互联网金融等领域,全面开花。得益于贾跃亭的精心培育,乐视网成了名副其实的"斜杠青年"。

但是,在资本面前,疯狂烧钱的生态圈哪怕概念再夺人眼球,也就是个套。2016年,乐视网终被爆出在美的法拉第未来汽车工厂因拖欠工程款停工。同年11月,乐视网旗下的手机业务出现欠款疑云,乐视控股在美国的Faraday Future公司因错过付款期而暂时停工;12月"乐视生态"提出依据经营情况预裁员10%。紧接着,《传乐视欠供应商一百多亿被拒供货乐视股价大幅跳水》《被外媒集体质疑的乐视在美国出了车祸,今天股价也撞了车》《乐视会像当年德隆一样大崩盘吗?》等文章接二连三地登上新闻头条。面对此起彼伏的质疑声,乐视网终于不再如上市一般寡言,而是马不停蹄地发布了澄清公告。

屋漏偏逢连夜雨，乐视网接连丢掉了亚冠和中超的版权，公司最引以为傲的版权优势，终于走到了尽头。一时间，乐视网的负面消息如滔滔洪水般滚滚而来，冲毁了贾跃亭苦心孤诣搭建的荣耀大坝。光环不再，乐视网的股价从2015年5月的179.03元一路狂跌，蒸发市值近1 500亿元。贾跃亭昔日为了融资而进行的大额质押，彻底成了悬在他头上的达摩克利斯剑。

乐视网的资金链断了，万众瞩目的生态圈出问题了。

2016年11月，乐视网造假风波爆发，《证监会投保局原局长李量案开庭，被控曾助乐视上市》一文在互联网被广泛转载，舆论哗然。2016年12月，乐视网停牌，命悬一线。招架不住的贾跃亭选择引入战略投资。2017年1月14日，乐视网宣布，贾跃亭引入战略投资者——天津嘉睿汇鑫企业管理有限公司，这次交易分为贾跃亭转让乐视网股份（涉及金额60.41亿元）、乐视致新电子科技（北京）有限公司（简称"乐视致新"）引入战略投资者（通过老股转让和增资扩股方式，涉及金额79.5亿元）、乐视控股转让乐视影业（北京）有限公司（简称"乐视影业"）股权（涉及金额10.5亿元）三个部分。此外，在这次交易的推进过程中，乐视致新向其他投资人通用股权交易融资18.3亿元，合计资金超过168亿元，其中上市公司及其控股子公司将合计获得资金约71亿元[①]。

然而，就算是有了孙宏斌的输血，乐视网依然没能活过来。东窗事发后，贾跃亭金蝉脱壳，乐视网战前换将，孙宏斌提刀上马，被寄

[①] 《乐视网信息技术（北京）股份有限公司关于公司重大事项暨引入战略投资者的公告》，2017年1月14日，深圳证券交易所，http://www.szse.cn/disclosure/listed/bulletinDetail/index.html?08d1930a-fd26-4296-b8d5-aecc61d3a887。

予厚望的FF（法拉第未来）杳无音信。2018年，孙宏斌卸任乐视网董事长一职，"壮士砍头非断臂"的惨痛唱响了孙宏斌对乐视网这笔失败投资的挽歌。

随后，乐视网官宣：公司2017年度实现净亏损138.78亿元，2018年度亏损40.96亿元，2019年度亏损112.79亿元，三年累计亏损292.54亿元。反观2007—2016年的10年间，乐视网累计赚取利润仅22.3亿元，不足近三年亏损额的1/10[①]。

金满箱，银满箱，转眼乞丐人皆谤。

正叹他人命不长，哪知自己归来丧！

贾跃亭的战略似乎永远都是遥遥领先的，但是遥遥领先的战略需要配套超强的执行能力。对于一般公司或雇员来说，能够尽如人意地执行公司战略已是罕见。就算乐视网内部卧虎藏龙，在如此极速扩张的背景下，能够有条不紊地跟上贾跃亭那颗有如上了发条般的大脑迸发出的奇思妙想，还要尽乎完美地让这些奇思妙想落地生根，这无异于痴人说梦。通过烧钱的狂欢，乐视网的市值曾一度被送上巅峰，然而登临绝顶之时，真能如期待一般拥有览遍万山的磅礴和快意吗？"乐视生态"推动了互联网技术经济的发展，但其快速扩张对乐视网的打击更为致命。其一，为构造"乐视生态"，乐视网需要发展各种相关产业，多元化扩张需要雄厚的资金支持，资金需求的迫切带来的融资风险使得乐视网不得不铤而走险进行造假；其二，乐视网后来进入的产业，大部分为之前并未涉足的产业，新进入者经验的匮乏和业内老牌企业的先入优势，加剧了乐视网的投资风险；其三，乐视网的投资回收期较长，在一定时期对其盈利能力产生压力，导致经营风险

---

① 《乐视网信息技术（北京）股份有限公司年度报告》（2007年至2019年）。

的形成；其四，快速涉足众多行业并不会分散其财务风险，反而会因行业间的差异加剧财务整合的风险。在资金市场环境好的时候，乐视网确实如愿以偿地获得了众多资金支持，各业务线看起来蒸蒸日上；但环境不好之后，除视频业务之外，乐视网鲜有真正盈利的业务，所谓的"战略七子"就成了资金黑洞。自身无法造血，又怎能指望他人雪中送炭？墙倒众人推才是贪婪成性的资本圈最真实的嘴脸。而那时的乐视网股东们，搭乘着一路涨停的快车，欲仙欲死，岂能料到热火朝天的项目就是上古的饕餮，永无饱腹之时？

即便在乐视网财务危机爆发的前半年，办公室里的工作人员仍然作风浮夸，极度摸鱼，一到开会就通宵达旦地赶PPT。铺天盖地的小道消息传来，但没有人觉得这会是自己的故事。幸存者偏差的侥幸，是危机时刻人们最大的安慰。

乐视网危机的根源，在于其将业务战线拉得过长、摊子铺得过大、烧钱速度过快。汽车、手机、电视、视频、体育、金融等业务，乐视网一样都不落；挖人、买版权、大规模推广、低价抢占市场等行为，乐视网烧起钱来毫不手软。高歌猛进的乐视生态，并没有在激进的扩张道路上悬崖勒马，反而拐上了财务造假的不归路，就这样一口一口吞没了自己的风云十年。

假作真时真亦假

2016年，李量被检方指控从乐视网等公司处受贿693万余元；同年11月，该案在江苏省扬州市中级人民法院公开审理。关于乐视网涉嫌"行贿"的议论甚嚣尘上，乐视网只回应称："乐视网及其实际控制人在内的现各主要股东、董监高人员均与该事项无关，不受到任何影响。"[①]乐视网未直接否认行贿一事，只是否认"行贿"与公司现任股东及管理层有关，如此避重就轻，让人大跌眼镜。

2017年11月，参与乐视网IPO审核的多位前发审委委员被调查，他们在乐视网IPO期间提供了"帮助"，造假上市的指控基本被坐实。

2019年4月29日，乐视网及贾跃亭先后收到证监会下发的《调查通知书》。《调查通知书》称，因乐视网及贾跃亭涉嫌信息披露违法违规等行为，根据《证券法》的有关规定，证监会决定对乐视网及贾跃亭立案调查。

2021年4月2日，中国证监会发布《中国证监会市场禁入决定书（雷跃亭、杨丽杰等5名责任主体）》。经调查，乐视网于2007—2016年财务造假，其报送、披露的申请首次公开发行股票并上市的相关文件及2010—2016年年报均存在虚假记载（图5-6、图5-7）。

[①] 《乐视网信息技术（北京）股份有限公司关于部分媒体报道事项的相关说明》，2016年11月10日，深圳证券交易所，http://www.szse.cn/disclosure/listed/bulletinDetail/index.html?d3201b71-2abc-418e-9959-98028b13c394。

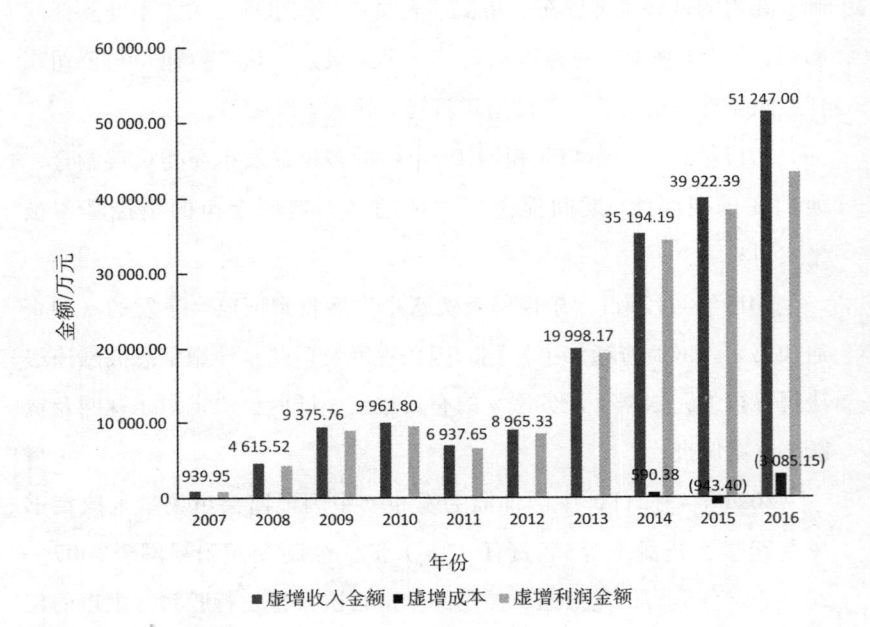

图5-6 乐视网2007—2016年财务造假情况

数据来源：《中国证监会市场禁入决定书（贾跃亭、杨丽杰等5名责任主体）》，〔2021〕7号，中国证监会，2021年4月2日。

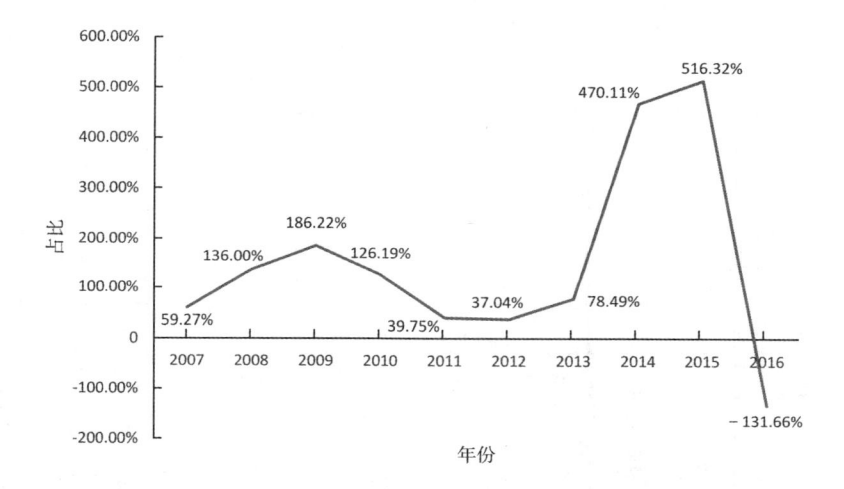

图5-7　乐视网2007—2016年虚增利润在当期披露利润总额占比变化

数据来源：《中国证监会市场禁入决定书（贾跃亭、杨丽杰等5名责任主体）》，〔2021〕7号，中国证监会，2021年4月2日。

首次发行阶段，乐视网通过虚构业务及虚假回款等方式虚增业绩，以满足上市发行的条件，并持续到上市后（图5-8）。其造假的具体操作如下：其一，通过贾跃亭实际控制的公司虚构业务，并通过其控制的银行账户构建虚假资金循环的方式虚增业绩；其二，通过虚构与第三方公司业务，并通过贾跃亭控制的银行账户构建虚假资金循环的方式虚增业绩；其三，在与客户的真实业务往来中，通过冒充回款等方式虚增业绩。

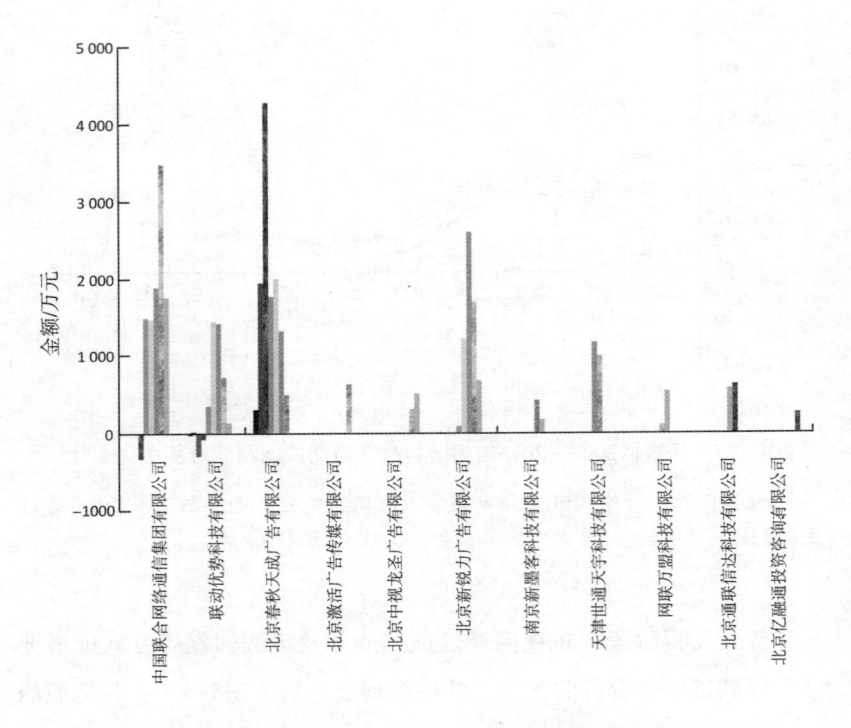

图5-8　乐视网在首次发行阶段并持续到上市后的虚增利润情况（2007—2016年）

数据来源：《中国证监会市场禁入决定书（贾跃亭、杨丽杰等5名责任主体）》，〔2021〕7号，中国证监会，2021年4月2日。

2010年乐视网上市后,除利用自有资金循环和串通"走账"虚构业务收入外,还通过伪造合同、以未实际执行的框架合同或单边确认互换合同方式继续虚增业绩(图5-9、图5-10、图5-11)。具体操作

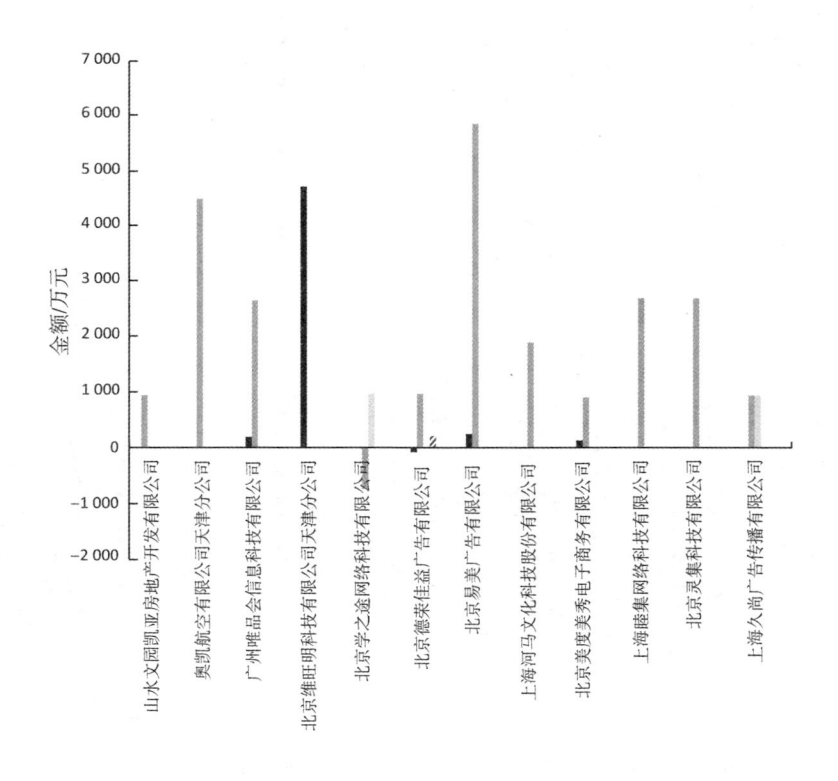

图5-9 乐视网上市后通过虚构广告业务虚增利润情况(2010—2016年)

数据来源:《中国证监会市场禁入决定书(贾跃亭、杨丽杰等5名责任主体)》,〔2021〕7号,中国证监会,2021年4月2日。

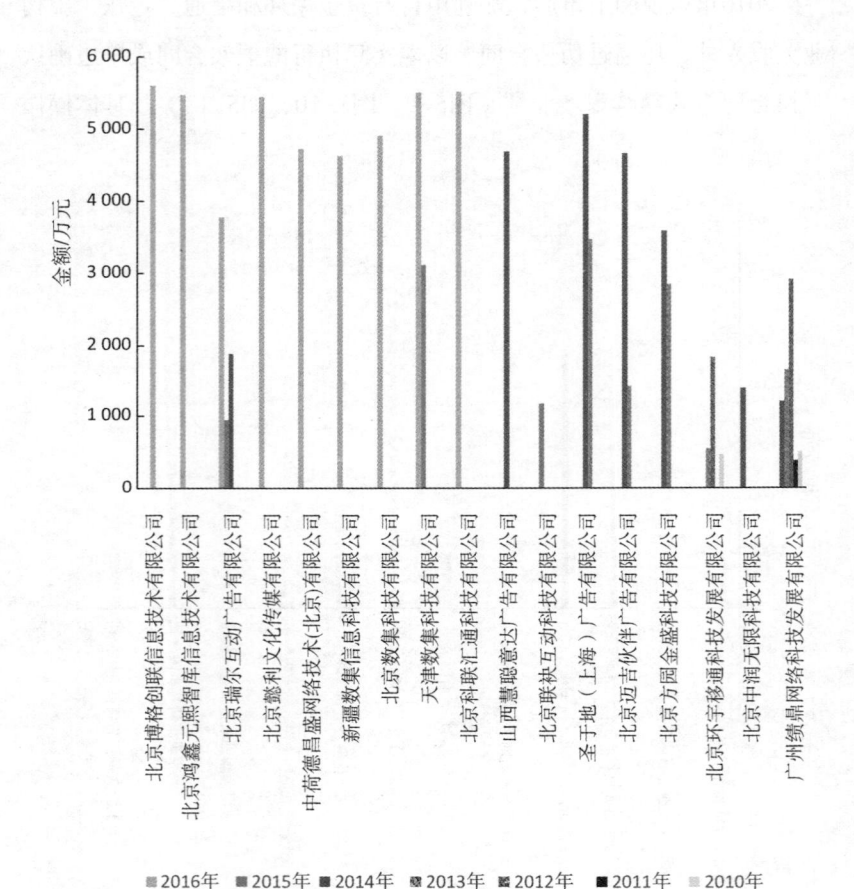

图5-10 乐视网上市后通过虚构与第三方公司业务虚增利润情况
（2010—2016年）

数据来源：《中国证监会市场禁入决定书（贾跃亭、杨丽杰等5名责任主体）》，〔2021〕7号，中国证监会，2021年4月2日。

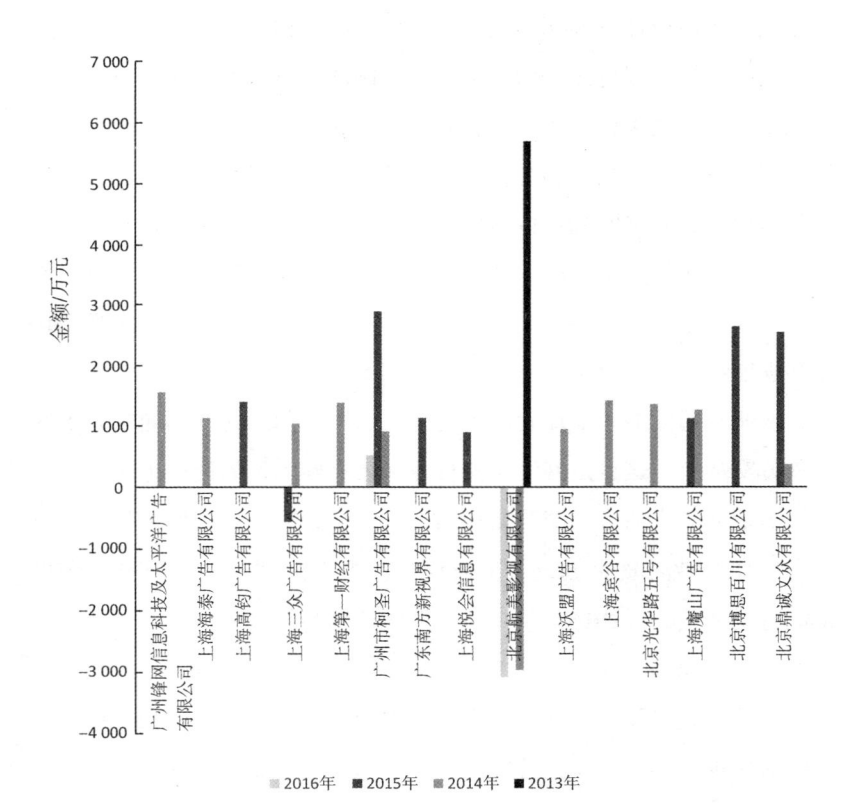

图5-11 乐视网上市后通过广告互换合同虚增利润情况（2013—2016年）

数据来源：《中国证监会市场禁入决定书（贾跃亭、杨丽杰等5名责任主体）》，〔2021〕7号，中国证监会，2021年4月2日。

如下：其一，虚构广告业务确认收入，在没有资金回款的情况下，应收账款长期挂账，虚增业务收入和利润；其二，虚构广告业务确认收入，在没有资金回款的情况下，后续通过无形资产冲抵全部或部分应收账款，相应虚计成本和利润；其三，继续虚构与第三方公司业务，通过贾跃亭控制银行账户构建虚假资金循环的方式虚增业绩；其四，通过第三方公司虚构业务确认收入，同时通过贾跃亭控制的银行账户构建部分虚假资金循环和记应收账款长期挂账，虚增业绩；其五，通过与客户签订并未实际执行的广告互换框架合同或虚构广告互换合同确认业务收入，虚增业绩；其六，利用广告互换合同，以只计收入或虚计收入但不计成本的方式虚增业绩。通过上述种种手段，乐视网10年共虚增收入18.72亿元，虚增利润17.37亿元。

《调查通知书》中提到的乐视网九宗罪，归结起来问题主要出在关联方交易上，这也是网络视频行业最具有标志性的造假手段之一。铺天盖地的广告业务、交错叠加的广告互换合同，加上你来我往的第三方合作企业，资金循环、应收应付、弯弯绕绕、重重叠叠，到处都能打洞造假。以2016年乐视网的造假情况为例，乐视网的关联交易金额激增，营收一半以上来自其关联方，总额高达128亿元，并形成38亿元的应收账款，共涉及29家乐视网的子公司。信永中和会计师事务所对乐视网2016年年报首次出具了"非标"意见，深交所对乐视网2016年年报发出问询函，要求其对16项问题做出详细披露，并要求公司控制人贾跃亭对其担保提供具体信息。关联方的应收账款剧增，反映出乐视网通过关联交易进行资金融通，也侧面反映出乐视资金链存在的潜在问题。

《乐视网信息技术（北京）股份有限公司2016年度报告》披露，2016年，乐视网公司销售前五大客户均为关联方且均受贾跃亭本人实际控制，这些业务的实质就是通过关联交易进行资产转移，并非为公司创造真实的营业收入，从根本上就变了味。乐视网前5名客户合计销售额高达97.98亿元，占年度销售总额的44.56%，前五名客户销售额中关联方销售额占年度销售总额同样为44.56%，这一比例显然过高。乐视网在2016年向关联方采购的金额达到74.98亿元，通过关联销售实现128.68亿元的销售收入，占营业收入的58.53%。得益于"乐视模式"，乐视网与关联方相互进行采购及销售，形成了独特的乐视生态系统。例如，作为关联方的乐视移动智能信息技术（北京）有限公司，乐视网为其提供广告业务，其则向母公司销售智能终端，然后再由母公司将这些终端进行外销。如果拿2014年乐视网对关联方的销售收入5 849.09万元与2016年的数据进行比较就会发现，仅2年的时间，该数据就增长了220倍，这显然有悖常理（表5-3）。

表5-3　2016年乐视网销售前五大客户情况

客户名称	交易内容	销售额（不含税/万元）	占年度销售总额比例
乐帕营销服务（北京）有限公司	销售货物、销售会员	587 510.80	26.72%
乐视智能终端科技有限公司	销售货物	160 273.48	7.29%
乐视移动智能信息技术（北京）有限公司	销售会员、技术服务、CDN服务等	150 125.23	6.83%
北京东方车云信息技术有限公司	销售货物、销售会员	57 425.97	2.61%
Le Corporation Limited	销售货物、CDN服务	24 457.02	1.11%
合计	—	979 792.50	44.56%

资料来源：《乐视网信息技术（北京）股份有限公司2016年年度报告》，2017年4月。

比起关联交易成倍递增导致的公司经营风险，更令人惊讶的是乐视网与关联方存在双向关联交易，且互相采购销售的金额巨大。乐视网不仅是货物的采购方，还是产品的销售方，且业务的发生均在乐视网自身的交易循环中完成，十分隐蔽。由于年报不对外披露涉及关联交易的货物的具体信息，外部投资者难以从报告披露的数字中判断采购和销售的是否为同一批次的货物，审计人员也不可能对所有批次的货物进行检查并提供保证。因此，大量的双向关联交易真真假假、虚虚实实，它们交杂在一起，成了财务舞弊的重灾区。

另外，2016年前，乐视网合并报表的净利润远大于利润总额造成的虚假繁荣，使得财务报表看上去无懈可击。这招偷梁换柱"归功"于乐视网将大量来自非全资子公司的亏损计入"递延所得税资产"，并在当期过度确认。2016年，乐视网的递延所得税资产由2010年的107.49万元增长至7.63亿元，七年间增长了近710.15%（图5-12）。但是，从母公司报表和合并报表关于递延所得税资产的报告情况来看，2010年母公司递延所得税资产占合并报表递延所得税资产的100%，而2016年母公司确认的递延所得税资产只占合并报表的6.98%。过多的递延所得税资产导致乐视网2014—2016年在合并报表的所得税费用分别为－5 589.75万元、－14 294.76万元和－10 681.59万元。乐视网通过子公司大量确认递延所得税资产从而在合并报表层面确认负的所得税费用，打造出合并利润表的净利润远大于利润总额的海市蜃楼，美化了其财务报表。乐视网一方面利用粉饰的财务报表抬高了股票价格和公司总市值；另一方面，以贾跃亭为代表的大股东在股价高位时不断减持，套取了上市公司的大量现金。这番操作环环相扣，令人骇然。

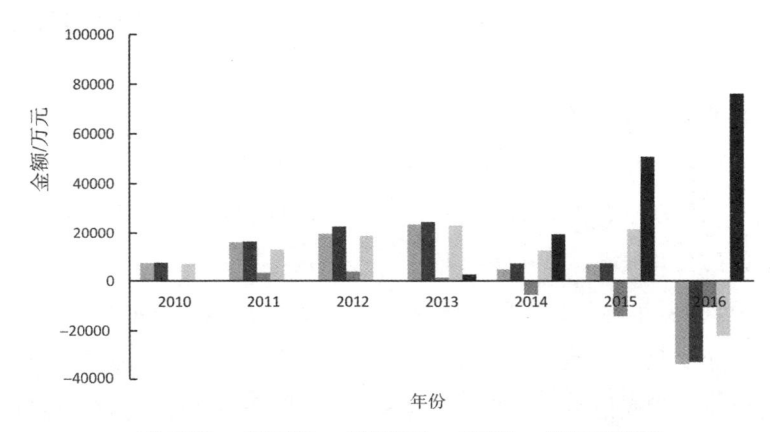

图5-12　乐视网2010—2016年部分利润表和递延所得税资产情况

资料来源：《乐视网信息技术（北京）股份有限公司2016年年度报告》，2017年4月。

假作真时真亦假，无为有时有还无。

2010年后乐视网的一路高歌，仿佛就是一场梦。梦里都是甜美的光辉，徜徉在这样的梦里，又怎能期待大多数人能清醒地甄别出财报中的机关设计，看透上市黑幕下的违法交易？即便真能练就火眼金睛，当利益的大风席卷而来，又有多少人能在这些浮华的假象和乐视网层层设置的陷阱中保持理性？又有多少人能屹立在肆虐的狂风中岿然不动？

所谓的财务造假，孰是真，孰是假？市场选择是真，利益引诱是假；人心所向是真，资本掠夺是假；实干肯干是真，贪婪成性是假。然而，又有多少造假者能通晓其义，在舞弊的太虚幻境中保持初心？

繁华落尽一场空

是非成败转头空。

乐视网十年,最终是南柯一梦,彻底灰飞烟灭。没人等来"下周回国"的贾跃亭,但终于还是等来了被摘牌的乐视网和其十年财务造假丑闻的公开披露。

迈入A股市场3631天后,乐视网于2020年7月20日走完了在A股的最后一个交易日,股价定格在0.18元,市值7.18亿元。这最后爆破的一个巨雷,到底把多少人的血汗钱埋在了贾跃亭挖下的这口深坑里,我们已经算不清了。据不完全统计,那些投资过乐视网或为其提供过融资的机构和个人遍布各行各业,有搅弄风云的商业大佬,有大红大紫的娱乐明星,有赫赫有名的投行翘楚,有大名鼎鼎的头部券商,有神通广大的基金公司,还有28万伤痕累累的股民。

而除了被摘牌以外,证监会也最终判定,乐视网连续10年虚增业绩的行为致使其报送和披露的IPO招股说明书、2010—2016年年报存在虚假记载,违反了《证券法》第六十三条的规定,构成《证券法》第一百九十三条所述的信息披露违法行为。

乐视网时任董事长贾跃亭全面负责乐视网工作,组织、决策、指挥乐视网及有关人员参与造假。时任财务总监杨丽杰,直接组织实施了有关财务造假行为。上述二人均未勤勉尽责,且在有关发行文件、定期报告上签字并保证所披露的信息真实、准确、完整,在财务造假中,采取隐瞒、编造重要事实等特别恶劣的手段,造假金额巨大,持续时间长,发挥了组织、策划、领导、实施作用,违法情节特别严重,为直接负责的主管人员。而贾跃亭作为乐视网实际控制人,指使相关人员从事上述违法行为，构成《证券法》第一百九十三条第三款所述的违法行为。证监会对贾跃亭、杨丽杰采取终身证券市场禁入措施。

负责广告业务的董事刘弘组织实施了安排公司配合"走账"等有关财务造假行为，且在涉案发行文件、定期报告上签字并保证所披露的信息真实、准确、完整，涉案期间一直担任高管，在乐视网财务造假中发挥了较大组织作用，未勤勉尽责，违法情节较为严重，属于上述违法行为的其他责任人员；时任监事吴孟按照贾跃亭、杨丽杰等人的安排，通过联系有关企业、设立公司、保管公章、组织实施有关"走账"等行为，直接参与上述违法行为，未勤勉尽责，在有关定期报告确认意见上签字并保证所披露的信息真实、准确、完整，在乐视网财务造假中发挥了较大作用，违法情节较为严重，属于其他直接责任人员。证监会对刘弘、吴孟采取10年证券市场禁入措施，对贾跃民采取8年证券市场禁入措施。

其余时任董事、监事、高管的赵凯、谭殊、吉晓庆、张旻翚、朱宁、曹彬等人，未勤勉尽责，在有关定期报告确认意见上签字并保证所披露的信息真实、准确、完整，属于其他直接责任人员。

综上，证监会对乐视网合计罚款2.406亿元，对贾跃亭合计罚款2.412亿元，对杨丽杰合计罚款60万元，对吴孟合计罚款40万元，对刘弘合计罚款30万元，对贾跃民合计罚款20万元，对谭殊合计罚款13万元，对吉晓庆、赵凯分别罚款10万元，对邓伟、张旻翚、张特分别罚款5万元，对沈艳芳、朱宁、曹彬分别罚款3万元。然而，对于28万损失惨重的股民，这样的惩罚，又于事何补呢？

早已远走他乡的贾跃亭和他身后一地鸡毛的乐视网，数不尽的供应商拖欠，开不出的员工薪资，才是辉煌过后最大的悲哀。这个曾经试图撬动全球资本市场的庞然大物，只给时代炸出了一口永远填不满的深坑。

把理想、情怀挂在嘴边，发明了"生态化反"的贾跃亭，用一系列天马行空的想象，把乐视网捧上了如梦如幻的巅峰，最终却又亲手将其送进了暗无天日的地狱。

一得一失，易如反掌；一兴一亡，疾如旋踵。

乐视网上百亿元的债务，至今悬而未决。千疮百孔的乐视网，究竟何去何从，无人知晓；潇洒出走的贾跃亭，究竟何时归国，已然成谜。

徒留这一地鸡毛，令人不胜唏嘘。

大事记

- 2004年，乐视网在北京成立。
- 2010年8月12日，乐视网在创业板上市，上市首日大涨47%。
- 2011年12月28日，乐视影业成立。
- 2012年1月12日，乐视投资成立。
- 2012年2月7日，乐视致新成立，主打超级电视。
- 2013年5月7日，乐视TV问世。
- 2013年10月9日，并购花儿影视。
- 2014年1月27日，乐视云成立。
- 2014年3月20日，乐视体育成立。
- 2014年年底，贾跃亭对乐视网的业务开始"生态化反"。

- 2015年4月14日，乐视网进军智能手机市场。
- 2015年5月12日，乐视网达到最高股价179.03元，市值超过1 700亿元。
- 2015年5月26日，贾跃亭抛出百亿减持计划。
- 2016年3月10日，乐视小贷成立。
- 2016年5月，乐视网拿下酷派，同时乐视超级手机进军北美、印度市场。
- 2016年11月2日，乐视网被曝资金链紧张，债务危机引发当日股价暴跌7.49%。
- 2016年11月6日，贾跃亭承认"生态化反"资金链紧绷。
- 2017年1月3日，孙宏斌斥巨资救场，耗资150亿元收购乐视网部分资产。
- 2017年4月14日，乐视网开始长期停牌。
- 2017年7月3日，贾跃亭夫妇高达12亿元的资产被冻结；6日，贾跃亭辞去乐视网董事长职务，称对乐视网负责到底；7日，贾跃亭远渡美国开始造车计划；21日，孙宏斌当选董事长，正式掌控乐视网。
- 2017年12月11日，贾跃亭被列入失信被执行人，成为老赖；25日，证监会要求贾跃亭回国履责。
- 2018年1月24日，乐视网复牌，连续11个跌停。
- 2018年3月15日，孙宏斌辞任乐视网董事长，并在之后表示"乐视网已经是一个妖股了，股价暴涨暴跌，我背不起这个锅"。
- 2018年8月17日，乐视网与乐视非上市体系双方间的债务规模认定为67亿元。

・2019年4月15日，乐视控股世贸·工三再度流拍；26日，乐视网净资产为负，被暂停上市，开始长期停牌。

・2019年5月，融创系代表刘淑青辞去乐视网董事长职务，融创全面撤离乐视网。

・2020年5月14日，深交所公告乐视网股票终止上市。

・2020年6月，乐视网进入退市整理期，贾跃亭完成个人破产重组。

・2020年7月2日，贾跃亭发公开信，称将补偿乐视网股民，重启人生。

・2020年7月20日，乐视网走完10年A股历程，从A股退市，股价定格在0.18元。

第六章

海南航空：航空巨头的坠落与治理

段雨萱

扫码查看

揭开财务舞弊的面纱
探索企业如何走正道

常言道：不忘初心，方得始终。然而，初心易得，始终难守。创业亦是如此，企业家创业的初衷往往都是美好的，无奈世间诱惑、纷扰太多，一些追梦人在修行的过程中渐渐迷失了方向，与初心背道而驰。

海南航空控股股份有限公司（简称"海南航空"）一度是海南省的骄傲，它乘着政策的春风扶摇直上，位列中国四大航空公司之一。但是当海航集团有限公司（简称"海航集团"）陷入债务危机的泥潭时，旗下多家上市公司已被"掏空"，作为海航集团子公司的海南航空也难逃江山易主的命运。

大权独揽、纸醉金迷让海航集团创始人陈峰忘记了创业的初衷，自以为其实行财务舞弊的手段高明，不知敬畏，最终被欲望吞噬。

凭风借力上青云

陈峰，原名陈太生，祖籍山西，在北京长大。陈峰在少时便展露出争强好胜、锐意进取的性格，自行更名陈峰，颇有志在顶峰之意。13岁天桥说书，17岁应征入伍，24岁自学英语，29岁公派留学，每段经历都为他缔造海航帝国的传奇人生奠定了基石。

1988年海南建省，成为我国最大的经济特区，这座当时相对封闭落后的岛屿亟须突破地理条件的桎梏，大力发展航空产业是破解出省交通不便的关键。海南省政府希望找到专业人士筹建本土的航空公司。此时，已过而立之年的陈峰凭借其丰富的民航领域工作经验得到政府的赏识与信任，负责主持海南省航空公司的组建工作。创业艰难，政府所提供的资金支持仅有1 000万元，只抵得上一个机翼的价值。尽管只是一家没有飞机的初创公司，陈峰和创业伙伴王健却踌躇满志。1989年10月，海南省航空公司成立，陈峰担任法定代表人。

1990年，具有信托投资公司工作经验的陈峰敏锐地抓住股份制试点的机遇，3个月内以定向募集资金的方式获得2.5亿元融资，将海南省航空公司改组为全国第一家股份制航空企业——海南航空股份有限公司，后更名为海南航空控股股份有限公司。

多年后，陈峰在接受凤凰财经专访时感慨道："在今天的人看来相当滑稽，当年就拿一张纸，自己盖章印股票，社会公众居然就投了2.5亿元。"

有了股本金做信用担保，1993年，海南航空融资租赁近4亿元，订购了两架波音737，飞机实物还未取得，又马不停蹄地以此作担保，又订购了两架波音737，并于当年实现北京首航。杠杆艺术在海南航空创立之初就被陈峰运用得得心应手。

初尝资本和杠杆的甜头，陈峰利用政策的模糊性将已有飞机循环担保，开辟航线、购买飞机，但因高负债率，他在国内贷款屡屡碰壁。政府同意外资入股后，他将目光投向国外，带领创业团队十进十出华尔街筹外资。起初，海南航空的推介会无人问津，但陈峰凭借自学的一口英文，充分发挥少时在天桥说书讲故事的本领，最终说服索罗斯的量子基金以2 500万美元换取海南航空25%的股份。

自此，海南航空一路高歌猛进，踏上不断融资扩张的征途。1997

年和1999年海航B股和海航A股先后在上海证券交易所（简称"上交所"）挂牌上市。增资扩股让海南航空再次获得银行信贷的青睐，中行、农行纷纷为其提供贷款使其继续购入飞机。

在政策和资本的双重加持下，1998年，海南海航控股有限公司（后更名为海航集团有限公司，简称"海航集团"）在海南航空的基础上组建成立。海航集团集团化战略逐步实施，大举兼并地方航空公司，并先后控股海口美兰国际机场有限责任公司（简称"美兰机场"）、海南机场股份有限公司、三亚凤凰国际机场有限责任公司。2002年，美兰机场在香港联交所挂牌交易，同年实现海南航空与新华航空、长安航空、山西航空合并运行，至此，海航集团跻身国内第四大航空集团。

海航集团创业初期与海南经济特区的发展同频共振，借海南开放金融市场的政策东风乘势而上，短短10年间，资产从1 000万元迅速膨胀至近200亿元，这更加激发了陈峰领航中国航空业的雄心壮志。

野蛮生长入歧途

2000年前后，民航总局推动中国民航重组改革战略，计划组建三大集团公司，海航集团通过吸收融资、加大杠杆，并购吸收地方航空公司，使得其规模与三大航空集团比肩，化解了被兼并的危机。这让陈峰坚信，民航业扩张战略为正确之道，"融资、扩张，再融资、再扩张"，如此循环往复即可。

2003年，非典疫情犹如当头棒喝，为一路高歌的海航集团敲响警钟。2003年，海南航空的财报显示，利润总额同比下降1 145.39%。此前，跨区域并购产生的巨额负债主要依靠海南航空客运服务输血，突然出现旅客周转量下降83.4%的情况，导致公司资金链几乎断裂，公司濒临破产，海南航空最终依靠海南省政府的15亿元补助险中求生。

化险为夷后，陈峰意识到，海航集团的发展不能仅依赖具有较强周期性的民航业，于是，他宣布开展多元化转型，从单一航空企业迈向现代综合服务运营商，提出"一主两翼"战略——做大航空运输主业的同时，大力发展商业旅游和飞机租赁等金融业务，向与航空运输业紧密相关的上、下游相关产业链延伸。

在主业层面，2004年，海航集团发起设立大新华航空，将其作为集团整合旗下海南航空、山西航空等航空资源的平台，并引入海南省发展控股有限公司的15亿元资金、索罗斯基金的投资，还曾一度计划在香港上市。同年，海航集团将扬子江货运有限公司变更为大新华物流控股（集团）有限公司，筹划海陆空一体化综合物流体系。此外，海航集团还加紧与地方政府合作组建云南祥鹏航空、金鹿航空、天津航空等航空公司，并参股香港航空、香港快运，夯实其第四大航空集团的地位。

横向扩张的同时，海航集团大胆地在上下游布局：开拓旅游业，成立海航旅业集团有限公司，海航酒店（集团）有限公司（简称"海航酒店集团"）在港交所注册；踏足零售业，收购西安民生集团股份有限公司后，重组上市公司宝商集团股份有限公司；进军飞机租赁市场，设立渤海租赁股份有限公司，该公司后来成为A股上市的第一家融资租赁公司。海航集团在国内市场纵横捭阖，"贷款、扩张，再贷款、再扩张"，将各类资本运作手段运用得出神入化。

多元化转型前期，海航集团虽然频繁融资，巧用杠杆，但本质上仍然以航空服务产业为核心，深耕布局，资本切实用于实体经营。海南航空是中国境内首家SKYTRAX五星航空公司[①]，其用心经营可见一斑。

2008年金融危机后，海航集团将投资目光转向海外市场，自2012年起，其在"走出去"方面不断迈出更大步伐，与万达、安邦、复星并称为"出海四子"，它们的风格是不断进取，行动准则可以简单概括为"买买买，合合合，圈圈圈，大大大，好好好"。

持续膨胀的海航集团内部也无可避免地出现了派系之争，陈峰在与联合创始人王健的权力之争中败阵，逐渐退居幕后。董事长王健成为海航集团权力的中心，风头正盛的他加大集团多元化扩张的步伐，在他的带领下，海航集团可谓一路"买进"世界500强。

2015年，海航集团首登《财富》世界500强排行榜，排名第464位，2016年攀升至第170名，甚至踌躇满志地喊出在2025年跻身前10名的口号，此时，集团的海外资本运作已经到了近乎疯狂的状态。普华永道统计数据显示，当年十大海外并购交易中，海航集团就占据三席，以几乎每月一起的并购速度，涉足金融、地产、商旅、酒店、航运、IT等行业。海航集团2011—2017年主要境外投资如表6-1所示。

乱花渐欲迷人眼，海航集团沉浸在资本扩张的梦幻中逐渐迷失本心。

---

① SKYTRAX是一家国际航空运输评级组织，该组织每年对全球航空公司的机场及机舱内的各项服务品质进行全方面的审核评定，评定分五个等级，"五星"为最高等级。

表6-1　海航集团2011—2017年主要境外投资

时间	投资对象	金额
2011年	投资悉尼地标建筑One York写字楼	1.21亿美元
	并购新加坡集装箱租赁公司GESEACO（2011年全球最大并购案之一）	10.5亿美元
	间接持有香港康泰旅行社51%股份	未公开
2012年	收购法国蓝鹰航空48%的股份	4 000万美元
	投资非洲加纳AWA航空公司	未公开
2013年	收购西班牙NH酒店集团20%的股份	未公开
2014年	出资在肯尼亚组建联合航空公司	未公开
	收购英国集装箱租赁公司	6.15亿美元
2015年	收购南非商务航空集团6.2%的股份	1 300万美元
	并购瑞士空港公司Swissport	28亿美元
	并购爱尔兰飞机租赁公司Avolon Holdings	160亿元人民币
	收购巴西蔚蓝航空23.7%的股份	4.5亿美元
	投资英国路透社总部大楼	未公开
2016年	投资曼哈顿第三大道850号大楼	4.64亿美元
	投资伦敦金丝雀码头物业	1.31亿英镑
	投资香港启德新九龙内地段	88.37亿港元
	间接持有希尔顿酒店25%的股份	65亿美元
	间接持有维珍澳洲航空13%的股份	7.5亿元人民币
	收购瑞士航空餐饮公司佳美集团Gategroup61.7%的股份	约14.7亿美元
	收购英国外币兑换运营商ICE100%的股份	10亿英镑
	收购香港泰升集团66%的股份	26.15亿港元
	并购美国IT分销商英迈国际Ingram Micro	60.09亿美元
	收购美国CIT Group飞机租赁业务	104亿美元
	间接持有KTL International Holdings Group Limited海德福集团61.44%的股份	6亿港元

续表

时间	投资对象	金额
2017年	增持德意志银行股份4.76%	未公开
	收购瑞士公司嘉能可旗下石油产品存储及物流业务51%的权益	7.75亿美元
	收购新西兰融资业务UDC Finance	32亿元人民币
	收购新加坡物流迅通集团CWT	69亿元人民币
	间接持有全球最大免税品零售商Dufry AG16.79%的股份	99.67亿元人民币

资料来源：海航集团公告及网络新闻报道。

海航集团要出的花样，本质上仍是早期陈峰买飞机的套路——融资借钱购资产，资产抵押再借款。采用这样的套路会导致两种结果：当资产不断上涨或者评估价格上升的时候，就可以不断地扩张；而当资产下跌，杠杆收紧的时候，所借的钱就成为债务。为还债，海航集团便必须以更高的利息融资，或者变卖其中一部分资产，以解决短期资金难题。

海航集团在野蛮生长时对杠杆形成了路径依赖，殊不知风险已悄然而至。2017年6月，银监会要求银行加大力度排查涉海外并购大型企业的授信风险，海航集团的融资渠道被切断。连续杠杆并购的平衡一经打破，就会面临资金链断裂的风险，陷入流动性困境的传言使得海航集团内部风声鹤唳。

大梦初醒，惊觉偏离航线。

第六章　海南航空：航空巨头的坠落与治理

债台高筑，日暮穷途

在知命之年，陈峰开始潜心修佛，每日参禅入定，打坐静心，希望佛祖能渡再次陷入危机的海航集团。

2018年1月，久未露面的陈峰在接受媒体采访时首次公开承认海航集团出现流动性难题，但他乐观地表示，海航集团能够解决现金短缺的问题，将继续获得银行等金融机构的支持。从那天起，"海航系"股票连续三个交易日下跌，至1月末，海航集团旗下控股的10家A股上市公司已有7家停牌。

2018年7月，海航集团联合创始人、时任董事长王健在法国意外离世。陈峰复出掌管业务，担任海航集团董事长。面对巨大的债务压力，他带领海航集团开启资产甩卖的自救模式，从曾经任性的"买买买"转向疯狂的"卖卖卖"，借此回笼资金，缓解财务困境。海航集团的战略重心重回航空主业，相继出售香港九龙多个地段、纽约曼哈顿第六大道写字楼，减持德意志银行股份，清空希尔顿股份等。仅2018年，海航集团就处置超3 000亿元非主业资产，其中，公司股权占70%以上，实体物业资产占近30%。

大规模处置资产也只是饮鸩止渴，海航集团已无法遏制资产负债率上升的趋势，现金流依旧紧张。2019年，海航集团非公开发行四期债券，筹集资金72.29亿元，用途为偿还集团的有息负债，到年底时，已出现大规模缓发员工工资的情形。2006—2019年6月海航集团资产负债率变化情况如图6-1所示。

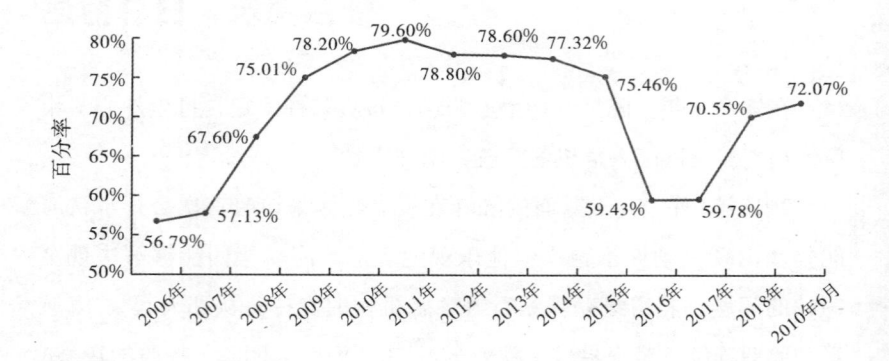

图6-1 2006—2019年6月海航集团资产负债率变化情况①

山雨欲来风满楼，陈峰却表现得波澜不惊，他在2020年元旦给海航集团的新年献词中，将2020年定位为海航集团化解流动性风险的决胜之年，并以此激励被欠薪的员工攻坚克难。

无法预料的是，新冠疫情爆发，沉重打击了全国民航业，成为压垮海航集团的最后一根稻草。

2020年2月29日，海航集团发布公告称，为切实化解风险，海南省人民政府派出专业人士，会同相关部门组建海航集团联合工作组，推进公司风险处置工作。这意味着，海航集团长达两年多的自救以失败告终。

2021年1月29日，海航集团及其旗下的63家公司因不能清偿到期债务，同时被多个债权人申请破产重整。同年2月，海南省高级人民

---

① 海航集团有限公司为非上市公司，于2008年首次公开发行债券，财务数据来自债券募集说明书和公司债券年度报告，最后一次对外披露的财务报告是2019年半年报。2016年海航集团资产负债率下降是由大举并购低负债资产所致。

法院裁定受理海航集团等7家公司及海航集团下属3家上市公司及子公司重整，并在3月裁定对海航集团等321家公司实施实质合并重整，指定海航集团清算组担任海航集团管理人，史上最大的破产重组案拉开序幕。

2021年6月，海航集团两万名员工的内部举报信流出，举报信中列举了前任董事长陈峰的三大罪状：暗箱操作私自兑付集资款、贪心妄想家族独裁、利用职权拉帮结派，中饱私囊。

2021年9月24日，海航集团发布公告称，陈峰因涉嫌违法犯罪，被依法采取强制措施，具体信息并未披露。同日，财新网发表特稿《海航高管家族的裙带交易》，揭露以陈峰为代表的海航集团高管化公为私的恶劣手段——通过亲属控制或参与的公司，获得大量海航的商业合同，涵盖飞机和航材采购、房地产、信息化、广告等业务。

潜心修佛的陈峰，原来从未戒掉"贪、嗔、痴"的虚妄。一代民航业的开路先锋落得如此惨淡的下场，可谓成也资本、败也资本。

天下之福，莫大于无欲；天下之祸，莫大于不知足。

拨云见日迷雾散

陈峰黯然离场，清算组仍在抓紧对海航集团进行积极挽救。经联合工作组近两年的进驻调查，海南航空与海航集团内部错综复杂的关系逐渐揭露。

2021年10月，海南省高级人民法院裁定批准海航集团的重整计划，海航集团将重整拆分为四个完全独立运营的板块——航空板块、机场板块、金融板块、商业及其他板块。

2021年12月，海南航空因涉嫌信息披露违规开始被证监会立案调查。12月底，海航集团对外公告称，《*ST海航及其10家子公司合并重整案》已执行完毕并获得法院裁定确认，航空主业引战企业的经营管理实际控制权利正式移交至战略投资者辽宁方大集团实业有限公司（简称"方大"），这意味着海南航空脱离海航集团，易主方大，重新起航。

2022年4月，海航集团发布公告称，集团风险处置的相关工作顺利完成，海航集团破产重整专项服务信托已依法成立，海航集团等321家企业实质合并重整计划已经执行完毕，并获得法院裁定确认。中国最大破产重组案落幕，海航集团这个万亿级的商业帝国仍无法避免分崩离析的命运。

2022年8月10日，海南航空收到证监会《行政处罚事先告知书》（简称《告知书》）。《告知书》指出，经查证，2018—2020年，海航集团未按规定披露非经营性关联交易和关联担保，定期报告存在重大遗漏，对其予以警告并拟处300万元罚款；对11名责任人予以警告，并分别拟处20万～100万元罚款，其中，前任总裁和董事长徐军因在任职期间审批违规担保143笔、知悉海航控股存在关联方非经营性资金占用等问题，被处罚金数额最大。

2022年8月30日，证监会发布《行政处罚决定书》（〔2022〕46号）。《行政处罚决定书》指出，海南航空构成的关联方达65家之多，此外，还详细说明2018—2020年间海南航空未按规定披露的非经营性关联交易和关联担保情况，笔数之多、金额之大，让人触目惊心。

海南航空不仅未及时披露且漏报非经营性关联交易，还有在关联方资金占用严重的问题。经核查，2018—2020年3年间，海南航空与海航集团等关联企业发生非经营性关联交易2 849笔，金额1 652.15亿元（图6-2）。其中，资金拆借为1 384.57亿元、对外担保资金扣划184.79亿元、放弃债权74.79亿元、承担债务8亿元。上述关联交易是在海航集团的要求和安排下发生的，均无商业实质，构成资金占用。

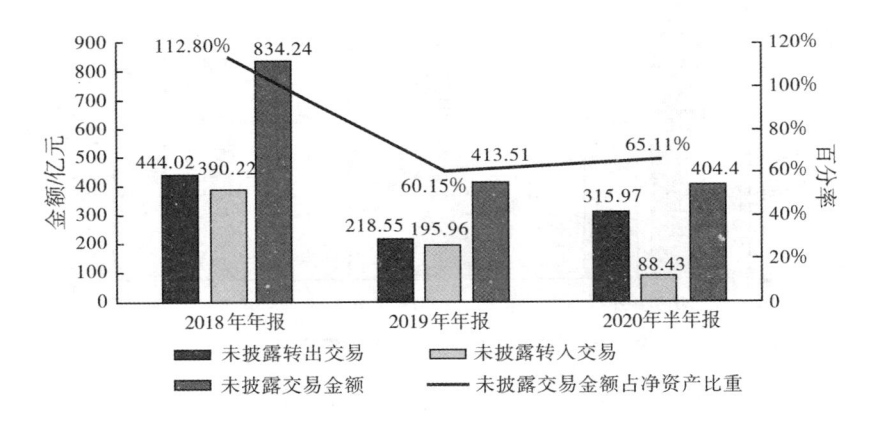

图6-2　2018—2020年海南航空未披露内部关联交易

数据来源：《行政处罚决定书》（〔2022〕46号）、海南航空2018—2020年年报。

此外，海南航空未按规定披露的关联担保金额同样数额巨大。经核查，2018年年报未披露的关联担保事项共104笔，担保余额345.49亿元，合计占当期报告净资产（687.50亿元）的50.25%；2019年年度报告未披露的关联担保事项共140笔，担保余额332.07亿元，合计占当期报告净资产（621.07亿元）的53.47%；2020年半年度报告中，公司未披露的关联担保事项有112笔，担保余额311.02亿元，合计占最近一期经审计净资产（621.07亿元）的50.08%（图6-3）。未披露的关联担保余额竟都超出净资产半数。海南航空和海航集团频繁大额的担保极易引发连锁反应，将单个公司的担保风险迅速放大。

```
金额/亿元
400  345.49
350                    332.07   318.6          311.02  315.19
300
250
200         164.31
150
100
 50
  0
      2018 年年报       2019 年年报       2020 年半年报
     ■ 未披露关联担保金额    ■ 实际披露关联担保金额
```

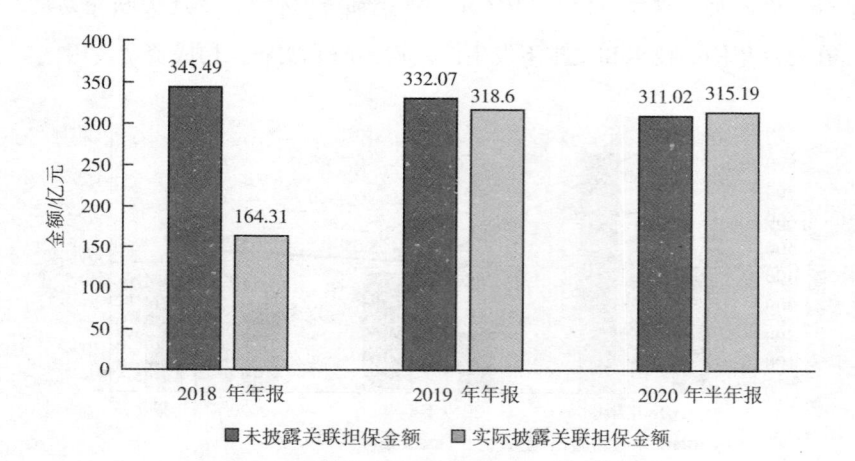

图6-3　2018—2020年6月海南航空未披露关联担保金额

数据来源：《行政处罚决定书》（〔2022〕46号），海南航空2018年年报、2019年年报、2020年半年报。

白云苍狗，时移世易，如今的海南航空已改头换面，变身为"方大航空"，它与海航集团曾经的纷繁过往图穷匕见，海航集团眼花缭乱的资产腾挪术，以及那些私相授受的利益输送终将被揭开。

抽丝剥茧溯本源

"帝国的衰败，总是从内部开始瓦解的。"

海南航空在债权人申请破产前夕，已连续十年蝉联"SKYTRAX

五星航空公司"荣誉，并在全球十佳航空公司排名第七，至今仍是中国内地唯一获此殊荣的航司。这不禁让人心生疑惑：这样一家在航空业独领风骚多年的行业翘楚，是如何变得积重难返的呢？

复杂控制关系链条混淆视听

海航集团内部的控制关系链条盘根错节，据说连管理层也无法理清。

2020年2月，联合工作组入驻海航，费时数月来梳理集团管理结构、股权关系和债权关系。联合工作组组长顾刚在给海航所有员工的内部信中谈到，最终画出的几家上市公司与海航集团的股权关系图，每张都近三米，可谓是"清明上河图"。这些错综复杂的关系网络为控股股东的"掏空"行为编织了"温床"。

追溯海南航空的股权架构沿革，错乱的股权控制关系其实很早便显露端倪。2004年和2005年，海南航空均在年报中明确表示，公司未知前十名股东是否存在关联关系，也未知股东之间是否属于《上市公司股东持股变动信息披露管理办法》规定的一致行动人。

2006年，海南航空定向增发28亿元社会法人股，控股股东变更为新华航空控股有限公司（后更名为大新华航空有限公司，简称"大新华航空"），陈峰为法定代表人，实际控制人为海南省政府国有资产监督管理委员会。2006年增发前后，海南航空前十大股东变动情况如表6-2所示。

表6-2　2006年增发前后海南航空前十大股东变动情况

增发前股东名称	占总股本比例	增发后股东名称	占总股本比例
American Aviation LTD（非流通外资股东）	14.80%	新华航空控股有限公司	48.62%
海航集团有限公司	11.85%	海口美兰国际机场有限公司	12.22%
海南琪兴实业投资有限公司	6.83%	长江租赁有限公司	8.15%
海南金城国有资产经营管理有限公司	2.37%	海南嘉信投资管理有限公司	6.52%
交通银行海南省分行	0.89%	三亚凤凰国际机场有限责任公司	4.07%
中国国际旅行总社	0.89%	American Aviation LTD	3.06%
北京田野商贸总公司	0.59%	海南金城国有资产经营管理有限责任公司	0.47%
Natio Securities	0.45%	海南泰衡实业有限公司	0.27%
中工信托投资公司海南办事处	0.44%	中国国际旅行总社	0.18%

资料来源：《海南航空股份有限公司2006年年度报告》。

虽然后续股权比例仍在不断变化，股权结构演变复杂，但截至2021年海南航空破产重组，其披露的控股股东和实控人不再变动。

海南省国资委虽然被认定是实控人，但经统计，2004—2020年的这15年间，不论是海南省国资委间接持有的海南航空股份数[1]，还是其直接其直接占据的董事会席位数，都与海航集团平分秋色。更值得注意的是，海南航空的高管大多来自海航集团或海南航空下属公司，这些证据都表明，海航集团掌握海南航空实际经营控制权。

---

[1] 海南省发展控股有限公司占24.965 4%，海航集团占23.107 3%。

值得一提的是，大新华航空曾计划于2007年上市，陈峰辞去多年来兼任的海南航空董事长一职，公开理由是为符合监管层关于"股东单位董事长不得担任上市公司董事长"的规定。但事实上，他不过是由明转暗，同时担任大新华航空和海航集团法定代表人的陈峰，可以进一步被推定为海南航空的实控人。

海航集团内部复杂的股权架构本就为大股东巧妙侵占甚至"掏空"海南航空等上市公司资产的行为提供了便利，加之海南航空治理结构失衡，实控人进行上市公司利益输送就更加方便了。

资金占用大行其道

海航集团为实现内部资金的集中管理，早在2004年便通过收购重组建立了海航财务有限公司（简称"海航财务"），为成员企业提供金融服务。通过集团财务公司进行集团内部资本市场运作，能提高资金利用效率，却也可以成为大股东占款的包装手段。

尽管海航财务始终宣称对成员的存款业务秉持平等、自愿、公平和诚实信用的原则，但它与海南航空频繁、大额的资金往来不免引人猜疑。2015年，海航集团就海南航空存放于海航财务的存款做出三大承诺：保证存款业务的安全性；充分尊重经营自主权，有实际需要时可随时支取使用，且不受任何限制；如有存款风险，积极协助按照风险处置预案回收资金。但通过整理可以发现，2015—2020年，海南航空平均每年存放在海航财务的余额为45.88亿元，而平均利息收入仅为0.9亿元，远低于市场利率（表6-3）。海航财务的承诺均是无稽之谈。

表6-3 海南航空2015—2020年在海航财务的存款情况

单位：亿元

年份	货币资金	海航财务的存款	关联方利息收入
2015	186.93	42.08	1.24
2016	215.91	45.06	1.22
2017	363.91	49.38	1.03
2018	379.26	47.82	0.94
2019	201.44	47.00	0.82
2020	82.36	43.94	0.16

数据来源：海南航空2015—2020年年度报告。

撇开极低的存款利率不谈，航空公司是否有必要持有如此大规模的货币资金？通过比较可以发现，2015—2019年，海南航空的现金比率远高于其他三大航空公司（图6-4），这说明，该公司的大量货币资金未能得到有效利用。

更令人不解的是，掌握充足流动性资金的海南航空仍旧每年大举进行债务融资。2015—2020年，海南航空发行各类债券共29笔，且借款比例居高不下，每年产生大额利息支出，利息保障倍数低于行业平均水平（图6-5），债务违约风险逐年加剧。此外，财务费用率（图6-6）超出其他三大航空公司两至三倍，侵蚀了其原本表现良好的毛利率。

图6-4　2015—2020年四大航空公司现金比率

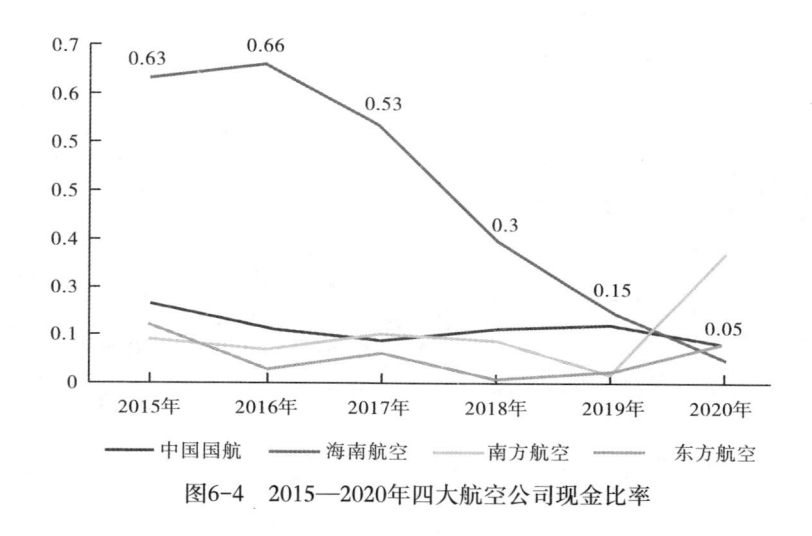

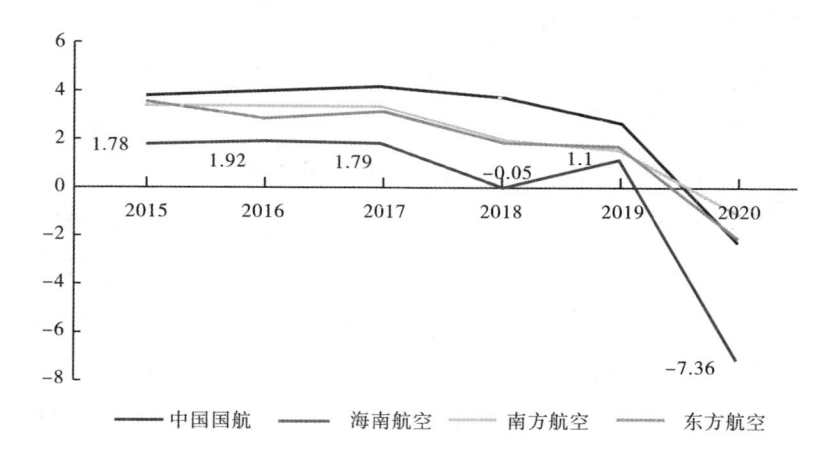

图6-5　2015—2020年四大航空公司利息保障倍数（息税前利润）

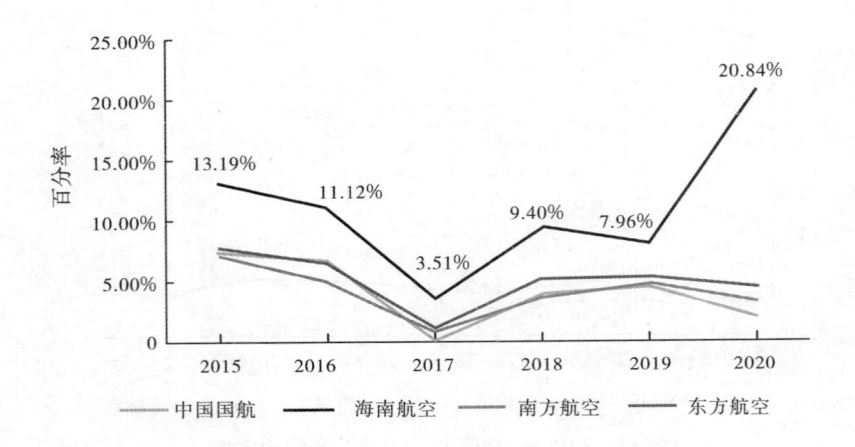

图6-6　2015—2020年四大航空公司财务费用率

"存贷双高",针对这种反常现象,较合理的解释便是海南航空在财政大权上"受制于人"。

中国证监会《行政处罚决定书》（［2022］46号）印证了这一点。经查,海航集团通过"海航集团—事业部/产业集团—单体公司"3层管理结构实际管理下属公司,在财务上实行全集团一体化、垂直化、三层式控制及管理；在资金上施行现金流一体化管理,资金由海航集团统一调拨。因此,海南航空在财务资金管控方面缺乏独立性,其与关联方的资金往来均在海航集团组织及操控下完成,而海航财务就是海航集团资金占用的隐蔽通道。

由此可见,海航财务与海南航空所订立的金融服务协议或存款承诺不过是个噱头,其根本目的是为海航集团以及其他关联方提供资金支持。

频繁担保肆无忌惮

担保是一种或有负债，会增大上市公司潜在的财务风险。逐年增加的对外担保让本就经营绩效不佳的海南航空愈加岌岌可危。2016—2019年，海南航空对外担保总额占净资产的比例更是呈指数倍增长[①]，2019年，担保总额约占净资产的70%，远超行业平均水平。

而海南航空所披露的对外担保金额不过是冰山一角，根据证监会《行政处罚决定书》（〔2022〕46号）可知，仅2018—2020年，海南航空未及时披露的担保发生额就达395.73亿元。未披露关联方担保，如同财务舞弊中的隐形炸弹，极易引爆，一旦上市公司履行担保义务，就将面临大额资金损失，极易陷入财务困境。

海南航空主要与海航集团及其下属非上市的关联企业相互提供连带责任担保，这种担保不会再有外部资金的注入，本质上只是海航集团债务的内部转移。对海航集团而言，这相当于共同对外负债。海航集团内部构造复杂的循环担保网络，如此操作无异于厝火积薪，一旦其中一环出现资金周转困难，不但不能补偿和分散风险，反而会产生"多米诺效应"，对担保网络上的所有企业构成巨大威胁，导致系统性金融风险发生。

2016—2019年，海航集团经历了从疯狂"买买买"到"卖卖卖"的巨大转变，"拆东墙，补西墙"的融资伎俩已难解燃眉之急。从2019年始，"海航系"多只债券陆续违约，海南航空也难以幸免。

---

① 2016年9月5日，经中国证券监督管理委员会核准，海南航空非公开发行4 623 938千股A股股票，因此，2016年对外担保总额占净资产的比例下降。

2016年发行的"海南航空3期BSP[①]票款债权资产支持专项计划优先级资产支持证券02"（简称"海航302"）在2019年11月因未兑付回售本金，发生实质性违约。

"海航302"的违约发生得十分蹊跷，因为ABS（asset-backed securities，资产支持证券）不同于信用债，理论上其预期收益取决于基础资产的未来现金流而非权益人的偿债能力。这笔私募ABS的基础资产是海南航空通过BSP渠道销售客票的收入，"海航302"如果发生违约，有两种可能，一是海南航空突然无人乘坐了；二是国际航协把海南航空在BSP渠道获得的销售收入拦截甚至挪用。但是，海南航空的客运收入仍在增长，国际航协于情于理都不会拦截和挪用归属于海南航空的BSP票款。经过资金流向的追踪，腾讯《潜望》报道，海南航空挪用本应支付ABS回售款的资金，导致其专项计划账户无法支付回售本金。

值得一提的是，普华永道会计师事务所为海南航空2018年年度财务报告出具了带"与持续经营相关的重大不确定性"段落的无保留审计意见。审计报告指出，自2018年以来，海南航空部分借款、融资租赁款以及资产证券化项目应付款未按照相关协议的约定按时偿还部分本金及利息，并触发其他借款、融资租赁款、资产证券化项目以及债券的相关违约条款，导致借款银行、出租人及债权人有权要求海航控股随时偿还相关款项。然而，即便如此，评级公司当年仍给海南航空债券出具了AAA评级。

---

① BSP是"billing and settlement plan"（"开账结算计划"）的简称，是国际航空运输协会根据会员航司的要求，为扩大销售网络和规范销售代理人的行为而建立的一种供销售代理人使用的中性客票销售和结算系统。

海南航空超出自身经济承受能力的担保，很大程度上是因为实控人以掏空公司为目的的过度担保，海航集团以其实质性的控制地位操控海南航空肆意对外提供高额担保，海南航空也只能沦为"提款机"（图6-7）。

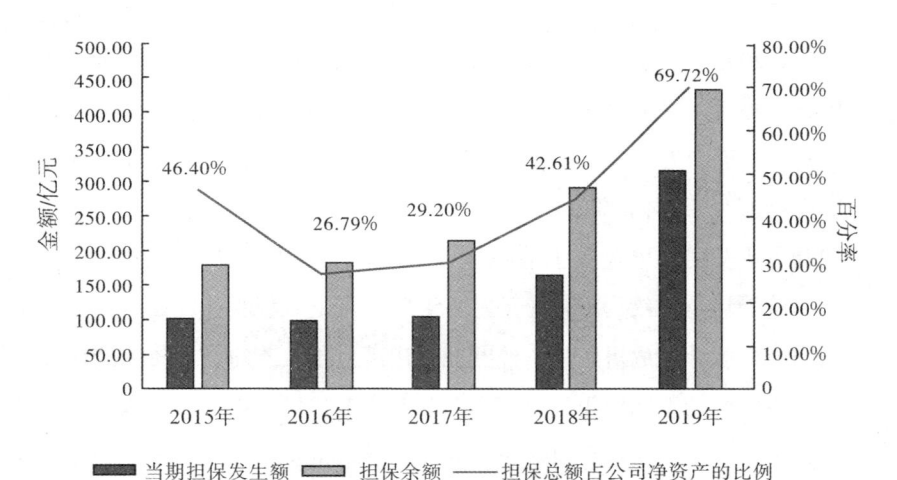

图6-7 2015—2019年海南航空担保情况

数据来源：海南航空2015—2019年年度报告。

关联交易显失公允

关联交易有利于集团实现规模经济，可以加强企业间合作并降低交易成本。但也正因如此，许多关联交易往往披着合规合理的外衣，却在暗地里进行利益输送和利润操纵，花样百出，令人防不胜防。海航集团在这方面可谓轻车熟路、游刃有余。

作为集团旗下的老骨干，海南航空被海航集团"剥削"的历程可以追溯至2008年全球金融危机，海航集团和海南航空在这期间发生多笔匪夷所思、缺乏商业实质的资产和股权交易，要么是标的资产来回折腾，要么是股权先受让再终止。虽然证监会并未查证，但早有学者质疑这是海航集团利用关联交易掏空海南航空，其惯用手法可以分为以下两类。

一方面，海航集团通过高溢价关联交易占用货币资金且巧妙地规避监管。2007年12月，海南航空发布关联交易公告表示，经与海航酒店集团友好协商，拟受让海航酒店集团持有的河北省国际信托投资有限责任公司（后更名为渤海国际信托有限公司，简称"渤海信托"）28 400万股股权（占总股本的39.14%）。交易目的是提高盈利资产配置，更好地配合主业发展，并给予适当溢价，以约4倍市净率（2.92元/股）进行转让，总受让价格约为8.29亿元。两年后，这笔股权受让终止，海南航空称受全球金融危机影响，经营业绩出现亏损，不符合出资人资质要求，海航酒店集团将返还全部股权转让款8.29亿元以及按中国人民银行一至三年期贷款基准利率计算所得的利息成本。

无独有偶，2008年12月，海南航空公告称，拟以61 856.766万元的价格受让海航酒店集团持有的北京燕京饭店有限责任公司（简称"燕京饭店"）45%的股权。海南航空称，此举的目的是配合公司运力北移和今后在北京地区的业务发展，并以充分反映燕京饭店较高收益能力为由，采用收益法评估，收购溢价约11.49倍。转让方海航酒店集团的控股股东海航集团更是大度地做出3年业绩承诺，燕京饭店净利润如果无法达到预测金额，海航集团将按权益比例以现金补偿方式补足净利润差额部分。此后，海航集团还签订补充协议，约定如果不能在2009年12月31日前办理完股权过户手续，海航酒店集团将归还全部股权转让款，并以按中国人民银行一年期贷款基准利率计算所得，并按海航集团对燕京饭店2009年净利润承诺折算所得高者为准给予补偿。令人哭笑不得的是，2009年，燕京饭店业绩未达预期，净利润甚至为负。2009年10月，海南航空的控股股东大新华航空以维护上市公司和公司股东利益的名义，递交终止受让燕京饭店的股权临时提案，该提案获股东大会审议通过。最终，海航酒店集团只需归还全部转让款6.19亿元，并以一年期贷款利率计算资金成本。

这2笔最终流产的股权受让，分别使海航集团2年占用海南航空资金8.29亿元，1年占用海南航空资金6.19亿元，资金占用付出的代价仅是按央行贷款基准利率计算的利息。

另一方面，海航集团通过高溢价资产转让从海南航空进行利益输送。其中，最令人眼花缭乱的便是北京科航投资有限公司（以下简称"科航公司"）在集团内部"倒买倒卖"的事[①]。2007年12月，海南航空发布公告称，拟以账面净值作价3.78亿元，将旗下新华航空持有的对科航大厦项目工程的投资全部转让给海航集团。资产转让理由是"3年前开始的科航大厦工程仍未竣工，为剥离与主业无关的投资，促进主营业务快速发展"。然而，就在一年后的同日，海南航空再次发布公告称，将以17.28亿元的总价受让扬子江地产集团有限公司持有的科航公司65%的股份和海航酒店集团持有的科航公司30%的股份。公告中指出，科航公司的核心资产海航大厦即将完工，是具有国

---

① 科航公司于2003年由海南航空子公司新华航空、长安航空和中国国际公共关系协会出资建立。海南航空于2004年年报披露，其子公司新华航空与科航公司联合建设北京科航大厦（属科航公司核心资产，建成后更名为海航大厦），账面价值3.014 3亿元。2005年，经三方协商，新华航空和长安航空将所持的50%和25%出资，以账面价值2 250万元的价格转让给海航集团旗下的扬子江地产集团有限公司，至此不再持有科航公司股权。

际标准的都市服务综合项目，房产部分出租经营将会带来可观的租赁收益。由此可见，海南航空已将一年前主辅业分离的目标全然抛之脑后。更令人不解的是，评估报告指出，因北京房地产价值增值较快，以历史成本法计价会严重低估其资产价值，因此采用市场价值评估的方式，但仅在一年前，海南航空依旧按照账面价值向海航集团转让大楼，短短一年间大楼的增值率高达314.87%。最夸张的是，2009年，海南航空还曾为科航公司贷款提供价值10亿元连带责任担保，而科航公司2009—2011年存在大额亏损，远未达到收购时海航集团做出的业绩承诺。

通过上述分析可见，海航集团在多元化扩张的初期便利用各类关联交易"掏空"海南航空，但其意图远不止于此。2008年，受全球金融危机影响，海南航空出现现金流紧张，控股股东大新华航空四处奔走，力争海南省政府给予注资，当年报出14.24亿元巨亏。另一边，海南航空却又一掷千金，以6.18亿元和17.28亿元，共计23.5亿元现金，分别受让燕京饭店45%的股份和科航公司95%的股份，大幅溢价收购海航集团旗下资产，并且在尚未完成过户手续的情况下，迅速用现金支付所有的交易款项，支付时间甚至早于股东大会通过时间。海航集团因此确认投资收益14.71亿元，从而使原本2008年亏损的业绩扭转为盈利9 699万元。最终，海航集团得以在2008年和2009年公开发行共28亿元公司债，同时，海南航空凭借巨亏于2009年获得海南省政府15亿元的注资。资产反复倒卖的真实目的不言而喻——集团操纵自身利润，以达到向金融机构筹资和向国家发改委（国家发展和改革委员会）申请发行企业债业绩要求。

如今来看，海航集团的手段略显拙劣，无非是集团内部互相买卖资产，再利用资产评估方法差异，扩大总体资产规模，实现巨额评估套利，操纵利润，掩盖亏损以满足融资需求。但海航集团为何敢如此"赤裸裸"地进行利益输送，操纵利润？究其原因，还是因为当时缺乏关联交易实质的判断机制和惩处机制，违规成本过低，比如，对于渤海信托和燕京饭店股权受让的终止，在当时，最多也只能从信息披露违规的角度给予处罚。

萧瑟秋风今又是，换了人间

二十年前，海南航空历经"非典"，劫后余生，却终究没能挺过肆虐的新冠疫情。

其实"非典"时期曾发生过一件小插曲，海南航空因"会计丑闻"被证监会限期整改。2003年，海南航空年报显示，受非典疫情等影响，公司产生14.74亿元的巨额亏损，利润总额同比下降1 145.39%。当年，国内民航业整体损失惨重，但海南航空的巨亏颇为蹊跷，足足超出其他三大航空公司总和的5倍，而在此之前的8年里，海南航空一直保持高速增长的盈利水平。2005年证监会的调查结果解开疑惑，原因是"账务处理不当"。海南航空通过预提费用和调节以前年度坏账使得2003年增加4 143万元亏损，此外，海南航空还隐瞒了与集团公司的4.4亿元关联交易。这就意味着，海南航空以非典为借口，通过粉饰报表，将之前盈利中的水分一并挤出。这一通"洗大澡"的操作，不仅帮助海南航空获得海南省政府15亿元的注资，还让海航集团获得海南航空"输血"，成功摆脱因大规模并购重组而产生的财务危机。

海航集团被债权人申请破产重组的前夕，海航集团联合工作组组长顾刚写下一封内部信，他在信中无奈地感慨"即便没有这一次疫情，我们也很难再走下去了"，他痛心疾首地质问："想起过去那种野蛮生长挖下的要处理的一个个大坑，想起我们很多过去决策的粗糙，想起要研究一个个被别人利用商业条款灭失掉的资产，我就会充满愤怒和不满，这么好的一个集团怎么就走到了今天？"

　　海航集团是怎么走到这一步的？混乱的治理结构、盲目的扩张战略等都只是催化剂。20年前，证监会便做出警示——"海南航空与海航集团在人、财、物方面没有彻底分开"，但那时的陈峰，还在为自己高超的资本运作手段而沾沾自喜，对于"责令整改"不以为意，20年后，证监会的行政处罚决定书揭露的依旧是老问题。如今想来，海航集团内部沉疴积弊已深，疫情不过是一根导火索，危机的种子早在多年前就埋下，目无规矩，不知敬畏，最终只能走向分崩离析的结局。

　　海航集团经重整后的四大板块分属不同的新东家，落得个四分五裂的结局，令人唏嘘。但对海南航空而言，这未尝不是一桩幸事，让其卸下沉重的债务包袱，轻装启航。2022年9月30日，海南航空复牌并撤销其他风险警示，成功摘帽，走出退市危机，即将引入大股东超百亿注资，未来可期。

结　语

　　选取海南航空为研究对象，分析海航集团"掏空"行为，主要是因为海南航空是海航集团腾飞的起点，海航集团以海南航空的航空运输业务开启自己的扩张史，海南航空被掏空具有代表性，从中便可描绘出海航集团资产腾挪术的粗略缩影。

2022年9月，海航集团旗下另外两家上市公司海航基础设施投资集团股份有限公司和供销大集集团股份有限公司先后收到中国证监会《行政处罚决定书》，因未按规定披露非经营性关联交易和关联担保违反《证券法》相关规定，被给予警告，并分别被处以200万元和130万元罚款。调查结果显示，它们均存在严重关联方占款、资金拆借、年报未披露担保等问题，与海南航空如出一辙，海航集团属实是"一招鲜食遍天"！

天眼查数据显示，截至2020年2月联合工作组入驻，三层股权穿透后的海航集团旗下上市公司共有14家，含9家A股上市公司、3家港股上市公司。这些上市公司或多或少都曾沦为海航集团利益输送的"棋子"，实际最终损害的是中小股东和债权人的利益。

海航集团"掏空"事件的风险关键在于集团，管理学将企业集团（enterprises group）定义为公司通过一系列股权金字塔或交叉持股而形成的一种联合体，是现代企业的高级组织形式。集团通过内部交易和内部资本市场能有效降低运营成本和资本成本，但集团复杂的股权架构也有助于掩盖大股东的"掏空"行为。如何限制控股股东或实控人通过集团实施对中小投资者的利益侵占？监管层近年来一直在加固法治保障，提高证券违法成本，强化信息披露力度，从而规避"陈峰"这类不法分子钻法律空子。

综上分析，海航集团对上市公司的"掏空"行为主要可分为三点：肆意妄为的资金占用、频繁违规的关联担保、显失公允的关联交易。目前，与之相对应的监管执法和风险防控措施已经不断细化。

2022年1月，证监会、公安部、国资委和银保监会四部委联合发布《上市公司监管指引第8号——上市公司资金往来、对外担保的监管要求》，强化了上市公司资金往来、对外担保监管的要求，且此次指引新增公安机关作为发文机构，足以体现相关部门打击资金占用、违规担保等违法犯罪行为的力度。2022年5月，证监会、银保监会联合发布《关于规范上市公司与企业集团财务公司业务往来的通知》，提出控股股东及实际控制人应当保障其控制的财务公司和上市公司的独立性。海航集团以海航财务集中管理之名，行套取上市公司资金之实，其曾经的各项行为都精准踩到法律的红线。如今，这些监管漏洞都在逐一得到弥补。

陈峰在为海航集团做最后自救挣扎时曾感慨，"人就是欲望太大，我们要断掉人的某些欲望"。只可惜，他明白得太晚了。"种其因者，须食其果"这句他常挂在嘴边的话却最终预示了他的结局。

大事记

· 1989年，海南省人民政府与中国民航局共同出资1 000万元人民币，注册成立海南省航空公司，此为海南航空的前身。

· 1991年，民航总局为海南省航空公司颁发经营许可证，并批准海航引进4架波音737飞机。

· 1992年，海南省航空公司召开创立大会，改组为国内首家股份制民航公司，经董事会审议通过，陈峰任公司总裁，王健任公司常务副总裁。

· 1993年，海南省航空公司正式开航运营，首航北京。

· 1995年，由索罗斯控制的美国航空投资公司（American Aviation

LTD）以2 500万美元收购海南航空25%的股份，海南航空成为首家引入外资的航空公司。

· 1997年，海南省航空公司正式更名为"海南航空股份有限公司"，海航B股正式在上交所挂牌上市。

· 1999年，海航A股在上交所正式挂牌交易。

· 2000年，海南海航控股有限公司正式实体运作，次年更名为海航集团有限公司。

· 2001年，海航集团兼并山西航空、长安航空和中国新华航空。

· 2002年，海航集团旗下海南航空等四家航空公司合并运行，统一航班号HU代码。

· 2006年，新华航空参与海南航空定向增发成为控股股东，后更名为大新华航空。

· 2007年，海航集团宣布将大新华航空作为集团航空产业的核心企业并投入运营，计划将旗下海南航空等航空资源整合进大新华航空。

· 2008年，海航集团发行首只企业债"08海航债"，期限10年，规模13亿元。

· 2011年，海南航空成为中国内地首家SKYTRAX五星航空公司。

· 2012年，海航集团放弃以大新华航空作为平台整合资源，转向使用海南航空平台。

· 2015年，海航集团首登《财富》世界500强，以营业收入256.46亿美元位列第464位。

· 2017年，海航集团以530.35亿美元的营业收入登上世界500强榜单第170位，业务划分为航空、旅游、实业、资本、物流、科技六大板块。同年，海航集团被列入银行排查涉海外并购大型民企授信风险名单。

·2019年，"16海航02"债券未能兑付本息导致违约，成为海航集团首只违约债券，债券的信用评级为AAA，系最高的信用评级。

·2020年2月，海南省人民政府牵头成立"海南省海航集团联合工作组"入驻海航集团，全面协助、全力推进海航集团风险处置工作。

·2021年1月，海航集团及旗下包括海南航空在内的多家企业收到海南省高级人民法院发出的《通知书》，相关债权人因其不能清偿到期债务，申请破产重整。

·2021年12月，海航集团航空主业引战企业的经营管理实际控制权正式移交至战略投资者辽宁方大集团。

·2022年4月，海航集团等321家实质合并重整计划已执行完毕并获得法院裁定确认。至此，海航集团相关破产重整案4个重整计划全部执行完毕并获得法院裁定。

第七章 科迪乳业：大股东『掏空』与造假之路

颜文倩

揭开财务舞弊的面纱
探索企业如何走正道

从火遍全国的"科迪汤圆"到风靡市场的网红"小白奶";从被上千奶农讨"亿"债到面临破产重整;从曾经红极一时、风光无限的行业明星到如今的"陨落"神坛、遭人唾弃,科迪食品集团股份有限公司(简称"科迪集团")这个乳业巨头究竟经历了什么?

科迪集团的创始人张清海,草根出身,带领他的企业度过一次次危机,曾为数以千计的农户带来工作岗位。然而,在企业业绩不佳时,他又因拖欠奶农亿元奶款,让上千家农户食不果腹,引起奶农的怨愤与声讨。

"其兴也勃焉,其亡也忽焉。"从创业到上市,张清海和他的科迪集团用了30年;从上市到因财务造假被证监会查处,科迪集团仅用了4年。

赤子追梦:从创办罐头厂到多元化经营

科迪集团诞生于1985年。那个年代,正值中国改革开放初期,创业浪潮一浪高过一浪,TCL、海尔,一家家大集团在彼时成立。当时年仅16岁的张清海因为家庭贫困而辍学,他赶上这股东风,下海创业。直到30岁,张清海凭借东拼西凑的900元,创立了科迪集团的前身——虞城县清海罐头厂,做起了当时火爆的罐头生意。几年后,随着经济形势下滑,张清海面临产品积压、资金链断裂等问题,初创的罐头厂也濒临破产。那是段刻骨铭心的时光，据张清海回忆，当年银行对民营企业的支持非常有限，资金主要来源于自身发展和民间借贷，一旦出现问题，想要再融资是难上加难。

举债度日的张清海就这样被债主堵门，无法在家过年，只能跑到村后的黄河古道大堤里"潜伏"了数天。然而，当年的张清海是幸运的，一场危机击倒了数千家罐头厂，市场重新洗牌，而张清海的罐头厂"剩者为王"。张清海在1994年成功地将罐头厂的产值做到上亿元规模。此时，张清海想换一个更高大上、能让人眼前一亮的名字。经过多轮筛选后，张清海把公司名字定为"科迪"，意为"科学启迪未来"，1997年11月，公司更名为"河南省科迪食品集团股份有限公司"，后又更名为"科迪食品集团股份有限公司"。

1995年，趁着罐头厂形势正好，张清海瞄向刚刚兴起的以便捷又好吃著称的方便面行业，随后科迪集团上线了速冻食品生产线，主要生产速冻汤圆。"卖汤圆，卖汤圆，科迪的汤圆是圆又圆""科迪汤圆团团圆圆"，随着科迪集团在中央电视台投放的一则广告，科迪汤圆走进千家万户，科迪成为比三全、思念更早进入百姓视野的品牌。到了1998年，科迪集团生产的汤圆销量已暴增至3 300吨，1999年的销量更是破万吨。科迪集团上下红红火火，张清海也终于"熬出头"，成了远近闻名的企业家。

为进一步扩张业务，张清海又相继成立了不少分公司，涉及的行业从食品、超市、零售到矿泉水、大米、畜牧养殖等，连电子商务、机械设备等实业领域也没落下。2016年，为了开展便利店业务，科迪集团在河南、山东等地建了800多家便利店，2年内投入了5亿元。张清海在多元化经营上凸显出十足的野心。

冉冉升起的新星：科迪乳业成功上市，
　　　　　　　　　　　　资本运作不断

或许是1996年内蒙古伊利实业集团股份有限公司（简称"伊利"）的挂牌上市引发了张清海对乳制品行业的无限遐想，又或许是看到多元化业务为集团带来的好处，1998年，科迪集团的汤圆卖得正火热时，张清海又决定进军乳制品市场，科迪乳业（河南科迪乳业股份有限公司于2005年正式成立）从此诞生。

然而，科迪乳业的发展却是一波三折。在供应链方面，科迪乳业当年采用的是"先建奶源基地"策略，即统一建设养殖小区，掌控奶牛养殖基地与自控标准化奶牛养殖小区，从源头上保障乳制品的安全及可追溯。不过，该模式属于重资产模式，需要持续不断地投入，这使得科迪乳业的发展出现"巨投十年、巨亏十年"的局面。张清海的逻辑有点像"高筑墙，广积粮，缓称王"，他想从源头上自控奶源品质。然而，与其他乳企短平快的策略相比，科迪乳业的做法显然需要巨额投入。

2004年底，科迪乳业获得长期合作伙伴中国农业银行合计3亿元的贷款。2005年，长城资产出手从中国农业银行手里接管了这3个亿贷款。2003—2006年，巨额投资奶牛养殖基地建设让科迪乳业陷入困境。

就在这时，三聚氰胺事件给科迪乳业带来了转机，也让张清海迎来了创业生涯的第二春。2008年，三聚氰胺事件爆发，冲击国内乳业市场，乳企几乎全部中招，有着自家奶源基地的科迪是为数不多的

第七章 科迪乳业：大股东"掏空"与造假之路

"幸存者"。在这场乳业寒冬中，无数品牌应声倒下，科迪乳业却悄然崛起。科迪乳业自建奶源基地的生产策略受到消费者的热烈追捧。消费者们愿意相信，一个河南纯朴农民创办的企业、自己花大价钱投产的奶源基地，能够生产出最安全的牛奶。2008年，科迪乳业收入翻番；2009年，科迪乳业收入翻倍，利润增长300%，张清海召开年度表彰大会，发放了百万元的奖品；2015年，张清海在深交所敲响了钟声，科迪乳业成功上市。

正如张清海对于"有前途企业"的判断标准，科迪乳业一上市便开启了其资本运作活动。2015年12月，刚上市的科迪乳业便宣布以1.76亿元现金收购全国乳品前30强洛阳巨尔乳业有限公司（简称"巨尔乳业"）100%的股份。次年，科迪乳业又打算非公开发行股票，拟募资6.94亿元，用于低温乳品改造及冷链物流等建设。几番操作下来，科迪乳业确实提高了资本市场对它的预期，市场普遍认为，其收购巨尔乳业使公司扩大了势力范围，避开了蒙牛、伊利，实现了从农村到城市的跨越。

2017年，一款被消费者称为"小白奶"的纯牛奶产品风靡各大社交平台。与以往的牛奶包装不同，这款纯牛奶包装清新独特，透明塑料包装中的乳白色牛奶，宛如奶界一股清流，使人眼前一亮。这是由科迪乳业在2016年下半年推出的新包装概念牛奶产品。"小白奶"1包有180mL，一箱16包，保质期只有28天，需要低温冷藏，其鼎盛之时号称"1天能卖1万箱"。"小白奶"一经推出，便迅速风靡市场，还成功带动乳业市场刮起一阵"小白奶"的风潮，引得行业内蒙牛、伊利、新希望等各大品牌纷纷效仿。科迪乳业董事长张清海表示，2017年全年，"小白奶"产品的平均日产销量达400余吨，是当之无愧的明星产品。

爆红的"小白奶",让科迪乳业从一家区域乳企成长为一颗耀眼的乳业新星。据报道,2015年,科迪乳业在深交所上市,在"小白奶"等网红产品的加持下,其2015年、2016年和2017年年报披露分别实现营业收入6.83亿元、8.05亿元和12.39亿元,年复合增长率达34.67%,一时间,科迪乳业的股票成了乳业市场的"明星股",科迪乳业成了乳品行业的巨头。2017年,科迪乳业业绩大涨,根据其发布的2017年年度报告,2017年营业收入较2016年增长53.92%,净利润增长41.56%,除河南、山东、江苏、安徽等区域外的营收更是暴增678.95%。此外,科迪集团2017年的官网信息显示:"科迪乳业的综合实力位居河南省第一位,良种奶牛繁育及奶牛现代化养殖规模居全国前列。"

不可否认,科迪"小白奶"的成功是有目共睹的,它对市场的发展也起到重要的推动作用。在高端液奶竞争陷入白热化和原奶产能过剩的时期,"小白奶"迅速收获了许多消费者的喜爱。然而,客观来讲,"小白奶"的研发门槛并不高,它的短暂成功很大程度上得益于其透明包装带来的好处,一是相较于市场上通用的利乐包装,透明的塑料包装的成本更低;二是透明包装能够让消费者直观地看到牛奶的品质,给人纯净、新鲜的感觉。换句话说,小白奶是靠"颜值"走红的,产品本身并没有很高的技术壁垒,在新瓶装老酒的方式下,人们的新鲜感一过,网红效应便会迅速回落。[①]

在某种角度上,这场"爆红"也为科迪乳业日后的衰落埋下了隐患。

---

① 纳食."中部奶业航母"梦碎!曾经的行业明星深陷危机,这个锅谁来背?[EB/OL].(2022-05-29),https://www.foodtalks.cn/news/29027。

正所谓"祸兮福之所倚，福兮祸之所伏"，突然爆红未必是好事。

盛名之下，危机四伏：科迪乳业欠薪欠债，陷流动性"迷局"

在"小白奶"因爆红而赚得盆满钵满的同时，科迪乳业的危机却开始了。

2018年，科迪乳业的母公司科迪集团的重重危机开始集中爆发。当时，有关科迪集团欠薪的消息频频传出，涉及科迪集团以及河南科迪速冻食品有限公司（简称"科迪速冻"）、科迪乳业和科迪天然深泉水业有限公司（简称"科迪水业"）等多家子公司，甚至曾有40位讨薪员工手举身份证录制视频，叙述自己的经历。

而给科迪乳业造成致命一击的则是2019年的奶农事件。据《新京报》2019年8月报道，其获得的一份《奶农求救书》显示，自2017年12月起，科迪乳业陆续拖欠奶款，涉及河南、山东、山西、天津、河北、江苏、安徽等全国各地的上千户奶农，金额总计约1.4亿元。奶农代表曾多次向公司讨要欠款，但均遭推诿。根据科迪乳业财报，其2017年、2018年的货币资金分别为9.49亿元、16.72亿元，手握重金还出现拖欠奶农货款、拖欠员工薪资的情况，令外界迷惑不已，越来越多新闻媒体开始质疑科迪乳业的流动性"迷局"。似乎一切都指向了科迪乳业的资金危机。彼时，科迪乳业曾向外界宣称手中还握有17亿元现金，却还不起奶农的1.4亿元货款，这正是业界质疑科迪乳业资金紧张的主要原因。

同月，张清海放出消息称，商丘市政府决定给科迪乳业20亿元救急。本以为在政府的救助下，科迪乳业会成功渡劫，但没想到其仅支付了首笔奶款，其他拖欠的款项没有了下文。

随后在短短1年内，科迪乳业多次收到证监会的监管函，要求就拖欠奶农款项、货币资金是否受限、员工讨薪等事项进行核查。最终，科迪乳业在2019年8月收到证监会的立案调查通知书。在相关部门调查后，最终纸包不住火，在"小白奶"大杀四方的黄金时期，科迪乳业虚增收入8亿元，接近九成利润都是凭空而来的，也就是通过财务造假给出的虚假数据。

精心粉饰的"谎言"：科迪乳业财务造假，虚增业绩

证监会调查历经两年时间。2021年9月16日，中国证监会河南监管局向科迪乳业下发《行政处罚及市场禁入决定书》，宣告调查结束。事情也真相大白、水落石出。

根据决定书，经证监会查明，科迪乳业违法的事实包括在2016—2018年三年间虚增收入与利润，且这三年的年报存在重大遗漏，同时，科迪乳业在2016—2019年未按规定履行有关临时信披义务。具体来看，2016—2018年这三年中，科迪乳业虚增收入的金额分别为3.36亿元、2.10亿元、2.97亿元，虚增的利润总额分别为1.18亿元、0.69亿元、1.13亿元（表7-1），三年虚增的营业收入、利润总额达到同期累计值的33.4%、86.96%，可谓放肆造假。

表7-1 2016—2018年科迪乳业虚构业绩情况

单位：万元

年份	营业收入			利润总额			税前利润率	
	报表营业收入	虚增营业收入	虚增比例	报表利润总额	虚增利润总额	虚增比例	报表税前利润率	实际税前利润率
2016年	80 475.86	33 619.77	41.78%	12 033.70	11 843.35	98.42%	14.95%	0.41%
2017年	123 870.77	21 010.96	16.96%	15 305.57	6 864.13	44.85%	12.36%	8.21%
2018年	128 503.88	29 713.74	23.12%	16 151.51	11 275.39	69.81%	12.57%	4.94%

资料来源：证监局公告、科迪乳业年度报告。

信息披露方面，2016—2019年，在未经决策审批程序或授权的情况下，科迪乳业向控股股东科迪集团及其关联方分别提供资金7.85亿元、24.83亿元、34.06亿元、67.67亿元。其中，前三年资金得以转回，但2019年仅转回47.92亿元，剩余19.75亿元未转回。这便解释了为何科迪乳业在2018—2019年手握超10亿元现金，仍然发生拖欠奶农货款的事件。除了提供资金之外，科迪乳业还在2017—2019年向科迪集团等分别提供8笔担保、1笔担保、2笔担保，担保金额分别为3.88亿元、0.2亿元、0.45亿元。可见，科迪乳业已经成为张清海等控股股东的"提款机"，少数股东的利益遭受严重侵害。

那么，科迪乳业到底是如何进行财务造假的呢？让我们一探究竟。

证监会的调查结果显示，科迪乳业在2016年、2017年、2018年的年报中分别虚增收入3.36亿元、2.10亿元、2.97亿元（图7-1），分别虚增利润总额1.18亿元、0.69亿元、1.13亿元（图7-2）。证监会的调查结果并未详细公布科迪乳业虚增业绩的会计处理手段，因此我们可以根据科迪乳业2016—2018年的财报来窥探其造假手段。

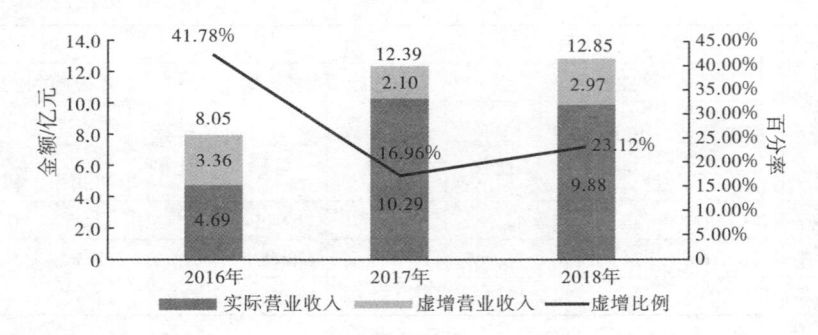

图7-1 2016—2018年科迪乳业虚构营业收入情况

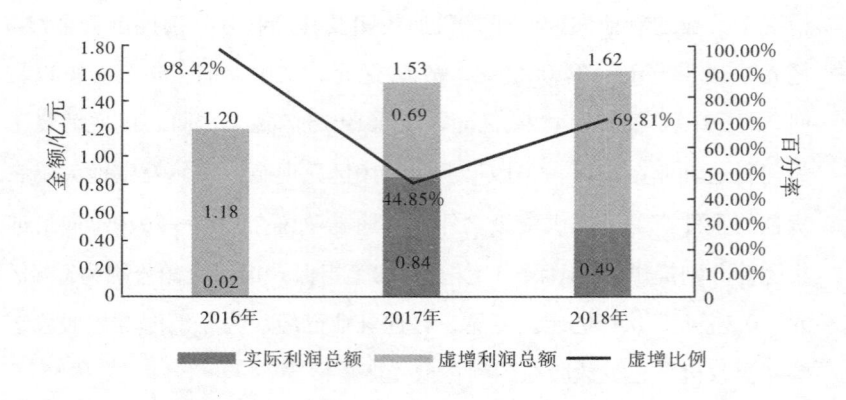

图7-2 2016—2018年科迪乳业虚构利润总额情况

收入造假的手段通常分为将"不是"收入的确认为收入和将"不该"确认为收入的确认为收入两种。将不是收入的确认为收入即虚构收入，比如虚构交易对象，这种造假是因为没有实质的现金流入，需要在资产端（如应收账款）暂存，最终通过摊销或计提减值消化；将不该确认为收入的确认为收入,通常是跨期确认收入,即将本属于其他期间的收入确认为当期收入,这种造假随着时间的流逝,交易会自动平衡,不会在资产负债表中留存。

1. 应收账款周转率呈上升趋势,并非直接挂账应收

首先分析第一种手段,即通过虚构交易对手,虚增收入。由于没有实质性的现金流入,这种手段导致应收账款长期挂账。但我们通过分析科迪乳业2016—2018年公布的原始财务报表,可以看出科迪乳业2016年的应收账款确实大幅增长,相较于2015年增长58.70%(图7-3),高于营业收入17.86%的增长率(原始公告报表,非实际收入),应收账款周转率也降低至13.43次。但从2017年开始,科迪乳业的应收账款逐年降低,加之2017年营业收入大幅增长,故2017年、2018年科迪乳业的应收账款周转率逐年上升,到2018年达到42次。因此,我们可以认为,科迪乳业的造假并没有采用最浅薄的方式,即虚构交易对手,将收入长期挂为应收账款。

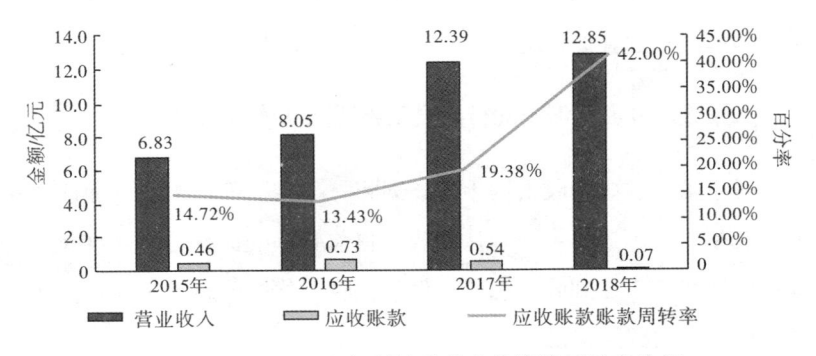

图7-3 2015—2018年科迪乳业应收账款周转率分析

2. 长期资产未显著增加，可藏匿的收入规模有限

处理虚构收入的另一种方法是将其藏匿在长期资产中。通过分析科迪乳业2016—2018年的长期资产我们发现，虽然其总体趋势不断增长，但是增长幅度并不大，其中，2016年增长1.36亿元，2017年增长2.83亿元（图7-4）。

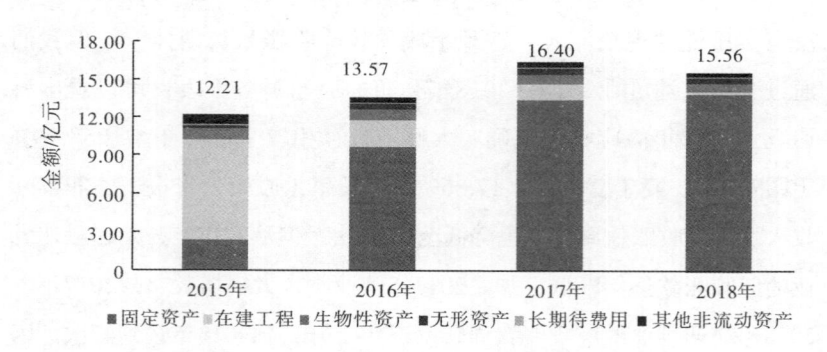

图7-4 2015—2018年科迪乳业长期资产变化

因此，虽然科迪乳业可能将部分虚增收入藏匿于长期资产中，但长期资产的增加量并不足以完全覆盖2016—2018年的虚增收入的规模，为此，科迪乳业还配合了其他方式对虚构业绩进行掩盖。

3. 预收账款占比低于同行，显示跨期确认收入的可能

对于第二种虚构收入的手段，即将"不该"确认的收入确认为收入，包括将"不该"当期确认的收入提前确认，也就是跨期收入。这通常涉及将仍未达到收入确认条件的预收账款提前确认为收入，此举导致预收账款比例偏低。

通过分析我们发现，除2018年预收账款占比较高外，科迪乳业其他年度的预收账款占比均较低，且较大比例地低于同行业的上市公司伊利（图7-5）。结合科迪乳业在销售模式上采用的"一县一商"的经销商模式，即科迪乳业在每个县级区域只选取一家经销商，理论上来说，科迪乳业对经销商应该拥有较大的议价能力。

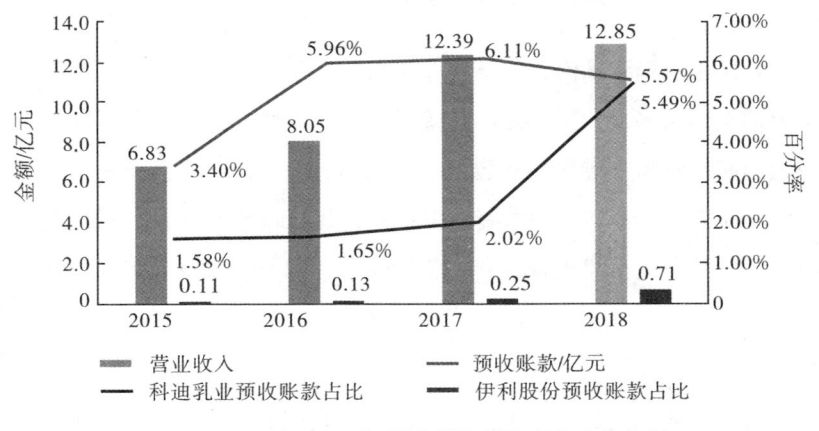

图7-5　2015—2018年科迪乳业预收账款占比分析

基于此，我们认为，科迪乳业有较大可能提前确认了一部分销售收入，透支了未来的业绩。

此外，2016年推出的透明包装"小白奶"成为网红产品后，科迪乳业对经销商的谈判筹码理应进一步增强，且利用其竞争地位"压榨"经销商，实现供应链融资将会是一个最优选项。而此时，科迪乳业的预收账款比例仍然过低，这显得不正常。

至此，我们已经弄清楚了科迪乳业造假的手段，但我们不免疑惑，作为行业巨头的科迪乳业为何要冒着危险造假呢？证监会调查结果表明，科迪乳业的资金流向了科迪集团，那么，科迪集团的资金最终又流向了何方呢？这不得不再次提起科迪集团"盲目"的多元化战略。

资本的傀儡：集团盲目多元化，科迪乳业遭吸血

1.盲目扩张，便利店业务最终压垮科迪

农民出身的张清海，自从将其罐头厂发展为汤圆品牌后，就开启了科迪集团的多元化扩张之路。除了科迪乳业所处的乳制品行业外，科迪集团经营的主导产品还包括速冻食品、面制品、天然饮用水、黑龙江优质大米、非转基因大豆油等系列，共2 000多个品种。通过查询科迪集团的工商信息发现，科迪集团还于2014年11月成立了黑龙江科迪大磨坊食品有限公司，经营范围包括稻谷、大米、大豆油、速冻食品的生产、销售等，注册资本为10亿元。

当然，张清海的野心绝不仅限于经营食品。自2016年开始，科迪集团就在河南布局便利店业务。2018年，科迪集团已发展便利店1 000家，主要分布在河南、山东等地。张清海还曾公开表示，科迪集团计划从2019年开始用3年时间在全国建设科迪社区便利店或加盟店1万家。然而，便利店作为重资产行业，若不能与公司现有业务形成协同效应，或者公司的运营管理能力不能适应零售行业的特点，贸然进入该领域是极为冒险的。

果然，便利店业务成了压垮科迪集团的最后一根稻草。2018年，科迪集团一名区域经理在接受《新京报》采访时透露，科迪速冻每年盈利基本正常，但科迪便利店在两年内亏损逾5亿元。巨亏的便利店

业务将原本经营情况不怎么好的部分食品业务也拉入泥淖之中，使得科迪集团不得不将科迪乳业作为"提款机"，以弥补其他业务的亏损。

2.财务费用激增，销售费用锐减

在科迪集团激进的多元化扩张策略下，作为集团唯一的上市公司，科迪乳业自然成了集团的"现金奶牛"。2018—2020年，科迪乳业的短期借款分别为11.91亿元、13.24亿元、13.23亿元，总体呈增加态势，这也让其财务费用高企，同期的利息费用分别为0.56亿元、0.84亿元、1.20亿元，严重侵蚀科迪乳业的利润。

与财务费用高企形成鲜明对比的是，科迪乳业同期的销售费用持续缩水，分别为0.74亿元、0.55亿元、0.17亿元，销售费用率为5.76%、9.72%、3.57%。从同行业上市公司对比来看，伊利的同期销售费用率分别为24.86%、23.35%、22.23%，远高于科迪乳业。

作为快消行业的乳制品企业，想抢占市场、占领消费者心智，必要的销售费用支出是必不可少的。但科迪乳业因受大股东侵占资金、实际销售业绩疲软等因素的拖累，其营销支出也不得不下降，公司因此也进一步丧失了长期发展的能力。

3.高额业绩承诺支撑300%并购溢价，导致商誉减值

2015年12月，科迪乳业拟以1.76亿元的现金对价收购巨尔乳业100%的股份，这次收购是以341.96%的高溢价并购，这让科迪乳业在2016年形成1.18亿元的商誉。但在收购时，巨尔乳业做出了2016—2018年分别实现利润1 200万元、1 400万元、1 728万元的惊人业绩承诺。需要指出的是，科迪乳业2013—2015年实现的净利润分别为354.21万元、433.38万元、415.11万元，三年累计恰好超过1 200万元。

因此，我们不得不质疑科迪乳业要求巨尔乳业做出这般惊人的业绩承诺是否合理，收购巨尔乳业时支付的高达341.96%的收购溢价是否具备合理性，是否存在刻意提高对赌业绩以支撑高收购溢价的嫌疑。

不出所料，2016—2018年，巨尔乳业不仅未能完成业绩对赌，反而连续三年亏损，净利润均为负数。这导致科迪乳业2016—2019年连续四年不断计提商誉减值，直至全部计提完毕。

17亿元资金不翼而飞，大股东掏空公司：掌舵人的家族化治理

对科迪乳业来说，2019年是"至暗年"。2019年7月初，在刚刚完成分红2 000万元且账上还有17亿元货币资金的情况下，科迪乳业却陆续被爆出拖欠奶农货款、拖欠员工工资和差旅费等新闻。为此，交易所也下发了问询函，询问"公司在账面货币资金充裕的情况下，未能偿还奶农货款的原因；财务报表日后，公司货币资金是否存在被控股股东或其关联人挪用的情形……"科迪乳业对交易所的问询予以一定的回复，并表示"正在接受监管机构调查，该问题以调查结果为准，调查结果将及时公告"。

科迪乳业不仅有"存贷双高"的异常财务状况，还多次被传出现资金危机，而上市公司的17亿元货币资金不翼而飞恰恰证明这种传言的真实性。

事实上，科迪乳业的财务数据早显异常征兆。

2017年科迪乳业的业绩突然爆发，实现营收12.39亿元，同比增长53.9%；归母净利润1.27亿元，同比增长41.56%。但好景不长，2018年，科迪乳业的营收、净利润双双失速，营收增速下滑至3.74%，净利润增速下滑至1.92%。紧接着，科迪乳业在2019年下半年突然连环爆雷，公司员工、奶农上门讨债的视频在网上不断流出；公司第三季度的营业收入大幅下挫70.90%，归母净利润为－4 679.8万元，同比下滑208.11%；有两名独立董事对半年报和三季度报出具了"不保真"意见。

更让人疑惑的是，在科迪乳业2018年经营业绩变脸时，其货币资金却显著增加。据财报，2018年末的货币资金达16.72亿元，增长76%，根据公司2018年年报，其货币资金大幅增长除了主要来自经营资金增加以外，银行借款的增多也是重要的原因。如果去除2.57亿元的借款，公司货币资金还有约14亿元，并不算少，即使是业绩增长最好的2017年，货币资金总额也仅为9.5亿元，而2018年业绩规模跟2017年差不多，按理说，14亿元是足以满足日常经营需要的。然而，上市公司在这一情况下还需借款"增肥"货币资金，说明公司当时的货币资金可能并没有如账面上所显示那么多，公司已经出现了缺钱征兆。

事实上，之后科迪乳业的货币资金也确实出现问题，在爆雷事件之后，管理层最终承认，这笔近17亿元的货币资金并不在上市公司手中。截至2019年前三季度财报，科迪乳业的货币资金大量"蒸发"，仅剩2720.3万元，而其他应收款突然猛增19.65亿元，如此变化意味着货币资金或许早已被挪用，而这可能与公司的掌舵者——张海清有着某种不可分割的联系。

公开资料显示，科迪集团为科迪乳业第一大股东，持股数为4.846亿股，占总股本的44.27%。而科迪集团的大股东为董事长兼总经理张清海家族，持股比例高达92%。

张清海才是真正缺钱的。科迪乳业的钱去哪儿了，或许张海清心里跟明镜儿似的。事情都是有迹可循的，科迪速冻的"没落"、科迪乳业的上市、"10 000家便利店"的豪言壮语都是线索，我们可以在蛛丝马迹中发现端倪，顺藤摸瓜，找出真相。

"科迪'吃'了10年方便面（的效益），后来差不多也'吃'了10年速冻（的效益），它要靠着方便面、速冻的发展，把乳业支撑起来。"张清海如是说。

2018年5月，科迪乳业公布收购预案，意图向科迪集团、张清海、许秀云等主体支付15亿元收购科迪速冻，科迪速冻的大股东正是科迪集团。这场高溢价收购，正是张清海主导的一场左手倒右手的利益输送游戏。

2018年12月举办的科迪乳业2018年全国经销商表彰先进（答谢）大会上，张清海介绍，科迪集团计划从2019年开始，用3年时间在全国建设科迪社区便利店或加盟店10 000家，从根本上解决整个科迪集团的发展瓶颈问题，即渠道和终端问题。这看似斗志昂扬，实则不堪一击。

这也能够很好地解释为什么科迪集团急着挪用这么一大笔钱。这与科迪集团跨界扩张、急于"多面开花"有很大关系。自2016年开始，科迪集团就忙着在河南、山东等地开便利店，除此之外，它还做起了科迪天然深泉水，斥巨资在黑龙江搞了一个100万吨大豆深加工项目。这些项目看上去谁都不挨谁，且很多都需要长期投入才能产生回报，这一折腾，科迪集团难免资金不够用。

除此之外，科迪集团旗下的另一核心资产科迪速冻也面临危机。早期科迪速冻曾充当"血包"的角色，支撑了整个科迪集团，但给别人输血的同时，科迪速冻并没有及时"补血"。科迪集团常年想搞跨界，原本应该集中在速冻产业的资源被分散。与此同时，三全等竞争对手愈发强势。时过境迁，相比三全、思念等企业的迅速崛起，科迪速冻却频频掉队，逐渐衰落，辉煌难续。彼时，科迪速冻已大面积停产，这使科迪集团遭受重创。

在这样的情况下，科迪乳业难免要被当作"现金奶牛"，不仅大股东持有的股份接近100%被质押来换取资金，账上的钱还要被挪用。2018年5月，科迪集团曾想让科迪乳业以高溢价收购科迪速冻，不过该交易因质疑声太多而作罢，在2019年爆发拖欠奶农货款事件后终止。

"科迪乳业此前疑似第一大股东利益输送的收购，以及目前自查出的大股东占用公司资金，都说明其大股东对于上市公司监管缺乏敬畏、上市公司的治理机制瘫痪，透明度差、内控缺失，大股东肆意滥用其控制地位损害其他股东权益。""科迪乳业上市以后，这些年资金挪作他用，并没有集中起来做渠道和品牌建设，没有真正搞科研做产品升级。"这些业内知情人士的言论也从侧面反映了科迪集团的管理模式存在很大的问题，内控机制存在重大缺陷。这是业界有目共睹的。

掌舵人的家族式发展理念也是造成科迪乳业陷入困境的一个重要原因。科迪乳业在未经过决策审批程序或授权的情况下，长期向科迪集团及关联方提供资金、对外担保，未及时披露信息等，说明科迪乳业的内控机制存在重大缺陷，公司财产成为大股东的"囊中之物"。

根据2019年年报，亚太（集团）会计师事务所（特殊普通合伙）为科迪乳业出具了保留意见的审计报告，对公司2019年度内部控制自我评价报告出具了内部控制鉴证报告，该报告鉴证了科迪乳业在内部控制方面存在的重大缺陷。

2022年4月1日，证监会官网公布了2021年证监稽查20起典型案例，涉及信息披露违法违规、股价操纵、内幕交易、中介未勤勉尽责等案件类型。科迪乳业因公司股东侵害公司利益而名列其中，属于信息披露违法违规案。这是一起上市公司控股股东侵占公司利益的典型案件。

归根到底，这反映了科迪集团存在诸多管理问题，张清海信奉家族式发展理念，基本上事必躬亲，不授权也不信任职业经理人，没有成熟的现代化管理体系和人才队伍，这些显然不利于企业长期健康发展。

华人家族企业受儒家文化的影响，形成了以家为核心的基本理念。家族文化中的"差序格局"，使得人们很难对家族外的人产生高度信任。这一文化现象反映在家族企业中，就是家族企业往往采取"内外有别"的待人和用人法则[1]。研究表明，家族企业实行"家族化治理"至少有以下几个方面的局限性：第一，家族化治理所具有的独断性、管理的随意性以及私营企业主的能力局限性往往容易导致决策失误；第二，家族网络的封闭性具有成本劣势，尽管民营企业的"忠诚"与"信任"具有节约交易成本的经济价值，但封闭的家族网

---

[1] 素材来自知乎用户Stephen叶关于"分析家族企业的弊端和优势，以及发展会遇到的阻碍"的回答。

络也使得企业决策具有一定的代价和机会成本；第三，也是非常重要的一点，家族化治理的排外性损害治理效率，家族的强势地位容易侵占中小股东的应得利益，出现公司财产权利的变相转移，影响外部股东的投资意愿，由于家族式企业的资产主要由家族投入，因而家族在企业的控制中处于强势地位，造成企业权力结构的封闭性，权力分配向家族网络倾斜，不利于企业成长壮大和技术创新的发展，因此极有可能导致企业成长受限。科迪乳业就是一个鲜明的例子，它活生生地成了大股东的囊中之物，受人摆布，只能被科迪集团不断"吸血"，直至抽空殆尽。

激进扩张，草根终败北

"我是农民，员工大部分都是农民，我们就是要围绕着农民、农业做事。"2010年，张清海在接受《经济观察报》记者采访时曾说过这样一句话。农民身份，是他身上难以磨灭的底色。

农民身份给张清海带来了什么？带来了锲而不舍的恒心，带来了真诚朴实的做事风格；也带来了激进的企业发展方略，带来了家族式的治理结构，带来了小农环境下"宁教我负天下人，休教天下人负我"的自私心理。

随着科迪乳业的上市，科迪集团马不停蹄地开疆拓土。激进的扩张给科迪集团带来高额的负债，为后来科迪乳业的财务造假埋下了伏笔。2016年，科迪乳业收购了巨尔乳业，希望在乳制品行业进一步扩张。然而，在收购后的三年，科迪乳业的乳制品销量并没有较大的变化，三年的复合增长率仅为1%。在乳业收购高歌猛进的同时，科迪集团还在不断跨界扩张。饮用水、农业、便利店……科迪集团用行动践行着它理想中最为美好的多元化战略。然而，2014年刚成立的全资子公司黑龙江科迪大磨坊食品有限公司，在2016年就因农业种植项目"有投入、没回报"等原因被注销。

相比全国大型的乳制品企业和速冻品企业，如伊利、思念等，渠道成为科迪乳业发展的一大掣肘。于是，张清海下定决心自己搞渠道，从2016年开始进军便利店，实行科迪集团的前向一体化。2018年，张清海向媒体表示，科迪集团已经建设了1 000家便利店，并在三年内增加到10 000家，彻底解决乳制品和速冻品的渠道问题。然而，首次从加工企业转为零售企业的科迪集团，却缺乏经营便利店的经验，科迪便利店连年亏损，员工与公司发生利益纠纷的消息不时传出。

面临科迪乳业和科迪速冻的业绩压力，张清海迫切想要打开便利店渠道。他想到了"波士顿矩阵"解法。乳制品、速冻品销售业务虽然利润不高，但起码有稳定的现金流和良好的信用。借此机会，科迪乳业一方面通过虚构营收和利润来保持收入利润双高，骗取银行对公司的信任；另一方面，其将虚假的稳定的现金流作为担保以获取银行贷款，并向科迪便利店转移资金。如此一来，便利店业务的发展指日可待。

可是，代价是什么呢？或许在张清海看来，他这样做，即使东窗事发，也就被罚款几十万元而已。相比他抚养了几十年的"亲儿子"科迪集团的生死而言，这个代价实在是太小了。

计划如期开展。为了解决便利店的燃眉之急，科迪乳业、科迪速冻的工厂均处于半停产状态，工人、奶农的工资能拖就拖。与此同时，科迪乳业还虚构了25%的营收和87%的利润来骗取银行的贷款。这些资金都源源不断地向科迪便利店输送。此时的张清海或许还在想着，一旦便利店业务搞好，渠道打通，乳制品和速冻品畅销无阻，科迪集团就能财源滚滚，前期拖欠的工资都能还上，这些虚构的数目终究会被时间冲淡。

但张清海还是没有等到便利店盈利的那一天，他等到的是奶农的联合声讨和证监会的调查。自2019年7月起，有关科迪乳业员工、奶农上门讨债的视频在网上不断流出。画面中，有员工站在科迪乳业常温奶厂的门口拉起横幅，写着"企业拖欠工资可耻"；还有奶农因被长期拖欠奶款爬上25米高奶罐"催债"。《新京报》记者披露了《奶农求救书》，求救书中说，科迪乳业自2017年12月起陆续拖欠奶款，涉及奶农上千户，合计金额约1.4亿元。随后，科迪集团员工欠薪的新闻也被爆出。据《新京报》报道，2018年9月—2019年8月，先后有19名员工以劳动纠纷为由将科迪乳业告上法庭，索要被拖欠的工资和社保等，其中，13起案件共涉及金额超过101万元。记者随后调查了科迪速冻和科迪乳业，发现两家公司的厂家均处于停产状态。而科迪乳业"存贷双高"的财务报表，则更让人心生疑虑。随后，证监会回应舆情，向科迪乳业发布了问询函，并立案调查。2021年，科迪乳业财务造假的情况被证监会通报，张清海等人受到处罚。

尘埃落定，悲剧上演：科迪乳业被顶格处罚

2021年9月16日，中国证监会河南监管局向科迪乳业下发《行政处罚及市场禁入决定书》，对科迪乳业及相关责任人予以"顶格"

处罚，责令科迪乳业改正、给予警告并处60万元罚款。针对张清海是科迪乳业2016年至2018年年报存在的虚假记载、重大遗漏，向科迪集团及其关联方提供资金、提供担保直接负责的主管人员这一情况，证监会给予其警告，处以90万元罚款，同时对其采取10年证券市场禁入措施。

物是人非事事休，欲语泪先流。不知彼时的张清海是否会想起11年前，他"梳着一丝不苟的背梳发型、无框眼镜、舒适而随意的羊毛衫"接受《经济视点报》记者采访时的模样。那时的他，正从一位农民"咸鱼翻身"，成为一位受人敬仰、意气风发的企业家，并在2015年，让科迪集团的子公司科迪乳业成功上市，迎来了他职业生涯的巅峰。

而在2021年受到处罚后，张清海仍不甘心，决定再搏一搏，保住科迪乳业上市公司的地位。科迪集团随即启动破产重整计划。根据公告披露，重整投资人商丘市发展投资集团有限公司计划出资收购科迪乳业不良金融债权，之后代控股股东科迪集团通过以债抵债的方式清偿对科迪乳业的占用款项，并解决违规担保问题；同时，利用约1.28亿股股票及重整投资人另行投入的现金，对科迪集团及9家关联公司的全部债权在重整程序中进行清偿。

然而，科迪集团的"垂死挣扎"并未奏效，2022年5月25日，深交所决定终止科迪乳业股票上市，退市整理期为15个交易日。2022年6月，科迪乳业被摘牌。

重整、扭亏都未能让科迪乳业摆脱退市的命运，张清海"中部奶业航母"之梦最终折戟资本市场。虚假的繁华终究不堪一击，科迪乳业的命运，如梦幻泡影，如露亦如电，辉煌稍纵即逝，堪称一部悲情覆灭史。

第七章 科迪乳业：大股东"掏空"与造假之路

一手好牌打烂，企业家盲目多元化之殇

回顾科迪集团的发展，1985年农民出身的张清海选择了"下海"，用东拼西凑的900元创办了虞城县清海罐头厂。随着时间的推移，单一的罐头厂转变为集速冻、面业、乳业、生物等多种业务于一体的多元化食品企业集团。2016年，处于鼎盛时期的科迪乳业几乎比肩蒙牛与伊利，却走入退市困境，不得不令人感到唏嘘。

事实上，科迪乳业之所以虚增业绩，维持股价，从而继续向集团违规提供资金与担保，也是因为科迪集团的盲目多元化策略遇挫，急需大量资金填补缺口。然而，科迪集团所需的资金是无底洞，拖累了经营情况原本就不算好的其他业务，使科迪集团以破产重整为结局。

适当的多元化有助于企业分散风险、提升利润，过度的多元化则导致企业精力分散、加大管理难度；还会导致企业经营费用不断增加，容易陷入资金链断裂的风险。

倘若科迪集团的多元化都限定于乳业、速冻等食品行业，或许科迪乳业的命运还能够转变，但张清海偏偏还要开拓诸如天然饮用水、连锁便利店，甚至电子商务等领域。最终，便利店业务也成了压倒科迪集团的最后一根稻草。

科迪乳业财务造假的案例也反映了一代农民出身创业者的共性：他们有十年如一日的恒心，有能吃苦和敢于冒险的经营风格，但少有控制风险、构筑护城河的意识，同时还容易钻牛角尖，最终葬送了企业的大好前程。科迪乳业的财务造假开始于上市第二年，从那个节点回顾，我们似乎可以窥见其不至于沦为悲剧的方式。

第一，扩张应谨慎，企业要谨慎实施扩张战略。在上市之后，科迪乳业立马收购了巨尔乳业，扩大了奶制品生产规模，也尝试开发饮用水、农产品等业务。多元的投资使得科迪的固定资产支出比例非常高。2015年，科迪乳业的固定资产为2.5亿元，在建工程为7.8亿元。相比之下，该报告期的营收仅6.83亿元，净利润不到1亿元。大规模的投资使科迪乳业面临巨大的偿债压力。在营收、利润均未增高的情况下，科迪乳业不得不虚构利润和收入，掩盖杠杆失衡的真相。

第二，壁垒要深，构造企业的核心竞争力。科迪乳业也曾有过高光时刻。2017年，科迪乳业凭借一款透明包装的"小白奶"成功将自己的产品推出河南，走向全国。然而，"小白奶"一经火爆，蒙牛、伊利等大型企业很快跟风，推出了自己的"小白奶"，科迪的销量立马急转直下。显然，仅是产品外观的创新，并不能给公司带来质变。科迪乳业最大的问题在于没有拳头产品，十几年的发展中没有真正值得关注的地方，一直不温不火，收入没有起色。不管供给还是需求，科迪乳业的产品、渠道、生产都称不上优秀。

第三，执法应严，国家应当加大对财务造假的处罚力度。对于张清海而言，犯罪成本只是其个人退出股市，罚款90万元，这相对于他亏欠上千奶农、员工数以亿计的工资与报酬而言，实在是太少了。再加上科迪集团是一个家族企业，董事长、总经理容易将个人的利益置于员工、社会之上。在一些人眼中，在个人的收益远高于风险之时，低成本的财务造假是他们认为最好的选择。对于财务造假的行为，国家应当加大处罚力度，防止道德风险。而2020年3月1日开始实施的新修订的《证券法》，也加大了对证券违法行为的行政处罚力度，例如，将虚假发行的罚款幅度提升到了200万元以上2 000万元以下或以非法所募资金金额的10%以上、一倍以下，这为更有效地查处证券违法案件提供了制度保障。

第四，模式要改，应采取由家族成员和职业经理人共同参与的"互信共治"模式，推进家族企业产权与家族文化观念变革，确定家族企业由家族化治理向共同治理演变的方向。家族企业的发展方向可采取"控制权家族化、经营层社会化、股权逐步公众化"的模式，通过经理层持股、员工持股计划等方式确立股权激励计划，获得可持续发展。家族企业应逐步健全公司治理结构。建立股东大会、董事会与监事会的专业化分工与制衡机制，通过投票权、对管理者的监督控制权以及对战略决策的最终决定权，对管理者进行约束，逐步建立起合理的授权结构和契约治理机制，实现"家人"与"外人"共同治理。

至此，对科迪乳业资本市场之路的讲述，已画上了一个句号。事实证明，冒天下之大不韪而实施财务舞弊的公司，是毫无企业信誉和社会责任感的，将受到相应的惩罚，任何公司都不能被赦免。明知不可为而为之，成则谓之勇，败之则愚至极。一时逍遥花满楼，半世颠簸孤流离，南柯一梦终须醒，浮生若梦皆是空。科迪集团这个本应光芒万丈的大企业最终走向衰败，这样的结果让人唏嘘。科迪集团多元化失败的案例也为众多醉心于多元化扩张的企业敲响了警钟！

大事记

- 1985年，科迪集团的前身——虞城县清海罐头厂创立。
- 1994年，张清海成功将罐头厂的产值做到上亿元规模。
- 1995年，科迪上线了速冻食品生产线，主要生产速冻汤圆。
- 1998年，张清海决定进军乳制品市场。

- 2004年底，科迪获得长期合作伙伴中国农业银行合计3亿元的贷款。
- 2009年，科迪乳业收入翻倍，利润增长300%。
- 2011年，科迪乳业公司股份制改造完成。
- 2013年6月，科迪乳业与瑞典利乐集团战略合作暨年产80万吨液态奶项目签约，达产后年可新增产值47.8亿元。
- 2015年，科迪乳业产业化集群被命名为河南省示范性农业产业化集群。
- 2015年6月，科迪乳业成功在深交所上市。同年12月，刚上市的科迪乳业便宣布以1.76亿元现金收购全国乳品前30强洛阳巨尔乳业100%的股份。
- 2017年，科迪乳业推出的"小白奶"产品风靡市场。
- 2018年9月—2019年8月，先后有19名员工以劳动纠纷为由将科迪乳业告上法庭，索要被拖欠的工资和社保等。
- 2019年，奶农事件爆发。
- 2019年8月，科迪乳业因涉嫌违法违规被证监会立案调查。
- 2021年9月16日，中国证监会河南监管局向科迪乳业下发《行政处罚及市场禁入决定书》，对科迪乳业及相关责任人予以"顶格"处罚。
- 2022年5月24日，深交所发布公告，决定终止科迪乳业股票上市。
- 2022年6月23日，科迪乳业股票终止上市。该公司股票终止上市后，科迪乳业将转入全国中小企业股份转让系统进行股份转让。
- 2022年7月22日，中国执行信息公开网显示，科迪乳业及其法定代表人张清海新增一则被执行人信息,执行标的2 014万余元,关联案件为民间借贷纠纷。天眼查App显示,科迪乳业被执行总金额已超2 384万元。此外,该公司还存在多条失信被执行人、限制消费令和终本案件信息,未履行总金额超13亿元。

·2022年9月9日,科迪乳业发布公告,公司收到商丘市中级人民法院出具的《民事裁定书》,商丘市中级人民法院于9月8日裁定受理了郑州互通合众文化传播有限公司对科迪乳业的破产重整申请。

第八章

康美药业：意济苍生苦与痛，『假』动天下罪与罚

黄悦昕

意济苍生苦与痛，情牵天下喜与乐。

这是"一代药王"康美药业股份有限公司（简称"康美药业"）对中国乃至世界医药事业的承诺。谁承想，这个在A股市场上首个市值超千亿元的药企，竟是用近15万张假发票和近300亿元现金会计更正堆上来的，着实让人大跌眼镜。

"康美案"是新《证券法》确立中国特色证券特别代表人诉讼制度后的首个案件。从立案到一审宣判用了整整3年，康美药业财务造假的事实水落石出，让人触目惊心。随着高比例质押、存贷双高、大肆炒房、股市坐庄一一浮出水面，加上事发后"财务差错和财务造假是两件事"的"语不惊人死不休"，康美药业的民族企业光辉在行差踏错中碎成了一地嘲讽。

这棵曾经生机勃发的大白马摇钱树还是枯了，一夜之间，康美药业股价狂泻，千亿市值闪崩，"假账无冕之王""A股新碟中谍"的称号不绝于耳。

闲云潭影日悠悠，物换星移几度秋。当年的筚路蓝缕，当年的穷且益坚，到头来终究坠了悬壶济世的青云之志。"意济苍生苦与痛"的无悔誓言，化成了"情牵股民恨与悲"的一纸笑话，甚是荒唐！

第八章　康美药业：意济苍生苦与痛，"假"动天下罪与罚

一代药王的崛起

广东省揭阳市普宁市是华南地区最大的中药材基地。

人大代表、全国劳模、经济风云人物、福布斯"中国上市公司最佳CEO"等无数光环加身的马兴田，便是从这里白手起家的。

良缘由凤缔，佳偶自天成。故事的开头便是马兴田与当地中药世家二姑娘许冬瑾的"康美之恋"。身为国家级非物质文化遗产代表性项目"人参炮制技艺"第十一代传承人的许二姑娘，为马兴田带来岳父许德仕的资本投资和重金难求的药材口碑，以及四通八达的销路人脉。春风得意马蹄疾，飞上枝头的马兴田，锁定了中药药材市场。

1996年，靠着低价收购药农手中稀缺的药材田七，囤积居奇，马兴田赚取了第一桶金。

1997年，28岁的马兴田同妻子许冬瑾在普宁市创办了一家制药厂——广东康美药业股份有限公司。出乎意料的是，康美药业画风突变，并没有在中药的道路上行稳致远，而是转向了化学药品市场。化学药品的研发投资大，投资风险高，投资周期长，毫无经验的马兴田竟能带领康美药业迅速在化学药品方面获得国家药品生产质量管理规范GMP认证，堪称传奇。洛新平、利乐、诺沙等多款国家级新药的推出，更是让康美药业成为国内医药界的明星企业，夯实了"药王"的基础。

2001年3月，康美药业A股股票在上交所挂牌上市，股票代码600518。518，谐音"我要发"，这个顶好的彩头，是无数民营企业家毕生的追求，马兴田也不能免俗。

2001年，中国加入了WTO（世界贸易组织）。开放的市场，是机遇和风险的竞技场。国外原料药的大批涌入，使得国内西药市场不可避免地拥挤起来。在当时知识产权保护意识尚弱的中国，树大根深的中医药业才是欣欣向荣的摇钱树。中药材的销量巨大，辐射广泛，潜力无限，加上马兴田的老家正是中国重点中药材市场，可谓天时、地利、人和三者兼备。送到嘴边的肥肉，焉能不食？康美药业计划通过原本融资投入西药开发的2.16亿元，就这样在康美药业上市之后又不声不响地转向了中药材贸易。如此正大光明的偷梁换柱行为，被马兴田一句"西药受阻，回归主业"轻描淡写地略过。马老板以中药起家，以西药抢到登陆资本市场的入场券，圈了一波钱后，又操起了倒买倒卖的老本行，此举颇耐人寻味。

借着中药行业的东风，康美药业取得巨大成功。2003年康美药业年报显示，中药饮片营收6 539.73万元，占总销售额的14.08%。投机倒把的财源滚滚与救死扶伤的高风亮节孰轻孰重，每个人心里都有杆秤。但中药也好，西药也罢，只要成效卓著就都是好药。企业供给若能与市场需求同频共振、互利共赢，也不失为一段美谈。中药本是中国传统瑰宝，但相较于西药，其科学化治病机理和标准化用药剂量的缺乏，也在一定程度上阻碍了中药的发扬光大。康美药业打造中药饮片炮制工艺，在业内率先推出中药饮片小包装，将各种各样的中药药材按照克数包装，实为创举。这一举动也在后续被同仁堂等知名药厂竞相模仿，影响深远。

2005年，康美药业的"中药饮片高技术产业化示范工程"项目被列入国家高技术产业发展专项计划。围绕中药产业链，康美药业不断加强对中药药材资源的掌控和整合，在上游布局中药药材种植产业，陆续建立了30万亩（2亿平方米）中药药材种植基地，管理占全国交易量75%以上的中药材交易市场，"药王"的名号彻底打响。

潮汕帮的护"康"符

从草根中脱颖而出的上位者往往更有韧性，社会的捶打让他们变得八面玲珑、精于世故。处在中国这样一个人情社会，拥有这种历练和经验的企业家于人生、于商道，往往更加熟稔、圆滑，懂得变通。但是，这份机巧并非对所有人都是好事，太多人在觥筹交错中忘了本心。

康美药业，可以搞定太多人了。

除了明面上的西药开发，实质上的中药贸易，康美药业还有一套见不得人的灰色交易。从成立到发展的屡次转折，康美药业的行贿可谓无孔不入。媒体公开报道的康美药业五次行贿案件如表8-1所示。

表8-1　康美药业的五次行贿案件

落马时间	受贿人	职务	具体事件
2012年12月	陈弘平	揭阳市委原书记、广东省人大农村农业委员会原主任委员	为马兴田当选第十一届全国人大代表提供帮助，收受贿赂共计港币500万元
2014年6月	万庆良	揭阳市原市长、广东省委原常委、广州市委原书记	收受马兴田贿赂，涉及金额港币200万元、人民币60万元
2014年12月	李量	证监会发行监管部发行审核一处原处长、中国证监会投资者保护局原局长	为康美药业等9家公司申请公开发行股票或上市提供帮助，收受贿赂折合人民币共计约694万元

223

续表

落马时间	受贿人	职务	具体事件
2016年5月	蒋建平	原四川省阆中市委书记	到广东揭阳考察康美药业总部期间受贿，涉及金额港币20万元
2018年5月	蔡明	原广东省食品药品监督管理局药品安全生产监管处处长	先后3次收受马兴田贿送现金共计港币30万元

资料来源：《五度涉嫌行贿 康美药业的"黑金"之道》——《中国经营报》2019年4月3日。

随着反腐案件的一再曝光，当年关于康美药业的种种负面传闻，诸如医药资质来得太容易、财务状况不达标却离奇上市等，再次卷土重来，不绝于耳。令人吃惊的是，尽管四年五度卷入贪腐案件，康美药业都能全身而退，哪怕一时间风评变差，但包括康美药业在内的众多行贿企业并没有受到任何实质性的问责和处罚。行贿罪和受贿罪的惩罚机制的不配套，在某种程度上又加大了贪污腐败的可能性。

康美药业的创始人马兴田还有一个鲜明的标签——潮商。

马兴田的传奇发家史的确让人望尘莫及，但在潮汕这片神奇的土地上，绝非空前绝后的存在。"宁愿睡地板，也要当老板"的豪言壮语，让潮汕人几乎包揽了亚洲首富榜。李嘉诚、马化腾、谢国民、吴清亮等，这些在中国资本市场上搅弄风云的狠角色，都是从潮汕走出的。潮商是"善变"的，他们懂得如何顺应潮流，顺应形势。但物极必反，过于安分守己或许只能故步自封，但一味地不走寻常路也未必能行稳致远。

作为中国近代史上最具影响力和生命力的商帮，被誉为"东方犹太人"的潮商也擅长抱团。"浪险"（厉害）的潮汕人，遍布制造业、房地产和金融圈。当初康美药业便是经由广发证券的保代及同为潮汕人的陈家茂保荐而上市。此后，康美的多次增发和可转债项目，均有广发证券保驾护航（见表8-2）。根据Choice数据与公告披露，2005年，广发证券保荐康美药业完成非流通股10送2.5股的股权分置改革协议；2006年、2007年、2008年和2016年，广发证券参与保荐与主承销三轮康美药业非公开定向增发与一轮可转债融资，四轮融资实际募集资金约105亿元。此外，康美药业上市后的合计三轮长债融资"08康美债""11康美债"和"15康美债"的保荐人和主承销人也均为广发证券。

表8-2 广发证券保荐承销康美药业募资表

日期	项目	金额	方案
2001年	IPO	22 626万元	公开发行1 800万股社会公众股
2006年	增发新股	50 400万元	公开发行6 000万股人民币普通股
2007年	增发新股	104 796万元	公开发行7 100万股人民币普通股
2008年	发行分离交易可转债	90 000万元	共发行认股权证16 650万份
2011年	股票配售	344 389万元	向全体股东按照10股配3股的比例配售，共计50 434万股
2014年	非公开发行优先股	300 000万元	优先股发行数量不超过3 000万股
2015年	定增	810 000万元	非公开发行52 359万股

资料来源：《广东康美药业股份有限公司增发新股上市公告书》、《广东康美药业股份有限公司A股增发招股意向书》、《广东康美药业股份有限公司非公开发行股票预案》、东方财富网。

康美药业对广发证券也是投桃报李。在2006年广发证券上市受阻时，许冬瑾全资持有的广东信宏实业集团有限公司（简称"信宏实业")入资持股、刘绍喜实际控制的宜华企业（集团）有限公司也雪中送炭，一起参与了广发证券的股改，解开了深圳吉富的套，并顺理成章地出现在广发证券的大股东行列。而经由陈家茂保荐的上市公司，除康美药业和广东省宜华木业股份有限公司（后改名"宜华生活科技股份有限公司"，已退市）之外，还有广东南洋电缆集团股份有限公司（后改名"南洋天融信科技集团股份有限公司"，002212.SZ）、广东东方锆业科技股份有限公司（002167.SZ）、广东奥飞动漫文化股份有限公司（后改名"奥飞娱乐股份有限公司"，002292.SZ）、广东潮宏基实业股份有限公司（002345.SZ）等多家潮汕企业。大家同根同源，关系又近了一步。

康美药业和广发证券的金兰之交，使得二者的合作关系上升到战略直投层面。2011年，信宏实业参与广发证券承销保荐的古井贡酒定向增发，独揽750万股，获配股数占据第一位，远超包括景林资产在内的其余5家机构（至多每家200万股）的获配数量。2012年，信宏实业获配广发证券承销保荐的歌尔声学1 100万股，但实际进行了三个批次的报价，参与定增配售3 300万股，是所有参与公司中定增配售量最高的。

但这些仍仅触及潮汕帮的外围。实际上，善于抓住风口的潮汕人，其商业版图的扩张史也经历了一系列重心迁移。改革开放初期，国内物资需求旺盛，潮汕帮的制造业能人辈出，奥飞、拉芳、欧菲光、国美、晨光、太安堂均是耳熟能详的国民品牌。随着1978年"房改"概念的初步提出，潮汕帮也迎来第二次扩张。最著名的当数华人首富李嘉诚，而"深圳地产潮汕五虎"姚振华、黄世再、黄楚龙、黄茂如、郭英成也是远近闻名，在深圳地产界呼风唤雨，无所不能。时

第八章　康美药业：意济苍生苦与痛，"假"动天下罪与罚

代的变迁把来钱快的金融牌照推到了台前，也吸引着大批潮汕人前仆后继，创下第三次延伸。富德系的张峻，是潮汕帮吃螃蟹第一人，不仅手握生命人寿、国民信托、富德产险的控制权，还是浦发银行的大股东。以房地产起家的大佬们嗅到金钱的味道，亦纷纷下场。在"宝万之争"中出尽风头的姚振华家族，拿下前海人寿、新疆前海联合产险、联合基金等主要牌照，且成立了保险经纪、保险公估、小贷等多个金融业务平台；合生创展朱孟依家族，拿下珠江人寿的保险牌照，并入股了广州农商行；因赠送豪宅给深圳红十字会而名声大噪的黄楚龙，则拿下阳光保险，入股深圳福田银座村镇银行。而康美药业、宜华集团和香江控股，则通过广发证券的绿色通道，参与了众多潮汕系公司的上市之路，赚得盆满钵满。

有潮水的地方，就有潮商。不论是商业项目的合作，还是大资金的频繁拆借，宗族观念极强的潮汕人，充分发挥了"胶己人"精神。当佳兆业、郭英成因卷入贪腐案被锁定房源、截留资金时，是生命人寿的张峻使其起死回生；当深陷狱中的黄光裕和陈晓争夺国美控制权时，是潮汕老乡在背后慷慨解囊；当姚振华大战王石时，更离不开潮汕帮的鼎力支持。如此巨额高效的资金流转、患难与共的真情相帮，使得潮汕帮日益壮大。

在如此高度抱团的环境下，一个个高端玩家的俱乐部应运而生。深圳的同心俱乐部，其规模和体量堪比江浙的泰山会，共有74家上市公司，整体关联公司数量近3 000家，里面的大鳄个个都是叱咤资本市场的好手。同心？同心！名副其实。

有道是世事无常终有定，人生有定却无常。回头再看那些激荡人心的致富史，我们不难发现，资本和权力都是闭环。为康美药业上市

大开方便之门的李量，亦身在乐视造假门的主角团；帮助佳兆业套现解难的张峻，也曾与宋歌共创北京文化的繁华。这群游走在食物链顶端的巨鳄，无时无刻不在通过资源交换，开疆扩土，抢占先机，充分变现。

只是潮起潮落之间，是否真有能人可稳立潮头，永不言败？

围剿与反围剿

在层层护"康"的市场环境下，2012年12月15日，北京中能兴业投资咨询有限公司（简称"中能兴业"）和《证券市场周刊》打响了反"康"第一枪——《康美谎言》横空出世。《康美谎言》指出，康美药业在土地购买和项目建设上涉嫌造假，至少虚增了18.47亿元的资产，几乎是公司2002—2010年9年净利润的总和。

消息一出，康美药业开盘即跌停。但这份耗了中能兴业大半年心血的报告，换来的，也仅此一个跌停而已。申万以"守护国民大健康"的情怀力挺康美药业，后者以一通无辜的回应和礼貌的反驳，开启了近两个月的上涨。

2013年，《康美谎言第二季》发布，指出康美药业虚增投资17.7亿元，名下千亩土地实际上为荒山。好巧不巧，此时的中药企业无不黑料缠身，云南白药、贵州百灵、汉森制药等的召回门、造假门悉数亮相。全靠同行衬托，康美药业的问题又极其顺利地大事化小小事化了，甚至还靠着外界把中药股集体爆发丑闻解读为资本对其恶意做空。康美药业狠狠地卖了波惨，圈了波粉。

舆论或许是可以把控的，但康美药业的漏洞却难以堵上。

康美药业在过去以医用慈善土地为名低价购买土地，之后交由马夫人（马兴田的妻子许冬瑾）实控的汇泽地产开发住宅项目，住宅售出后，土地使用权竟仍记在自家账上，上演了一番"钱在地在房在"的绝妙操作。

除了这招空手套白狼，当时的康美药业对外宣称拥有许多计划建设投资物流中心、药品贸易市场的土地。但诡异的是，康美药业最大的两块地，一块无迹可寻，一块江山易主，第三块土地货真价却不实，与四号土地重叠，凭空多投了3.36亿元。实地考证后发现，荒草丛生的开发地，只有形单影只的奠基碑和凌乱于风中的横幅，康美药业年报中气势恢宏的新中药材专业市场无踪无影。

财联社2018年7月又对康美药业发出"利息支出超12亿，账上360亿元现金只是摆设"的质疑，逼问其拥有155亿存货是否会给业绩埋雷。然而，哪怕是媒体人和研究员轮番上阵，合力围剿，康美药业依旧将自己从中药贸易的一枝独秀打造成制造流通服务的一树繁花，江湖地位无人能撼，股价也是屡创新高。

2018年9月21日，由马兴田家族实控的深圳市博益投资发展有限公司，因内幕交易普邦园林被查处，一贯弃车保帅的康美药业这回终于没能撇清关系。

2018年10月16日，市值风云发表《康美药业盘中跌停，疑似财务问题自爆：现金可疑，人参更可疑》一文，在康美药业的火上猛浇了一桶油。短短几天，康美药业的股价一泻千里。在康美药业市值蒸发的同时，皇庭国际、盛迅达、达安基因、中州控股等多家潮汕系企业的股价闪崩，且走势高度一致。

这回，昏睡多年的监管终于醒了。

2018年12月，证监会调查康美药业，上证所紧随其后，要求其做出解释。此时的马老板依旧满面春光地在2019年的新春祝词中呐喊着"发展实业，聚焦主业，瘦身健体，固本强基"的口号。千言万语汇成一句话：相信康美，为梦想加仓！

然而，当下康美药业所面临的情况是投资机构在撤退，大股东在清场，广东正中珠江会计师事务所（简称"正中珠江"）也对其已经"差错更正"后的2018年年报和公司的内部控制发表保留意见。大势所趋之下，康美药业绷不住了。

2019年4月30日，康美药业发布《广东康美药业股份有限公司关于前期会计差错更正的公告》，表示通过企业自查，对2017年的财务报表进行重述，前期的会计核算存在三个方面的失误。

第一，由于公司采购付款、工程款支付以及确认业务款项时的会计处理存在错误，造成公司应收账款少计641 073 222.34元，存货少计19 546 349 940.99万元，在建工程少计631 600 108.35万元；由于公司核算账户资金时存在错误，造成货币资金多计29 944 309 821.45万元。

第二，公司在确认营业收入和营业成本时存在错误，造成公司营业收入多计8 898 953 337.51元，营业成本多计7 662 129 445.53元；公司在核算销售费用和财务费用方面存在错误，造成公司销售费用少计497 164 407.18元，财务费用少计228 239 962.83元。

第三，由于公司采购付款、工程款支付以及确认业务款项时的会计处理存在错误，造成公司合并现金流量表销售商品、提供劳务收到的现金项目多计10 299 860 158.51万元；收到其他与经营活动有关的现金项目少计137 667 804.24元；购买商品、接受劳务支付的现金项目多计7 301 340 657.76元；支付其他与经营活动有关的现金项目少计3 821 995 147.82元；购建固定资产、无形资产和其他长期资产支付的现金项目少计352 392 491.73元；收到其他与筹资活动有关的现金项目多计360 457 000.00元。

一时间，一片死寂。

在大家还在愣神时，马老板又补了一刀："财务差错与造假是两回事。"

然而，市场很快就有了反应，康美药业五个一字板跌停开启。

上交所更是严厉指出，康美药业"应当严格区分会计准则理解错误和管理层有意财务舞弊行为性质的不同"[①]。

2019年5月9日，正中珠江被中国证监会广东监管局立案调查。5月12日，康美药业还没提交证监会的第一道问询函答复，证监会再发第二道问询函，要求康美药业从所有方面解释"会计更正"原因及合理性。

2019年5月17日，证监会召开新闻发布会称，初步查明康美药业涉嫌违反《证券法》的相关规定，定下了康美药业"使用虚假银行单据虚增存款""通过伪造业务凭证进行收入造假""部分资金转入关联方账户买卖本公司股票"三宗罪。次日，康美药业主动申请戴帽"ST"[②]。昔日如日中天的药王，终于迎来股市最低价，上演了一出

[①] 《康美药业股份有限公司关于收到上海证券交易所关于对康美药业股份有限公司媒体报道有关事项的问询函的公告》，临2019-033，上海证券交易所，2019年5月6日，http://static.sse.com.cn/disclosure/listedinfo/announcement/c/2019-05-06/600518_20190506_1.pdf。

[②] 《康美药业股份有限公司关于公司股票交易实施其他风险警示暨公司股票停牌的提示性公告》，临2019-038，上海证券交易所，2019年5月20日，http://static.sse.com.cn/disclosure/listedinfo/announcement/c/2019-05-18/600518_20190518_1.pdf。

现实版的"人参变大白菜"。

不翼而飞的3 000亿元现金

在这份挑战了中国资本市场认知的2017年财报中,最夺人眼球的,当数299.44亿元现金的凭空蒸发。按照康美药业的说法,这笔现金很大一部分已转为存货,金额达195.46亿元。

对于自家存货,康美药业一直讳莫如深。2011年7月,康美药业曾因为囤积抛售田七,获利1.2亿元而被国家发改委查处,这可能是外界唯一一次了解康美药业存货的机会。如图8-1所示,从2013年开始,康美药业的存货一路猛增,从37.86亿元增长到2018年的338.48亿元。在此期间,康美药业到底存了些什么?存了多少药材?这些药材值多少钱?康美药业神龙见首不见尾的存货就是个谜。

对于存货的情况,康美药业是这么回答的,"公司中药材贸易的产品和现有的中药材存货,以根茎类、滋补类贵细药材为主,属于方便储存、不易变质、无明显保质期的中药材,可长期储存"。

中药材贮藏有两大核心问题:这些药能不能囤得住?这些药囤得值不值?康美药业的回答显然无法圆满地解答这两个问题。

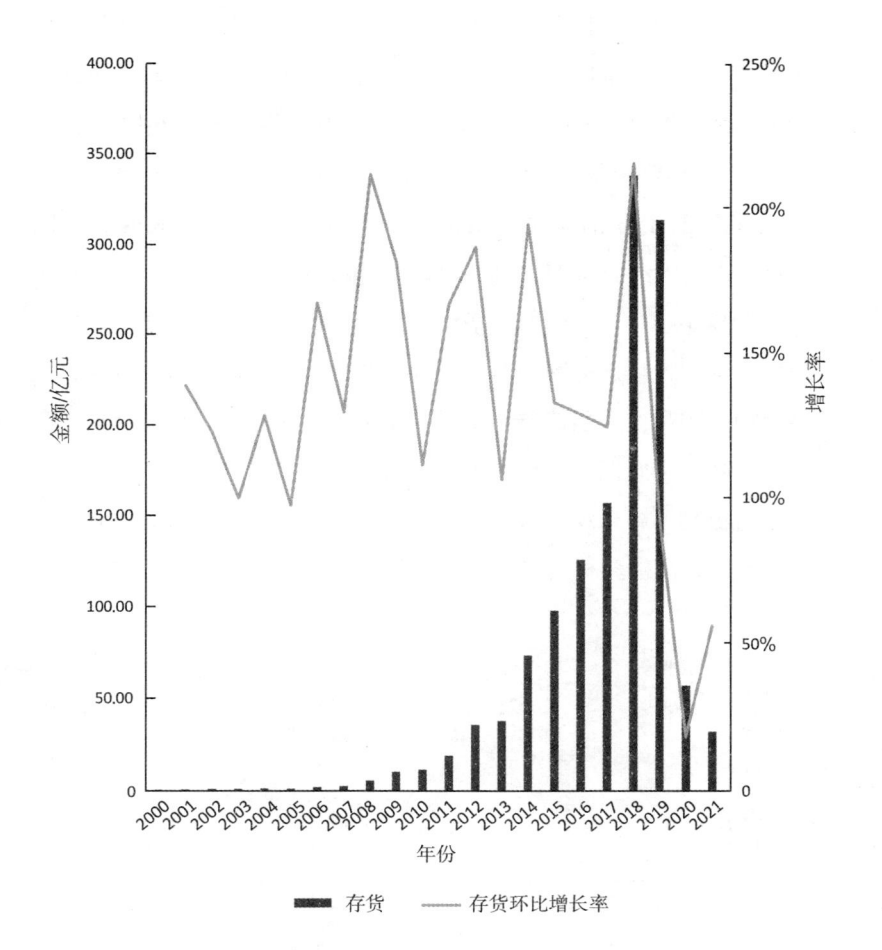

图8-1 康美药业2000—2021年年报披露存货情况

数据来源：《康美药业股份有限公司年度报告》（2000—2021年）。

不管中药还是西药，都是有保质期的。中药不比西药好伺候，轻则受潮变色，重则生虫发霉。因此，贮藏中药需要将温度、湿度、光亮控制好。然而，哪怕是贮藏条件绝佳，也并非所有的中药材都是越陈越好。有道是，陈肉桂是宝，陈人参是草。当药材中的有效成分随时间而消失，怕也没人愿意高价争抢。这是中医药行业的共性问题。

随着国家经济的持续发展、全民医保政策的推出，2010—2014年，我国医药工业销售收入虽然持续上升，但增速明显放缓（图8-2）。药品流通行业从"十二五"开始，彻底告别野蛮生长的时代。从2012年开始，中药材价格一直比较平稳，再不见2009—2011年的疯狂涨势。换言之，囤积居奇的机会至少十年一遇，随着监管愈发严格，消失殆尽。大量储备药材根本赚不到钱，甚至面临着巨额亏空的风险。随着反腐倡廉工作的进一步推进，人参、虫草等名贵药材的价格走势更是不容乐观。以往常被用于礼尚往来的滋补品消费猛踩刹车，一时间，高端药材销路成了大问题。如此囤货，当真值得？

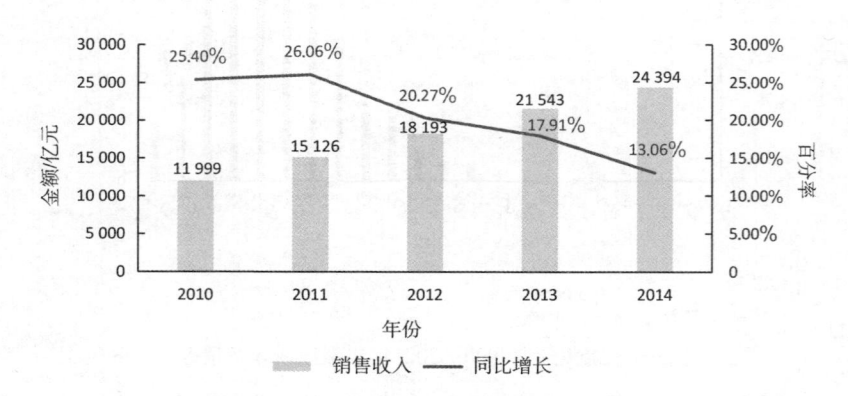

图8-2 2010—2014年我国医药工业销售收入金额及增幅情况

数据来源：《康美药业股份有限公司2015年年度报告》。

当然，"一代药王"康美药业毕竟是国内中药行业的老大，货囤得再多，只要销路顺畅，哪怕大环境不行，也不足挂齿。然而，从2016年开始，资本大举进军零售药店，并购整合不断上演，终端的零售药店的集中度开始增强。根据商务部报告，到2017年，前100名药店连锁企业的销售额占比达到零售市场总额的30.8%。下游零售端产业越集中，对上游药品生产企业的压价能力就越强。康美药业的存货周转率从2013年起便一路下跌，到了2018年仅为0.336（图8-3），对此，康美药业给出的解释是"主要是为了保证中药饮片和医药贸易业务的正常进行"。相比之下，中药龙头企业同仁堂2018年末存货为62.89亿元，存货周转率为1.24%；同样涉足中药饮片业务的云南白药存货周转率为1.886%。康美药业的销路，未见得多么强悍。

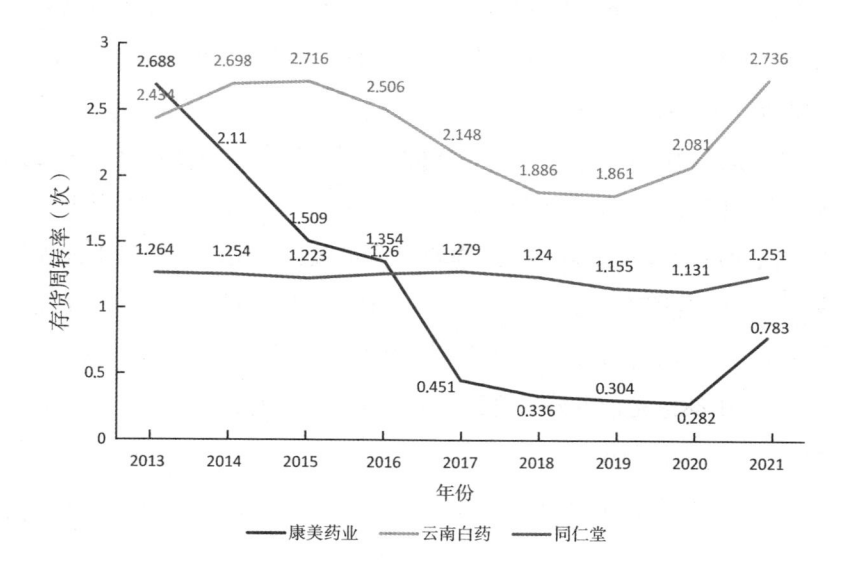

图8-3 康美药业及同行业企业2013—2021年存货周转率变化情况比较

数据来源：Choice数据。

中医药行业的存货跌价准备尤为关键。康美药业在进行"差错调整"时，存货增加了195.46亿元，却并没有在会计科目中计提"存货跌价准备"。2017年年报未"更正"前，40多亿元存货的跌价准备为2 815.89万元，更正后变成253亿元存货时，跌价准备还是2 815.89万元。且在此前多年，康美药业以存货不存在跌价可能为由一直拒绝进行存货跌价的估算，着实让人生疑。

可疑的何止是现金和人参？！经调查发现，康美药业存在四点违法事实[①]。

第一，康美药业2016—2018年的年度报告中存在虚假记载，虚增营业收入、利息收入及营业利润（图8-4）。《2016年年度报告》《2017年年度报告》《2018年半年度报告》及《2018年年度报告》虚增的营业利润分别占合并利润表当期披露利润总额的16.44%、25.91%、65.52%和12.11%。

第二，2016年1月1日—2018年6月30日，康美药业通过财务不记账、虚假记账、伪造、变造大额定期存单或银行对账单，配合营业收入造假伪造销售回款等方式，虚增货币资金。康美药业通过上述方式，一口气虚开了15万张假发票，《2016年年度报告》《2017年年度报告》《2018年半年度报告》分别虚增货币资金225.49亿元、299.44亿元、361.88亿元，占公司披露总资产及净资产的比例更是逐年攀升（图8-5），触目惊心。

第三，康美药业在《2018年年度报告》中将前期未纳入报表的

---

① 《中国证监会市场禁入决定书（马兴田、许冬瑾、邱锡伟、庄义清、温少生、马焕洲）》，〔2020〕6号，中国证监会，2020年5月13日，http://www.csrc.gov.cn/csrc/c101927/c1042027/content.shtml。

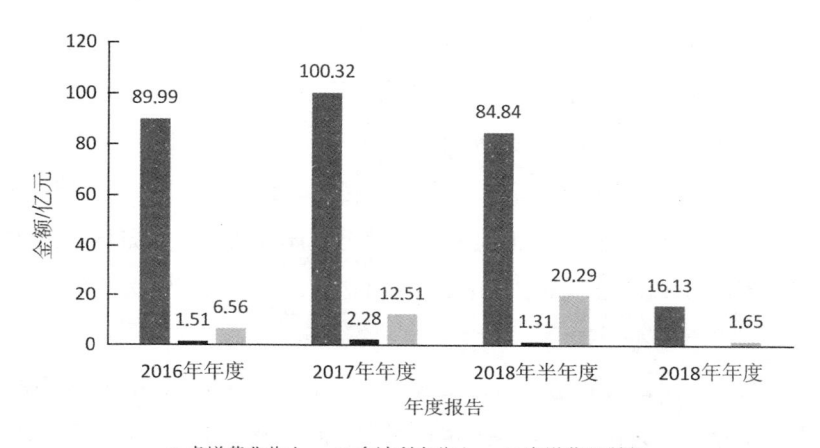

第八章 康美药业：意济苍生苦与痛，"假"动天下罪与罚

图8-4 康美药业2016—2018年虚增营业收入、利息收入及营业利润情况

数据来源：《中国证监会市场禁入决定书（马兴田、许冬瑾、邱锡伟、庄义清、温少生、马焕洲）》，中国证监会〔2020〕6号，2020年5月13日。

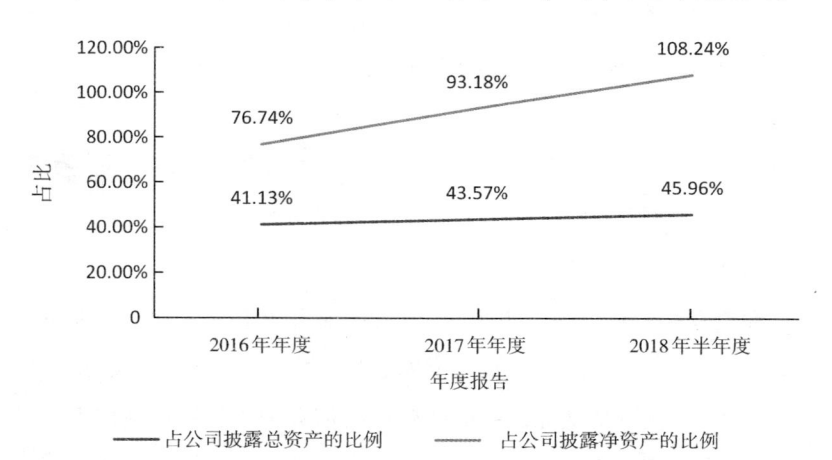

图8-5 康美药业2016—2018年虚增货币资金情况

数据来源：《中国证监会市场禁入决定书（马兴田、许冬瑾、邱锡伟、庄义清、温少生、马焕洲）》，中国证监会〔2020〕6号，2020年5月13日。

亳州华佗国际中药城、普宁中药城、普宁中药城中医馆、亳州新世界、甘肃陇西中药城、玉林中药产业园等6个工程项目纳入表内，分别调增固定资产11.89亿元，调增在建工程4.01亿元，调增投资性房地产20.15亿元，合计调增资产总额36.05亿元。经查，《2018年年度报告》调整纳入表内的6个工程项目不满足会计确认和计量条件，虚增固定资产11.89亿元，虚增在建工程4.01亿元，虚增投资性房地产20.15亿元。

第四，《2016年年度报告》《2017年年度报告》《2018年年度报告》中存在重大遗漏，未按规定披露控股股东及其关联方非经营性占用资金的关联交易情况。2016年1月1日—2018年12月31日，康美药业在未经决策审批或授权程序的情况下，累计向控股股东及其关联方提供非经营性资金116.19亿元用于购买股票、替控股股东及其关联方偿还融资本息、垫付解质押款或支付收购溢价款等用途。

大幕拉开，不翼而飞的岂是3 000亿元现金？

消失的金钱去哪里了

冰冻三尺，非一日之寒。

存贷双高一直令康美药业饱受质疑。截至2019年，康美药业上市以来，共进行过5次股权融资，增发、配股4次，发行优先股1次，累计募集资金超过160亿元。而康美药业的债券融资规模更是惊人，累计债券融资额达526.5亿元，借款融资达123.95亿元。

2018年4月28日披露的公司股权质押情况显示[①]，康美药业的最大控股股东康美实业，2012年的质押比例高达82.53%（图8-6），此后一直居高不下。前十大股东中，康美系股东已经将手中的股权全部质押。

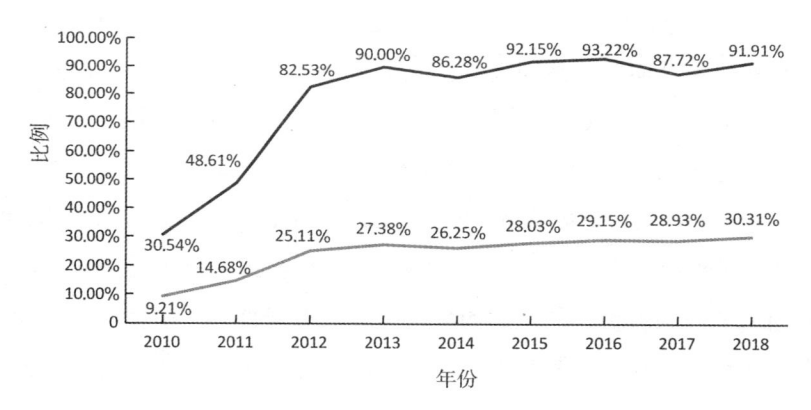

图8-6　康美药业最大控股股东康美实业2010—2018年股权质押情况

数据来源：《康美药业股份有限公司关于控股股东股权质押公告》（2010—2018年），截至2018年4月28日。

如此使出浑身解数的大规模融资，绝非单纯是为了聚焦主业。康美药业显然不想靠死工资过活。然而，康美药业的财报对此缄口不言，没有任何迹象表明其多元化发展占用了上市公司的资金。那么，

---

① 《康美药业股份有限公司关于控股股东部分股权质押解除的公告》，临2018-042，上海证券交易所，2018年4月28日，http://static.sse.com.cn/disclosure/listedinfo/announcement/c/2018-04-28/600518_20180428_5.pdf。

这些消失的金钱到底去了哪里？

地产项目是康美药业一直绕不过去的阴影。从2012年开始，就有机构质疑康美药业在普宁借开发工业用地的名义建设商品住宅，从事房地产业务。许冬瑾名下的汇润地产正是一系列房产开发项目的操盘方，操盘了包括普宁的汇润平安里、汇润幸福里、汇润吉祥里，亳州的汇润中央公园等一系列楼盘。康美药业还以"医养结合"、推进"健康中国"的名义，在各地拿地建设地产项目"康美小镇"，计划投资规模已远远超出马兴田所称的"主业"。

炒房和炒股，是最受追捧的两种跻身资本市场的方式，康美药业显然不甘落后，马兴田不仅热衷于炒房，更热衷于炒股。拖着康美药业迎来"白菜股价"的深圳博益投资发展有限公司（简称"博益投资"）和由许冬瑾坐镇救广发证券于危亡的普宁信宏实业投资有限公司，同样握有大量上市公司股票。

根据东方财富网的数据，截至2019年一季度末，博益投资仍位列广州普邦股份有限公司、蓝盾信息安全技术股份有限公司的前十大股东，持股总金额为9.4亿元；信宏实业仍是广发证券的前十大股东，持股金额为23.6亿元。在历史上，康美系投资公司至少还入股过古井贡酒、冀凯股份、万马股份、歌尔声学等，均进入前十大股东行列。而马兴田之女马嘉霖也参与投资上市公司深圳市盛迅达科技股份有限公司，为该公司第一大流通股股东。

此外，康美药业被曝背后有坐庄机构，系同为潮汕系的深圳中恒泰投资基金管理有限公司（简称"中恒泰投资"）。康美药业曾试图与几家关联方普邦股份、蓝盾股份、广发证券旗下的全资PE广发信德投资管理有限公司，以及中恒泰投资共同发起成立康美健康保险股份有限公司。虽然最终未能获批，但中恒泰投资与康美药业的潜在联系就此坐实。

飞鸟各投林

依据2005年《证券法》第一百九十三条第一款、第三款的规定，康美药业被责令改正，并处以60万元的罚款；马兴田、许冬瑾被给予警告，并分别处以90万元的罚款；邱锡伟被给予警告，并处以30万元的罚款；庄义清、温少生、马焕洲被给予警告，并分别处以25万元的罚款；马汉耀、林大浩、李石、江镇平、李定安、罗家谦、林国雄被给予警告，并分别处以20万元的罚款；张弘、郭崇慧、张平、李建华、韩中伟、王敏被给予警告，并分别处以15万元的罚款；唐煦、陈磊被给予警告，并分别处以10万元的罚款[①]。

康美药业的5名独立董事，也迎来独董生涯的至暗时刻。过亿元的连带赔偿责任如同一声惊雷，惊醒了独董们"躺赢"的"美梦"。与国外运行独立董事制度的环境有所不同，由于缺乏独立的选拔、运行机制以及有效的激励和保护机制，我国的独董长期以来都处于既不"独立"也不"懂事"的尴尬境地。康美案对独董的处罚，再次唤醒了我们对独董责任的重视。通过对独董制度权、责、利生态的全面重塑，解决中国独董制度的困境尤为重要。

由于为ST康美财务造假一事"保驾护航"三年，广东老牌审计机

[①] 《中国证监会行政处罚决定书（康美药业股份有限公司、马兴田、许冬瑾等22名责任人员）》，〔2020〕24号，中国证监会，2020年5月13日，http://www.csrc.gov.cn/csrc/c101928/c1042341/content.shtml。

构正中珠江也被推上了风口浪尖。正中珠江的三宗罪为：出具的康美药业2016—2018年年度审计报告存在虚假记载；2016年和2017年年报审计期间，未对康美药业的业务管理系统实施相应审计程序，未获取充分适当的审计证据；对康美药业2016—2018年财务报表的审计存在缺陷[①]。

正中珠江被责令改正，没收业务收入1 425万元，并处以4 275万元罚款；当事人杨文蔚、张静璃、苏创升被给予警告，并分别处以10万元罚款；当事人刘清被给予警告，并处以3万元罚款[②]。受到康美案的影响，正中珠江的审计业务急转直下。Wind数据显示，正中珠江承担了106家A股上市公司2018年年报审计工作，2018年10月康美药业案发后，聘请正中珠江承担年报审计工作的上市公司锐减至46家，2020年和2021年，正中珠江承担的A股上市公司年报审计分别缩减至2家和0家。2022年7月21日，走过41载的正中珠江终止注册。

康美药业和正中珠江的生离死别，像极了当年安然与安信达的绝爱。

两者最大的不同在于，安然和安信达生死相随，相继倒塌，康美药业却是个无心的爱人，亲手葬了正中珠江。

2021年11月，广州市中级人民法院对康美案药业作出一审判决，康美药业被判向52 037名投资者赔偿投资损失约24.59亿元。原董事

[①] 《中国证监会行政处罚决定书（广东正中珠江会计师事务所、杨文蔚、张静璃、刘清、苏创升）》，〔2021〕11号，中国证监会，2021年2月20日，http://www.csrc.gov.cn/csrc/c101928/c9a654df415374f6aa6a1a5e46e4e8221/content.shtml。

[②] 《中国证监会行政处罚决定书（广东正中珠江会计师事务所、杨文蔚、张静璃、刘清、苏创升）》，〔2021〕11号，中国证监会，2021年2月20日，http://www.csrc.gov.cn/csrc/c101928/c9a654df415374f6aa6a1a5e46e4e8221/content.shtml。

长、总经理马兴田及5名直接责任人员、正中珠江及直接责任人员承担全部连带赔偿责任，13名相关责任人员按过错程度承担部分连带赔偿责任。

出来混，迟早是要还的。

康美药业案一脚踹开了新《证券法》的大门。该案是新《证券法》确立中国特色证券集体诉讼制度后的首个案件，是迄今为止法院审理的赔偿金额最高的上市公司虚假陈述民事赔偿案件。

好一似食尽鸟投林，落了片白茫茫大地真干净！

但，这就结束了吗？

康美药业依然戴着ST的帽子，苟延残喘。

客观来说，康美药业是一个有实际业务，并且业务属于朝阳产业（中草药行业）的企业，拳头产品中药饮片的市场占有率排第一位。康美药业在全国建设了50多个药材种植基地，承担着云南、贵州、甘肃等多个国家级、省级贫困县的中药材种植产业精准扶贫工作，这也关乎全国各地200多万药农的工作和饭碗。上下游供应链与贫困人口密切相关，又怎么能倒？

希望从阴曹地府走过一遭的康美药业，真正体会"意济苍生苦与痛，情牵天下喜与乐"的用心，走得更远更好。

大事记

· 1996年，马兴田靠着低价收购药农手中的稀缺药材田七，赚取了第一桶金。

· 1997年，马兴田同妻子许冬瑾在普宁创办制药厂，转向了化学药品市场，并带领康美药业迅速在化学药品方面获得国家药品生产质量管理规范GMP认证。

· 2001年3月，康美药业A股股票在上交所挂牌上市，股票代码600518。

· 2005年，康美药业的"中药饮片高技术产业化示范工程"项目列入国家高技术产业发展专项计划。

· 2012年12月15日，中能兴业和《证券市场周刊》发表《康美谎言》一文。

· 2013年，《康美谎言第二季》发布，指出康美药业虚增投资17.7亿元，名下千亩土地实际上为荒山。

· 2018年10月16日，题为《康美药业盘中跌停，疑似财务问题自爆：现金可疑，人参更可疑》一文发表。

· 2018年10月16日，千亿市值医药白马股闪崩，皇庭国际、盛讯达、达安基因、中洲控股等多只个股遭遇闪崩，且各股走势高度一致。

· 2018年12月，证监会调查康美药业。

· 2019年4月30日，康美药业发布了《关于前期会计差错更正的公告》

· 2019年4月30日，康美药业（600518.SH）创始人兼董事长马兴田接受《中国经营报》记者采访时，发表"财务差错与造假是两回事"等言论。

· 2019年5月9日，正中珠江被中国证监会广东监管局立案调查。

· 2019年5月17日，证监会召开新闻发布会称初步查明康美药业涉嫌违反《证券法》的相关规定。

· 2020年5月23日，中国证监会对康美药业股份有限公司、马兴田、许冬瑾等22名责任人员下达行政处罚决定书。

·2021年11月,广州市中级人民法院对康美药业案作出一审判决,康美药业被判向52 037名投资者赔偿投资损失约24.59亿元。

2022年7月21日,正中珠江注销。

第九章 宜华生活:资本教父和资本帝国的浮沉录

张哲

扫码查看
揭开财务舞弊的面纱
探索企业如何走正道

2022年5月20日,央视财经栏目《经济信息联播》股市大案调查报道,将人们快要遗忘的宜华生活再次推回聚光灯下。宜华生活是被证监会确认为2021年典型违法案例之一的财务造假案的主人公。

宜华企业(集团)有限公司(简称"宜华集团")曾是中国最有影响力的领军型民营企业之一,是汕头民营企业第一家上市公司,也是中国最早起步的家具企业之一。宜华集团旗下的宜华生活科技股份有限公司(简称"宜华生活")连续九年上榜"中国最有价值品牌",其股价在顶峰时期一度涨到23.22元,市值突破150亿元,广受投资者追捧。

然而,2020年11月,宜华集团作为失信被执行人有约1亿元的债务违约,宜华生活公司股票简称变更为"*ST宜生"。次年3月,宜华生活股票*ST宜生终止在上交所挂牌上市。5月,宜华生活进入全国中小企业股份转让系统挂牌转让。宜华集团就此悲情谢幕。

为何曾经风光无限的宜华集团竟陷入如此境地?这一切都得从"资本"说起……

白手起家,筑梦莲下

在广东潮汕有句俚语叫作"钱银出苦坑",意思大概是日后有钱的人大部分都是从艰苦的环境中一步一步打拼出来的。潮汕商人是善

第九章　宜华生活：资本教父和资本帝国的浮沉录

于经商的种子，大多萌芽于贫困。刘绍喜在成为资本大佬之前就在"苦坑"当中。

1963年，刘绍喜出生于广东省汕头市澄海区莲下镇槐泽村，父母都是老实巴交的农民，祖孙三代一共8口人，蜷缩在一间16平方米的小房间里，以务农为生。刘绍喜从小就经常与大人一起干活，学习手艺。高一的时候，刘绍喜用木材给家里做了一套桌椅。因为农村家庭生活贫困，刘绍喜高中没毕业就出门打工赚钱，适逢莲下镇槐东工业站招木工，刘绍喜为了给家里减轻负担，去了该工业站的家具车间当一名木工。凭借精湛的工艺，刘绍喜干了几年就当上了工业站的副站长。

1987年，24岁的刘绍喜站在人生的十字路口，迎来了他人生中的转折点。为了改变家庭的困境，他毅然辞职，大胆创业。他东拼西凑向亲友借来800块钱，带着一堆二手工具开了个家庭式木作工棚，靠着自己优秀的木工手艺将生意逐渐做大。一年后，这个木作工棚摇身一变成了莲下槐东家具厂——宜华集团的前身。虽说是家具厂，但工作环境十分简陋，电锯、斧头、锉等工具都是从市场上淘来的二手货。为了扩大销路，刘绍喜推出"免费试用家具一年"的活动，顾客闻讯蜂拥而至，刘绍喜的家具由此打开了销路。创业第二年，一家汕头的家具批发商慕名而来，一口气下了50万元的订单。刘绍喜的家具，不但样式好，而且所用木料也是真材实料，家具厂的名声越来越大，仅仅三年，销售额就突破百万元。

巍然大木，灼灼"宜华"

刘绍喜常说的一句话是"人生很长，不拼一拼，怎么知道自己不行呢？"由此可以看出，刘绍喜打小就有一股拼搏的韧劲。凭着这股韧劲和义无反顾勇于创业所激发出来的胆量，刘绍喜迎来家具厂的一步步发展，成功实现了家具厂发展历程上三次"质"的飞跃。

在积累了资本之后，1992年，刘绍喜成立了澄海市宜华装饰木制品有限公司。1995年，宜华装饰木制品有限公司等九家兄弟企业组建成澄海市宜华企业（集团）有限公司。1996年，澄海市宜华企业（集团）有限公司升格为宜华企业（集团）有限公司，向着国际市场强势迈进。随后，广东省宜华木业股份有限公司成功完成企业改制，为日后企业更科学、更规范化管理和运作打下了坚实的基础。2000年，国家市场监督管理总局核准宜华集团为不冠地区名称的企业，这是对宜华产品最大的肯定，是宜华人首次获得的至高荣誉。刘绍喜从一个打工仔摇身一变，成了上市集团的掌舵人。宜华集团发展历程如图9-1所示。

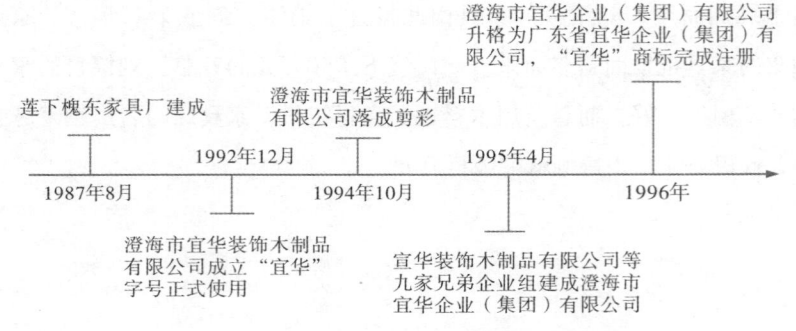

图9-1 宜华集团发展历程

第九章　宜华生活：资本教父和资本帝国的浮沉录

1996年是宜华集团成立后的第二年。在这一年，刘绍喜迎来自己的小春天。刘绍喜带着他的宜华集团，和广州羊城集团有限公司下属的澳门羊城集团有限公司（简称"澳门羊城"）成立合资企业广州泛海木业有限公司，这就是日后大名鼎鼎的广东省宜华木业股份有限公司（简称"宜华木业"）。3年后，宜华集团和澳门羊城签订《权益转让合同书》，受让澳门羊城所持的合资企业30%的股份。虽然这次转让在日后卷入了震惊社会的贪腐窝案中，但刘绍喜并未受到任何影响。2004年，宜华木业上市，成为汕头特区首家上市的民营企业。

俗话道："有潮水的地方就有潮人，有钱赚的地方就有潮商。"在这个资本纵横捭阖的市场上，自然不会缺少潮商的踪迹。要知道，潮汕可是盛产富豪的地区之一，被称为富豪的摇篮。李嘉诚、马化腾、黄光裕、刘銮雄、朱孟依……都是从潮汕地区走出来的富豪和资本大佬，"敢拼、敢做"也是他们特有的行事风格。

潮汕地区坐落于广东省东南沿海，包括汕头（经济特区）、潮州、揭阳、汕尾四市，是广东三大民系之一的潮汕民系的发源地与兴盛地，拥有自己的语言和独特的文化。在清朝时期，潮汕地区商帮与山西商帮（晋商）、徽州商帮（徽商）并列成为三大主要商帮，其中潮商就被誉为中国近代华商第一族，成为中国财力雄厚、规模庞大且延续时间最长的商帮。

据说，宜华木业成为汕头第一家民营上市公司之后，很多想要进入资本市场的企业，都会事先来刘家寻求帮助。甚至有当地官员如此表态："刘绍喜在澄海地区能量颇大。许多大企业想要上市，苦于无资源和门路，都得找刘氏兄弟指点迷津。"刘绍喜从此拥有了"资本教父"的称号。

在宜华集团快速发展的时候,刘绍喜对于企业、社会甚至是环保都有更深刻的认识。当时许多木材加工企业都非常短视,只管砍树,不做种植;宜华木业则坚持"砍一棵树,补一株苗"的原则,每砍一棵树,都会补种一株树苗。这是一种可持续发展的大智慧,一种生生不息的经营观和人生观。

2004年8月24日,宜华木业成功在上交所上市,市值突破80亿元,刘绍喜成为国内实木地板第一人。宜华集团成为中国民营企业500强,同时名列广东民营企业100强,总资产达700多亿元。

在一次次的企业帮助中,刘绍喜的资本帝国已经走上康庄大道,初具威严。当时潮汕地区流行一种"澄海三莫死"的说法。大概意思是,在澄海当地有三位不能死的霸王,其中之一便是宜华集团董事长刘绍喜,可见当时刘绍喜的影响力和威望。

多米诺效应的"下坠"

"宜华系"采用家族化运作模式,将股权分散开,降低风险(图9-2)。宜华集团的股权由其创始人刘绍喜、刘绍喜的弟弟刘绍生、长子刘壮青各持有一部分股份。

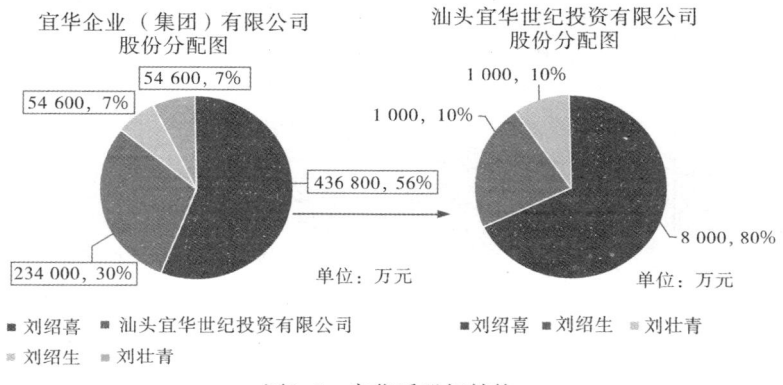

图9-2 宜华系股权结构

数据来源：wind数据库。

宜华生活的第一张多米诺骨牌倒在2020年4月。据查，宜华生活涉嫌信息披露违法违规，证监会依法对其立案调查。据调查，这起案件的时间跨度前后足足有四年。2016—2019年，宜华生活实际控制人刘绍喜利用其控制地位，指使上市公司通过虚构销售业务等方式，累计虚增收入71亿元，累计虚增利润28亿元。

2016—2019年，宜华生活仍处于扩张发展期，但是其账面资金对应的利息收入低于同期的理财计划。拥有几十亿元的流动资金，为何产生的利息收入不超过1.16%（图9-3）？另外，值得深思的是，宜华生活在这三年中的平均资本已经达到6%以上。贷款利息和存款利息的高度不对称，也暗示了宜华生活的财务报表存在问题。

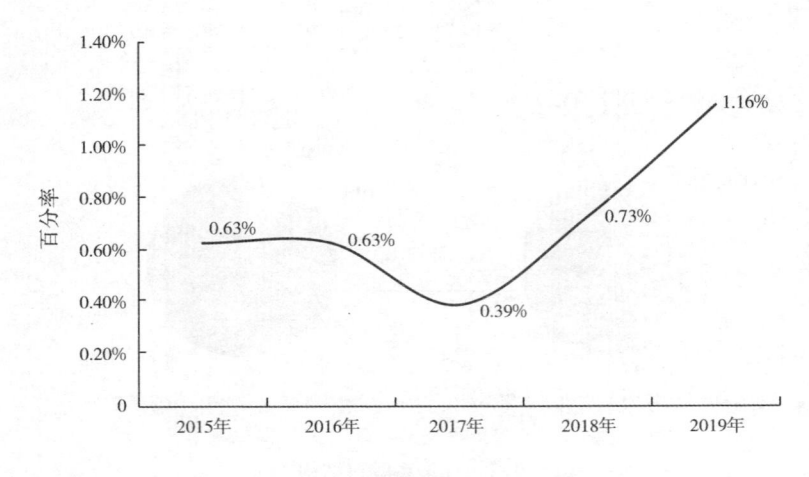

图9-3 宜华生活货币资金收益率

数据来源：wind数据库。

危机即将浮出水面。2019年10月，宜华系发布的债券"16华01"出现违约，资金链已经到了崩溃边缘，此前以收购公司为主的无节制扩张埋下的雷点爆发了。如图9-4、图9-5所示，2019年，宜华生活营业收入为52.44亿元，同比下降29.15%，净利润－1.85亿元，出现了负数。2020年的净利润更是同比下滑1 495.89%，下降幅度令人咋舌。

2020年是宜华系爆雷的一年。截至2020年11月，刘绍喜和他的宜华集团已经出现了13条负面信息。5月6日，宜华集团的"17宜华企业MTN001"债务出现违约，雪崩已经开始。在2020年剩余的时间里，宜华集团还需要面对共计55亿元的一次性偿还债券。

毫不夸张地说，刘绍喜迎来了人生的至暗时刻。2020年4月24日，刘绍喜旗下的宜华生活收到中国证监会发出的《调查通知书》；2019年的财务报表被会计师事务所的无法表示意见迎头痛击；而宜华生活61.91亿元的债务也沉沉地压在刘绍喜的心头。

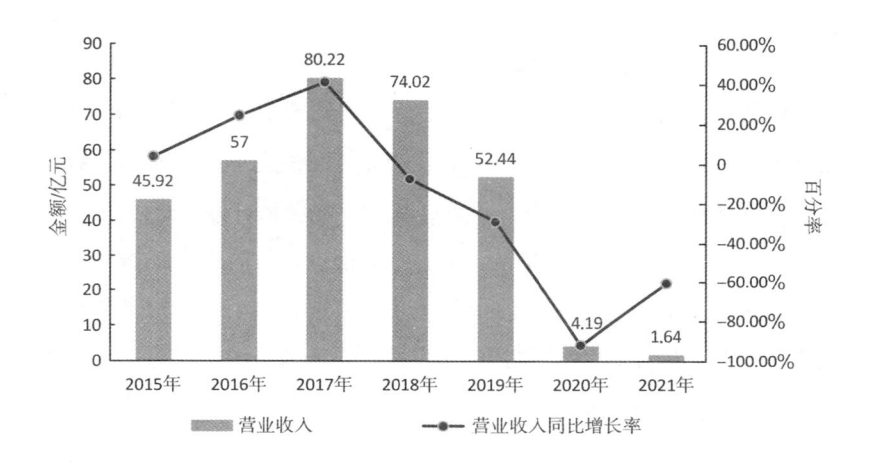

第九章 宜华生活：资本教父和资本帝国的浮沉录

图9-4 宜华生活历年营业收入和同比增长率

数据来源：wind数据库。

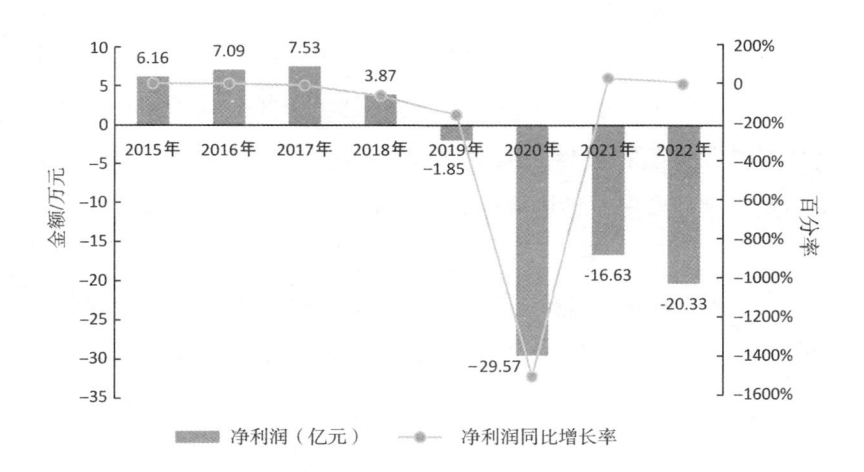

图9-5 宜华生活历年净利润和同比增长率

数据来源：wind数据库。

255

宜华生活存在比较典型的存贷双高问题，即企业现金流非常充足的同时贷款数目较高。2018年年报显示，宜华生活货币资金为33.89亿元，而长期借款、短期借款、应付债券共为52.56亿元。宜华生活在账面上躺着巨额货币资金的同时为了融资支付高额利息的异常财务数据引起监管部门的注意，证监会开始对这一异常现象进行核查。

《经济信息联播》记者在采访证监会稽查人员时得知，宜华生活有六大生产基地，合并报表的子公司共有47家。为了寻找财务造假的线索，证监会需要将宜华生活所有的财务凭证都集中转移到调查现场的会议室中。稽查人员需要在堆积如山的财务凭证中，找出宜华生活财务造假的证据。在证监会组织了调查组成员来到宜华生活后，12名调查组成员在调查现场的会议室中对浩如烟海的资料中进行了一个月的搜索。

宜华生活为了不暴露财务造假也是煞费苦心。根据央视财经的报道，宜华生活通过两个完全独立的生产业务系统"敷衍"调查组成员。两套系统各存有一套数据，一套数据货值虚高，用于报关；另一套数据则是跟境外客户对账的真实数据。每当稽查人员进场时，宜华生活就会物理断电，偷偷将存储着真实数据的系统电源拔了，不予显示。

更令调查组成员感到棘手的是，虽然宜华生活明面上非常配合调查组取证，实际上却在阻挠调查。宜华生活提供的所有和境外客户签订的合同均只存在一个框架协议，而不提供基础交易资料。公司的外销流程不透明，相关的主管人员不是离职就是联系不上，甚至公司的整个进出口部门离奇"消失"，宜华生活的种种行为真正诠释了人间蒸发、查无此人。

第九章　宜华生活：资本教父和资本帝国的浮沉录

稽查人员取证期间，宜华生活财务部特别是进出口部的数据和资料均被处理得干干净净，桌上仅留下一叠很薄的书面框架合同作为业务资料留给调查人员检查，办公室内甚至没有留下一台电脑。为了进一步规避调查、不露口风，宜华生活还把原进出口部等相关部门的负责人员藏匿到条件较差的生产车间或临时办公室，不允许知晓内幕的工作人员和调查组接触。

宜华生活拔电源对抗监管的行为并没有实现其逃脱监管制裁的天真幻想。证监会查实，2016—2019年，宜华生活通过虚构境内销售业务、高报出口货物销售额等方式虚增营业收入，四年累计虚增营业收入70.92亿元，四年分别虚增22.98亿元、21.40亿元、20.12亿元、6.41亿元，占当期披露营业收入的40.32%、26.68%、27.18%、12.22%。

宜华生活还通过根据境内销售实际虚增利润和外销平均毛利率估算境外销售这一方式虚增利润累计27.79亿元，2016年、2017年、2018年、2019年分别虚增7.73亿元、8.69亿元、9.06亿元和2.31亿元，分别占当期披露利润总额的88.24%、98.67%、192.78%和99.37%。同时，宜华生活通过财务不记账、虚假记账、伪造银行单据等方式虚增货币资金。在2016年至2019年上半年，累计虚增货币资金金额就高达94.41亿元，四年分别虚增银行账户资金24.40亿元、15.98亿元、26.07亿元、20.15亿元，虚增的金额分别占公司披露货币资金总额的68.69%、37.79%、76.93%、72.80%。

百般阻挠终难逃法网，资本教父跌落神坛

除了财务造假之外，宜华生活2016—2019年年度报告还存在重大

遗漏。宜华集团总裁刘绍香（刘绍喜的妹妹）在未经公司管理层决策的情况下，直接通过宜华生活名下共6家银行的10个账户向汕头市宏辉木制品有限公司（简称"汕头宏辉"）和汕头市亮光建材贸易有限公司（简称"汕头亮光"）名下共2家银行的3个账户进行资金划转，共划转资金157.11亿元，回流资金164.21亿元。其中，2016年、2017年当年累计资金往来远超净资产总额。同时，证监会也查实，该巨额资金往来均未记账与披露，严重违反信息披露标准。

因此，宜华生活被责令改正，给予警告并处以600万元罚款。刘绍喜作为直接负责主管人员、实际控制人被处以930万元的罚款。其余18人被处以累计2 355万元的罚款。此外，证监会还决定对刘绍喜采取终身证券市场禁入措施，刘绍喜的资本梦就此破灭。而从投资者角度看，这仍未结束。造假败露后，宜华生活很快遭到银行和投资者的谴责。2022年5月22日，野马财经就有4家银行、50多名投资者对宜华生活财务造假发起索赔一事采访律师孙毅。孙毅表示，虽然宜华生活目前已经受到行政处罚，但这并不意味着涉案人员一定可以免于刑事追诉。《中华人民共和国刑法》（简称"《刑法》"）第161条规定，依法负有信息披露义务的公司，企业向股东和社会公众提供虚假的或者隐瞒重要事实的财务会计报告，或者对依法应当披露的其他重要信息不按照规定披露，严重损害股东或者其他人利益，或者有其他严重情节的，对其直接负责的主管人员和其他直接责任人员以本罪进行刑事追诉。

宜华生活很快走向了末日。自从2019年宜华生活年度财务报告被审计机构出具"无法表示意见"的意见之后，公司紧接着收到退市风险警示，股票简称变更为"*ST宜生"。2021年3月22日，宜华生活股票

*ST宜生终止在上海证券交易所挂牌上市，并于2021年5月27日进入全国中小企业股份转让系统挂牌转让，成为退市新规下首只"1元退市股"。

位于风暴中心的宜华生活，在2022年遇到了更多麻烦。2022年，宜华生活作为被告人或被申请人的累计诉讼和仲裁事件涉及金额高达48.09亿元，占其期末净资产的159.40%。截至2022年5月22日的部分起诉细节如表9-1所示。

表9-1 涉及宜华生活的部分起诉案件一览（截至2022年5月22日）

起诉公司名称	被告公司名称	时间	类型	涉案金额	审理情况
中国银行股份有限公司汕头分行	宜华生活科技股份有限公司及其他被告	2022年3月3日	金融借款合同纠纷	6.73亿元及利息、罚息和复利	法院已出具《执行通知书》
渤海银行股份有限公司深圳分行	活科技股份有限公司及其他被告	2022年4月28日	金融借款合同纠纷	2.90亿元及利息逾期罚息和复利	法院已出具《民事判决书》
广发证券股份有限公司		2021年12月20日	债券交易纠纷	8.27亿元	尚未开庭
中国光大银行股份有限公司深圳分行		2022年1月28日	金融借款合同纠纷	2.02亿元	已庭审，等待判决结果
中国光大银行股份有限公司深圳西丽分行	宜华生活科技股份有限公司及其他被告	2022年1月28日	金融借款合同纠纷	21.89亿元	已庭审，等待判决结果
合计				41.81亿元	—

"木业第一股"宜华生活及其背后的实际控制人刘绍喜,以这种方式悲情谢幕。

此外,资本教父刘绍喜白手起家的宜华系已经风雨飘摇。宜华集团主要有四大板块,分别是宜华生活、宜华健康、宜华地产及宜华资本,四个板块分管宜华系的家居、健康、房地产及金融(图9-6)。

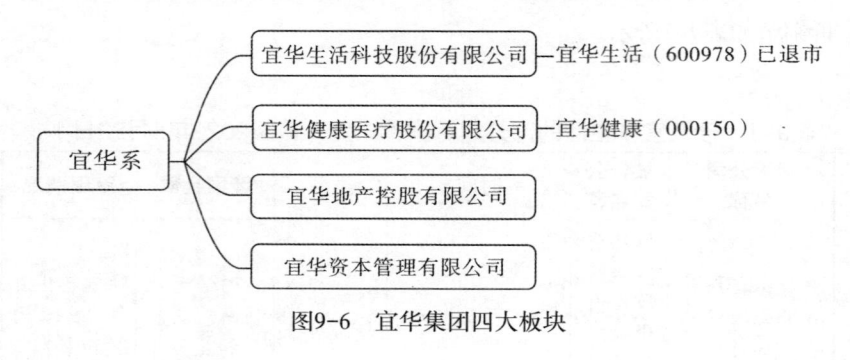

```
                  ┌─ 宜华生活科技股份有限公司 ─ 宜华生活(600978)已退市
                  │
                  ├─ 宜华健康医疗股份有限公司 ─ 宜华健康(000150)
        宜华系 ───┤
                  ├─ 宜华地产控股有限公司
                  │
                  └─ 宜华资本管理有限公司
```

图9-6　宜华集团四大板块

2022年4月7日,主营医疗机构运营及服务和养老社区运营及服务的宜华健康再度发出可能被实施退市风险警示的公告,距离上次发布退市风险警示不过半个月。2022年8月,中国证监会对宜华健康下发行政处罚书。行政处罚书表示,宜华集团操纵132个股票账户,在2年内连续交易、拉抬价格、对倒交易等影响市场股价,并在操作期间亏损8.17亿元。2022年底,宜华健康负债超过40亿元,处于资不抵债的经营状态。2023年6月9日,宜华健康发布了股票终止上市暨摘牌公告,成为2023年首个被退市的医疗服务企业。

第九章　宜华生活：资本教父和资本帝国的浮沉录

造假背后的秘密

宜华生活财务舞弊是通过实际控制人指使上市公司进行财务造假得以实现的。和乐视网的偷天换日方式相似，宜华生活主要通过三种方式进行财务造假。其一，虚增营业收入及利润。其二，虚增货币资金。其三，未按规定披露巨额资金往来。

手段一：虚增营业收入及利润

经证监会查明，宜华生活在2016—2019年发生虚构收入和利润的财务舞弊行为。2016年，宜华生活虚构收入22.98亿元，占当期期末对外报告营业收入的40.32%；虚构利润7.73亿元，占当期期末对外报告利润总额的88.24%。2017年，宜华生活虚构收入21.40亿元，占当期期末对外报告营业收入的26.68%；虚增利润8.69亿元，占当期期末对外报告利润总额的98.67%。2018年，宜华生活虚构收入20.12亿元，占年末披露营业收入的27.18%；虚增利润7.73亿元，占当期期末对外报告利润总额的192.78%。2019年，宜华生活虚构收入6.41亿元，占当期期末对外报告营业收入的12.22%；虚增利润2.31亿元，占当期期末对外报告利润总额的99.37%（表9-2）。

表9-2 宜华生活虚增营业收入及利润的情况

年份	营业收入/亿元	占当期披露	利润/亿元	在当期披露利润总额中的占比
2016	22.98	40.32%	7.73	88.24%
2017	21.40	26.68%	8.69	98.67%
2018	20.12	27.18%	7.73	192.78%
2019	6.41	12.22%	2.31	99.37%

数据来源：中国证监会公告。

手段二：虚增货币资金

2016年，宜华生活虚构货币资金24.40亿元，占当期期末对外报告货币资金总额的68.69%、净资产的32.95%和总资产的15.27%。2017年，宜华生活虚构货币资金15.98亿元，占当期期末对外报告货币资金总额的37.79%、净资产的20.04%和总资产的9.57%。2018年，宜华生活虚构货币资金26.07亿元，占当期期末对外报告货币资金总额的76.93%、净资产的31.17%和总资产的14.60%。在2019年半年度报告中，宜华生活虚构货币资金20.15亿元，占同期对外报告货币资金总额的72.80%、净资产的23.84%和总资产的11.68%（表9-3）。

表9-3 宜华生活虚增货币资金总额及占比情况

年份	披露/亿元	虚增/亿元	在当期期末对外报告的货币资金中的占比	在净资产的占比	在总资产的占比
2016	35.52	24.40	68.69%	32.95%	15.27%
2017	42.29	15.98	37.79%	20.04%	9.57%
2018	33.89	26.07	76.93%	31.17%	14.60%
2019	27.67	20.15	72.80%	23.84%	11.68%

手段三：未按规定披露巨额资金往来

根据证监会公告，2016—2019年，宜华生活隐瞒了与两个关联企业发生的巨额资金往来事项，这两个关联企业分别是汕头宏辉和汕头亮光。

汕头宏辉和汕头亮光的实际控股股东是宜华集团，而宜华集团又是宜华生活的最大股东，对宜华生活具有实际控制权。因此，汕头宏辉和汕头亮光这两家公司与宜华生活具有关联关系，它们之间发生的交易和事项需要对外披露。然而，在2016—2019年，宜华生活从未对外披露过与汕头宏辉和汕头亮光的关联关系，它们之间的大额资金往来亦未曾披露（表9-4）。2016—2019年，宜华集团的总裁刘绍香指使宜华生活的内部员工，通过宜华生活名下的银行账户向汕头宏辉和汕头亮光进行巨额资金划转与回流，这些资金往来并不符合公司货币资金控制流程，也未经过相关决策机构的授权。在这四年间，宜华生活与汕头宏辉累计资金往来达312.1亿元，宜华生活与汕头宏辉累计资金往来约8.69亿元（图9-7）。宜华生活从未对上述与汕头宏辉和汕头亮光的巨额资金往来进行披露。

表9-4 宜华生活关联方资金往来（单位：万元）

年份	关联方	资金往来	在经审计净资产中的占比
2016	汕头宏辉	913 994.00	123.21%
2017	汕头宏辉	1 163 976.00	145.93%
2018	汕头宏辉	878 758.51	105.07%
2018	汕头亮光	20 641.00	2.47%
2019	汕头宏辉	169 528.56	21.80%
2019	汕头亮光	66 282.00	8.52%

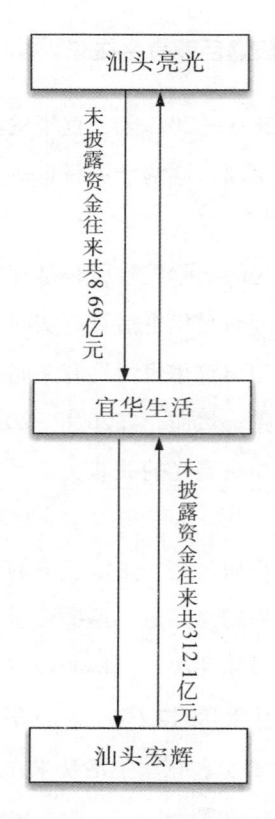

```
           ┌──────────┐
           │ 汕头亮光 │
           └──────────┘
              ↕ 未披露资金往来共8.69亿元
           ┌──────────┐
           │ 宜华生活 │
           └──────────┘
              ↕ 未披露资金往来共312.1亿元
           ┌──────────┐
           │ 汕头宏辉 │
           └──────────┘
```

图9-7　宜华生活2016—2019年未披露巨额资金往来情况

一手好牌打得稀烂，资本帝国终离散

　　宜华生活财务造假的原因，可分为外部因素和内部因素。外部的监督机构给宜华生活财务舞弊带来可乘之机。在宜华生活财务造假的四年间，我们通过其发布的年报不难发现，一直担任外部审计角色的是正中珠江，而在此期间，该事务所都给宜华生活出具了标准无保留意见的审计报告。明显失真的报告无疑遮掩和助长了宜华生活的财务造假行为。内部因素方面，第一，宜华生活的治理结构失衡，集权经营、家族企业、权责交叉现象尤为明显。第二，风险评估不合理，宜华生活的风险意识不够、风险评估程序也不合理。比如，2020年以来，新冠疫情的扩散和蔓延给家具企业资金周转带来巨大的压力，从家具生产到精准服务型设计产业，在宜华生活飞速发展的过程中，公司并没有设置与之抗衡的防范系统以备不时之需，各项流程的形式化也加剧了千亿企业的崩塌。第三，财务管理方面的控制措施和活动失控。财务一系列大额数据的相关操作，都是企业的大股东一手操控，企业内部其他人员并无插手的实际权力，内部控制体系也并未对其行为进行评估和约束，这导致宜华生活背负巨额债务，从而选择财务造假。第四，企业的信息沟通与交流不充分。最明显的一点是信息披露不合理，而且企业内部和外部的投资者信息严重不对称。第五，内部监督不合理。宜华生活的董事会和监事会设置不合理，公司治理带有典型的家族作风，企业经营者任人唯亲、高度集权、经验至上，无法胜任监督职责。

宜华生活通过财务舞弊来粉饰企业的财务状况和经营成果，迷惑了资本市场上的广大投资者，使其对公司的未来经营发展抱有坚定的信心，从而购入公司的股票。但是，当舞弊事件败露，由于信息的迟滞，中小股东难以及时发觉，投资者只能承受股价大跌，损失惨重却难以维权。股价和市盈率是资本市场对一个企业未来预期价值的直接体现，当一个上市公司被爆出存在财务造假的可能性，最直观的影响便是其股价的变动。当上市公司因信息披露违法受到证监会立案调查时，这一负面消息一旦传到资本市场，投资者就可能会对公司未来持续经营的可能性和公司高管的诚信度产生怀疑，便可能会选择放弃持有其股票，从而导致该公司的股价直线下跌。

2020年4月26日，宜华生活涉嫌信息披露违规被证监会立案调查。次日，宜华生活的股价便封跌停板，一直到2020年5月21日，宜华生活的股价都持续跌停板，致使中小股东遭受严重损失。2021年1月19日—2月22日，宜华生活股票的收盘价连续20个交易日均低于一元，根据退市新规，宜华生活的上述情形符合交易类退市条件，宜华生活被强制退市。

2021年10月18日，中国证监会根据宜华生活财务舞弊的违规事件，共处罚金3 250万元，其中宜华生活被罚600万元、实际控制人刘绍喜被罚930万元，其他主要负责人被处以250万元以上450万元以下不等罚款。此外，刘绍喜被证券市场终身禁入，刘壮超被禁入10年，万顺武被禁入6年，周天谋和刘为红被禁入5年。除了被证监会处罚，宜华生活的舞弊行为也引起广大投资者的不满，其声誉受到很大影响，遭到上交所摘牌退市，成为退市新规下的首个"一元退市股"。宜华生活的盈利能力也大幅下滑，宜华生活成为家居行业的垫底企业。原本一介家居权威品牌就此黯然退场。

从上市到退市，宜华生活的成功像烟花般转瞬即逝。可以说，宜华生活将一手好牌打得稀烂，原本可以实现稳步发展，却急于求成，盲目扩张，忽略了公司的实际情况，最终不得不以作假手段欲盖弥彰，导致资本帝国坍塌，潮汕资本教父的资本梦就此破碎……

第九章　宜华生活：资本教父和资本帝国的浮沉录

大事记

· 1996年，澄海市泛海木业有限公司（广东省宜华木业股份有限公司的前身）注册成立。

· 2000年8月16日，"澄海市泛海木业有限公司"经批准更名为"广东泛海木业有限公司"。

· 2004年8月，宜华生活在上交所主板上市，是汕头第一家上市民营企业，股票简称为宜华生活，代码是600978。

· 2005年1月，集团参与国企改制，收购汕头市茶叶进出口有限公司。

· 2012年，收购日照华嘉木业有限公司以及在非洲加蓬设立的多家公司。

· 2015年，收购东莞市多维尚书家居有限公司、美乐乐家居网等公司。

· 2016年5月17日，公司名称由"广东省宜华木业股份有限公司"变更为"宜华生活科技股份有限公司"。

· 2016年，宜华集团进一步进军软体家居和家居净化领域，收购华达利、健康家等软体家居公司。

· 2020年4月24日，由于资产负债表上出现"存贷双高"问题，引起相关部门注意，中国证监会对宜华生活下发《调查通知书》，依法对其涉嫌信息披露违法立案调查。

· 2021年2月22日，宜华生活股票连续20个交易日每日收盘价均低于人民币1元，达到《股票上市规则》的强制退市条件。

· 2021年2月23日，宜华生活股票开市停牌。

・2021年2月24日，宜华生活连发两份公告称，公司实控人刘绍喜和董事刘伟宏因涉嫌操纵证券市场被中国证监会立案调查。

・2021年3月15日，宜华生活收到上海证券交易所《关于宜华生活科技股份有限公司股票终止上市的决定》，并在5个交易日后公司股票摘牌，终止上市。

・2021年3月22日，宜华生活退市。

・2021年11月3日，证监会对宜华生活下发《行政处罚决定书》和《市场禁入决定书》。

第十章 康得新：长使『英雄』泪满襟？

蔡纪瑶　黄悦昕

揭开财务舞弊的面纱
探索企业如何走正道

康得新复合材料集团股份有限公司（简称"康得新"），曾被称为"中国新材料界的华为"。

国内首条预涂膜材料生产线，反大陆光学膜市场的国外垄断，新材料世界级生态平台的创建……康得新的功劳簿上，激荡着"苟利国家生死以，岂因祸福避趋之"的民族澎湃。以振兴民族工业为己任，钟玉立下此鸿鹄之志时，满腔的军人热血都在翻滚。

财报数据造假、隐瞒关联担保事实、隐瞒募集资金使用情况……名利场的乱花渐欲迷人眼，哪怕是熊熊烈火淬炼出的铁骨铮铮，也可能在灯红酒绿中不知不觉地弯下了腰。当欲望冲昏头脑，当利益蒙蔽双眼，曾经的豪情热血慢慢降温。这位骄傲的军人，跨着千亿大白马，在财务舞弊的道路上一骑绝尘。

昔日千亿大白马，怎就不知悬崖勒马？赫赫的民族产业英雄，怎就沦为阶下囚？可叹，可悲，堂堂军人，就这般初衷渐毁，把自己的军魂和中国梦一并葬在了财务舞弊的深坑里，暗无天日。

踌躇满志的创始人

生于四川涪陵的钟玉，1968年中学毕业后到航空部北京125厂工作。一年后，参军入伍，在中国人民解放军第二十五基地服现役。1973年，钟玉复员回厂，随后考入北京航空航天大学进行深造，获电气工程专业学士、系统管理工程硕士学位。

在技术和知识的双重加持下，毕业后的钟玉如鱼得水，被分配到电机厂研究所担任歼八主发电机的设计员，屡次立功。1984年，年仅34岁的钟玉便被破格提拔为研究所副所长，人称"青年科学家"。少年得意，平步青云，羡煞旁人。

一片丹心图报国。陆军特种兵的特殊经历，让踌躇满志的钟玉想要攻坚克难，在未知中开辟出中国人自己的路。1988年下海创业的东风吹来，钟玉热血沸腾，决定下海经商。他放弃他人眼中的锦绣前程，带着同厂兄弟，凑了3万块钱，在北京成立了北京市康得机电发展总公司。这便是康得新的前身。

创业之路并非坦途。康得创立之后，钟玉先后涉足过代步电动车、清洁设备、自动化办公设备等业务，却毫无起色。1998年，10年的资本积累，让钟玉的康得大厦在首都落成，也把康得带入新的蓝海。20世纪90年代末的中国，广泛使用的还是"即涂膜"工艺，印刷品容易起泡和脱膜，涂膜技术本身存在的苯溶剂对环境的污染也极大。预涂膜作为一种高分子复合膜，工艺先进且绿色环保，与即涂膜相比优势明显。当时预涂膜生产技术的壁垒高，设备投资大，国内的产业还处于荒土待拓的阶段。钟玉看准这一市场前景，选中具有巨大发展潜能的预涂膜，启动了公司预涂膜项目。

最开始，钟玉想走中外合作的老路。他找到全球最大的预涂膜生产商美国GBC公司，与对方签订合资协定，准备撸起袖子大干一场。然而，越有话语权的企业，越不遵守市场规则。在康得进入第二个十年发展期间，GBC公司单方面撕毁了合约，宣布将预涂膜生产线放在韩国。这次打击让钟玉和康得损失惨重。

"在我一生中还没有想做而做不成的事。"这或许是钟玉的狂妄,但却也是其作为军人的傲骨。经过这件事后,钟玉立志要走自己的路,他带领研发团队开始自主研究预涂膜技术,自己做技术研发,自己建立生产线。一代全球预涂材料的领军者悄然崛起。

2001年8月,康得新复合材料集团股份有限公司在北京注册成立。2002年,康得新预涂膜生产线在北京昌平科技园区建成,标志着中国第一条预涂膜生产线正式投产。"好风凭借力,送我上青云。"康得新的预涂膜投产下线时,中国刚刚加入世界贸易组织(WTO),蓬勃发展的国内经济叠加强劲的进出口贸易,推动着中国印刷包装行业快速发展,为康得新的预涂膜业务提供了绝佳的发展契机。康得新预涂膜的闻名,也离不开其过硬的质量。在2004年被称为"印刷界的奥林匹克"的德国德鲁巴印刷展会上,康得新产品受到欧洲客户的关注。庞大的国外市场由此打开,连日本、墨西哥等国家的知名厂商也慕名而来,寻求合作。在国内市场,康得新更是如鱼得水,凭借技术、成本和先发优势,一跃成为国内最大的预涂膜材料供应商,市场份额一度高达20%。经过8年发展,康得新成为全球最大的预涂膜生产企业,并于2010年以每股14.20元登陆A股上市,当年实现营收5.24亿元、净利润0.70亿元。

然而,钟玉不只是满足于已经取得的成功,在预涂膜领域开疆扩土后,他便把目光投向了光学膜和碳纤维市场。光学膜应用场景广泛,碳纤维更是制造航天航空等高技术器材的优良材料,借着上市的东风,康得新在材料市场上一路高歌猛进。2011年,康得新光学膜示范基地投产,一举打破了日、韩以及中国台湾对大陆光学膜市场的垄断。2012年,康得新从印度COSMO公司手中夺得预涂膜全球霸主地位。2013年，康得新追加投入45亿元，在张家港建设"两亿平方米光学膜产业集群"，占据全球出货量的一半。2016年，康得新投入23亿元布局裸眼3D业务，并相继推出数十款裸眼3D电子产品。2017年，康得新建成碳纤维轻量化生态平台，拥有碳纤维四大子公司，实现了碳纤维从原丝到碳丝，再到碳纤维复合材料的研发、设计、生产的全产业链。由此，康得新形成了新材料、智能显示、碳纤维三大板块，并在此基础上不断延伸到其他分支，公司将核心聚焦于先进的高分子材料，产品远销至全球80多个国家和地区（表10-1、图10-1、图10-2）。

表10-1 康得新主营业务发展

时间	主营业务
2011年以前	预涂膜
2011年	预涂膜、光学膜
2012年	预涂膜、光学膜、3D智能显示
2015年	预涂膜、光学膜、3D智能显示、新智能汽车
2016年	预涂膜、光学膜、柔性材料、3D智能显示、3D智能应用平台、新智能汽车
2017年以后	预涂材料、光电材料、智能显示、产品与方案

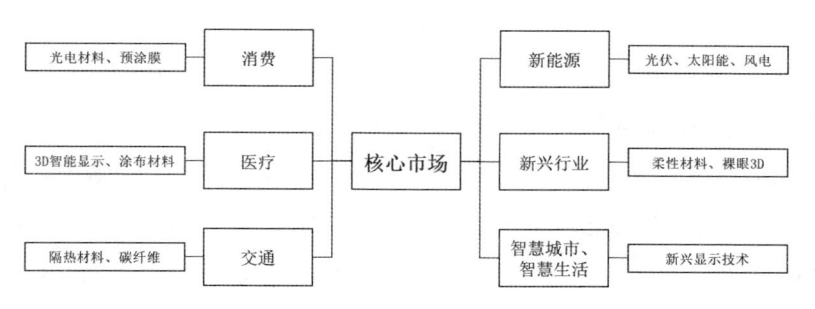

图10-1 康得新产品的核心市场

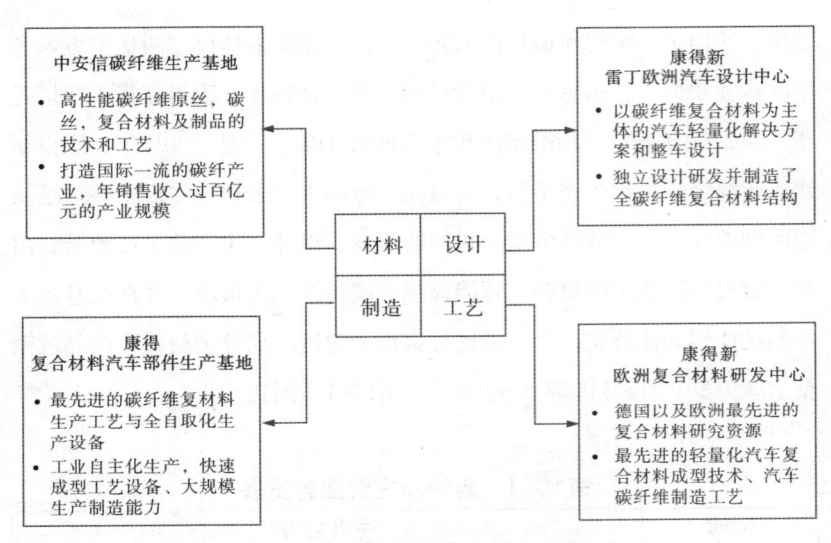

```
┌─────────────────────────┐                      ┌─────────────────────────┐
│ 中安信碳纤维生产基地      │                      │ 康得新                   │
│ • 高性能碳纤维原丝、碳    │                      │ 雷丁欧洲汽车设计中心      │
│   丝、复合材料及制品的    │                      │ • 以碳纤维复合材料为主    │
│   技术和工艺             │                      │   体的汽车轻量化解决方   │
│ • 打造国际一流的碳纤产    │                      │   案和整车设计           │
│   业，年销售收入过百亿    │                      │ • 独立设计研发并制造了    │
│   元的产业规模           │                      │   全碳纤维复合材料结构    │
└─────────────────────────┘                      └─────────────────────────┘
              ↓                ┌─────┬─────┐                ↓
                               │材料 │设计 │
                               ├─────┼─────┤
                               │制造 │工艺 │
              ↑                └─────┴─────┘                ↑
┌─────────────────────────┐                      ┌─────────────────────────┐
│ 康得                     │                      │ 康得新                   │
│ 复合材料汽车部件生产基地  │                      │ 欧洲复合材料研发中心      │
│ • 最先进的碳纤维复材料    │                      │ • 德国以及欧洲最先进的    │
│   生产工艺与全自取化生    │                      │   复合材料研究资源       │
│   产设备                 │                      │ • 最先进的轻量化汽车复    │
│ • 工业自主化生产，快速    │                      │   合材料成型技术、汽车    │
│   成型工艺设备、大规模    │                      │   碳纤维制造工艺         │
│   生产制造能力           │                      │                         │
└─────────────────────────┘                      └─────────────────────────┘
```

图10-2 康得新碳纤维产业布局

资料来源：康得新公司官网。

"别人干的我不干，别人干得好的我更不干；别人不做的我们就要做，还要做得让别人望尘莫及"，这是钟玉的制胜法宝。从陆军特种兵到中国预涂膜第一人，钟玉的传奇故事使他被誉为"新材料界的任正非"，而康得新便是"新材料界的华为"。康得新当时头顶全球预涂材料领导者、光学材料领军者、碳材料领先者等荣誉称号，并成为中国第一家也是当时全球唯一一家入选《福布斯》2017年度"全球最具创新力企业"的材料企业。伴随荣誉而来的，往往是更加真实可感的金钱。如图10-3所示，2015年牛市下，康得新股价水涨船高，于当年5月25日达到最高的67.58元/股。2017年，康得新股价一度高达26.71元/股，公司市值接近千亿元，超过当时的第二名亨通光电近300亿元，被称为新材料领域的"千亿大白马股""中国3M"。

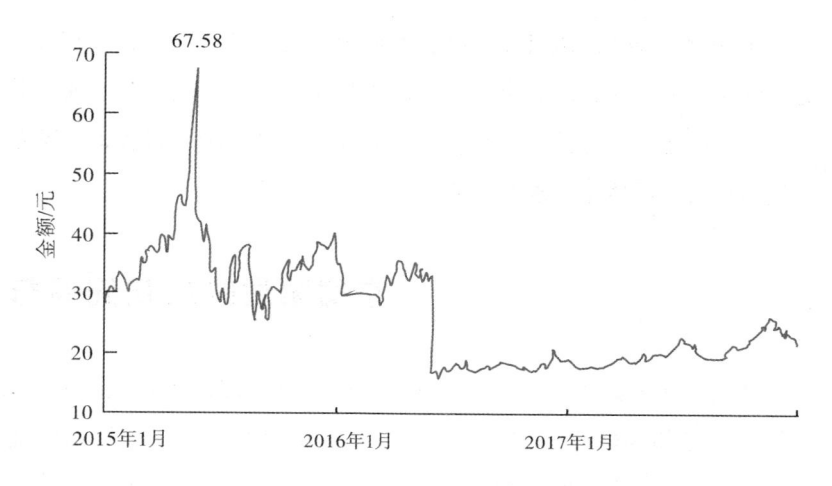

图10-3　2015—2017年康得新公司每股走势

此时的康得新豪情万丈。如图10-4所示，2015年、2016年、2017年，康得新分别实现营业收入74.59亿元、92.33亿元、117.89亿元。归

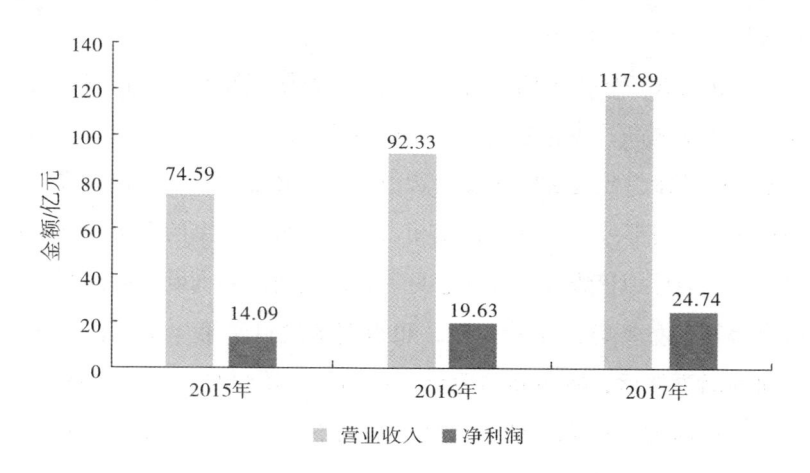

图10-4　2015—2017年康得新营业收入和净利润情况

属于上市公司股东的净利润分别为14.09亿元、19.63亿元、24.74亿元。钟玉带领着康得新，书写了一段中华民族工业从追赶、超越到引领的传奇故事。只是这个故事在2017年突然笔锋一转，谁承想，风光数据的背后，居然是注水的笑话。

东窗事发的15亿元债务

钟玉曾在一篇文章中分享自己近30年的创业故事，他在文中自称"每天都是如履薄冰，如临深渊，没有好的身心，一定坚持不到现在"。写下那篇文章时的钟玉，或许从来没有想到，真正的深渊已经悄然而至。2017年8月，深交所的一纸问询函，预示着康得新往日的风光可能只是矫情饰诈；而2019年1月的违约事件，更是一条炸裂的导火线，引爆康得新的虚假繁荣。在监管和制度的围剿中，这匹千亿大白马节节落败，溃不成军。

深交所2017年下发的这封问询函，涉及康得新内部存在的存贷双高、毛利率超高、应收账款周转天数延长等问题，要求康得新说明长期通过举债维持超过运营需要的货币资金的必要性和合理性，说明是否存在关联方非经营性占用或变相占用上市公司资金的情形，同时还要求年审会计师核查发表专项意见等。深交所的问询函言辞犀利，直指康得新财务舞弊。尽管如此，康得新却逃过了第一次死亡威胁。在问询函事件后，康得新的股价走势仍然维持强势，一度突破25元/股。康得新的"风光"似乎已到达最高点，但公司坚称"目前一切正常"。

2019年初，"一切正常"的康得新，突然投下第一枚惊雷。康得新发布公告称，公司两只规模分别为10亿元和5亿元的超短期融资券（债券简称：18康得新SCP001、18康得新SCP002）无法实现到期兑付，确认构成债务违约。在解释为何不能按期足额付息时，康得新慢条斯理地解释道："公司2018年四季度以来，受销售回款缓慢、宏观金融大环境等内外部因素的影响，资金周转出现暂时性困难。"

但让人大为惊叹的是，根据2018年三季报，康得新此时账上仍有150亿元的货币资金，现金余额高达143亿元。手握巨额现金却还不起区区15亿元的债务？这匹"纸上富贵"的千亿大白马逐渐"露出马脚"，而这次违约事件，也正式拉开了康得新后续一系列债务违约爆雷的帷幕。

2019年1月15日，深交所再次向康得新下发问询函，而这次的问询函来得更加"猛烈"，直指康得新造假的命门。问询函称，截至2018年9月，康得新公司账面货币资金150亿元，要求康得新以列表方式补充说明公司货币资金的存放地点和类型，以及是否存在抵押/质押/冻结等权利受限情形。同时，问询函要求康得新结合货币资金抵押/质押/冻结等权利受限情形，说明公司存在大额货币资金但未能按期兑付2018年度第一期超短期融资券本息，以及第二期超短期融资券兑付存在不确定性的原因及合理性，并要求康得新自查公司货币资金等财务报表项目的列报是否真实准确，是否存在财务造假情形。此外，问询函还要求康得新自查货币资金相关内控措施的执行情况，自查是否存在大股东资金占用或违规对外担保的情况等。深交所的严厉质问，让康得新终于黔驴技穷。

受爆雷影响，当日，康得新股价大幅下挫10%至6.46元/股，并收到市场禁入告知书和行政处罚单。2019年1月20日，康得新发布公告称，因未披露股东间的一致行动关系，康得新及控股股东康得投资集团有限公司、实际控制人等被证监会立案调查；21日，由于康得新公司主要银行账户被冻结，公司股票触发其他风险警示，公司于22日停牌；22日，康得新收到中国证券监督管理委员会的《调查通知书》，《调查通知书》提到，因公司涉嫌信息披露违法违规，根据《中华人民共和国证券法》的有关规定，证监会决定对公司立案调查；23日，"康得新"被改名为"ST康得新"，日涨跌幅限制为5%，这意味着公司存在投资风险；随后，6家银行划走康得新公司资金共计6亿元，5家银行冻结康得新公司资金共计15亿元，还有10多家银行要求法院对康得新部分资产实施没收处理。

这场债务危机的突然爆发，让广大投资者开始质疑康得新公司业绩的真实性。外部风波迭起，康得新内部同样暗潮汹涌，人事频繁变更。爆雷后，2019年1月29日，董事会收到公司主要创始人之一徐曙的书面辞职报告，任职了20多年的徐曙表示因个人原因辞去总裁职务，而总裁职位将由董事长钟玉提名的肖鹏接任；2月11日，康得新时任董事会全票通过肖鹏、徐曙、侯向京、纪福星为新一届董事会非独立董事候选人，同时提名陈东、张述华、杨光裕为公司第四届董事会独立董事候选人；2月12日，董事长钟玉表示因个人原因，申请辞去公司董事长、董事、董事会下设各专业委员会委员等相关职务，但仍保留实际控制人身份。3月初，康得新完成董事会"大换血"，原总裁徐曙以微弱劣势不敌余瑶，未能成功当选董事。至此，康得新原董事长钟玉、原总裁徐曙等"老一辈"全部离任，领导层原班人马被集体"换血"，取而代之的是肖鹏、纪福星和陈东等人。然而，4月28日，任职仅两个月的新独立董事陈东就因个人原因向董事会递交书面辞职报告；公司董秘杜文静和证代王山也分别于5月5日和5月17日提出辞职。5月12日，江苏省张家港市公安局通报，康得新大股东及实控人钟玉因涉嫌犯罪被警方采取刑事强制措施。

2019年4月，康得新披露2018年年度报告，年报显示，2018年公司实现营业收入91.50亿元，同比下降22.38%；归属于上市公司股东的净利润2.81亿元，同比下降88.66%；经营活动现金净流入13.10亿元，同比下降64.21%；基本每股收益0.08元；同时公司计划不派发现金红利，不送红股，不以公积金转增股本。然而，对于康得新2018年年度财务报告，其主要审计单位——瑞华会计师事务所出具了无法表示意见的审计报告。同时，杨光裕、张述华和陈东三位独董也对年报发表了异议声明。瑞华会计师事务所出具无法表示意见的审计报告主要基于以下几点：首先，大股东资金占用的情形。2019年初，康得新公告称，"在监管部门调查和公司自查中，发现公司存在被大股东占用资金的情况"，然而截至报告日，康得新管理层无法明确认定公司存在大股东占用资金的具体情况。其次，公司大额销售退回的真实性和准确性。康得新在进行2018年度经营活动的自查中，对公司账面原已确认的部分营业收入进行了销售退回账务处理，事务所对此无法实施充分且适当的审计程序，无法得到充分且适当的审计证据。再次，货币资金的真实性、准确性和披露的恰当性。康得新2018年年末货币资金余额153亿元，瑞华会计师事务所经过检查、函证等程序后，对其中的122亿元银行存款余额未能取得充分且适当的审计证据。最后，其他非流动资产中下列款项的交易实质。2018年6月，康得新的全资子公司张家港康得新光电材料有限公司（康得新光电）与中国化学赛鼎宁波工程有限公司（赛鼎宁波）签订了委托采购设备协议。截至2018

年底,康得新光电按合同约定已支付设备的采购预付款,但并未收到采购的材料和设备,而康得新管理层没有合理的解释和支持性证据说明预付赛鼎宁波款项的交易实质。

关于康得新2018年年度报告内容的真实性和完整性,当时公司内十余名董事、监事和高管人士均表示无法保证。以上种种,不仅让公司内部的部分高管人员,也让会计师事务所看不透康得新的葫芦里究竟卖的是什么药。

2019年7月初,证监会向康得新案相关当事人送达行政处罚及市场禁入事先告知书。告知书中提到,康得新涉嫌在2015—2018年虚增营业收入、营业成本、研发费用和销售费用,合计虚增利润119亿元。此外,康得新还涉嫌新披露的相关年报存在虚假记载和重大遗漏。2019年7月、11月以及2020年8月,证监会对康得新案分别举行了听证会,2020年9月案件审结,经公安机关调查发现,康得新财务舞弊违法行为属实,康得新被以非法披露、重要信息不披露等罪名移送检察院审查起诉。

还不起的15亿元,最终成了压死康得新的最后一根稻草。

康得新的"纸上富贵"

2020年9月24日,证监会的一纸处罚决定书将"纸上富贵"的康得新"公开处刑",其粉饰报表的行为被公之于众。康得新的财务舞弊手段与多数上市公司的惯用手段相同,包括虚构销售、虚增收入、虚减费用等。不同的是,康得新的财务舞弊建立在母公司的现金管理业务中,同时涉及海外虚构业务,这让其粉饰行为隐蔽了四年之久。

而证监会对康得新涉嫌违法事实的指控，主要分为三大类：2015—2018年年度报告存在虚假记载、未及时披露及未在年度报告中披露为控股股东提供关联担保的情况、未在年度报告中如实披露募集资金使用情况（表10-2）。

表10-2　康得新涉嫌违法的情况

涉嫌违法事项的类别	具体表现
2015—2018年年度报告存在虚假记载	虚构销售业务、应收账款
	虚增营业收入和利润
	虚假记载货币资金余额
未及时披露及未在年度报告中披露为控股股东提供关联担保的情况	隐瞒为控股股东提供相关担保情况
未在年度报告中如实披露募集资金使用情况	隐瞒控股股东非经营性资金占用情况
	隐瞒募集资金使用情况

细数康得新的"罪行"，其中最明显的是财务数据存在虚假记载，涉及虚构销售业务、虚增营业收入、虚构货币资金等方面。2010年上市后，康得新子公司的数量逐年递增，截至2018年底，康得新子公司数量高达30多家（图10-5）。康得新子公司分布极其分散，横跨多个国家和国内多个城市，为康得新通过关联公司虚构销售业务提供了极大的便利。

对于国外市场，康得新在虚构销售业务过程中，将普通的基础材料冒充光学膜赠送给国外公司，并伪造客户签名，编制销售单据，由此来虚构外销业务，伪造了数不清的子虚乌有项目和交易合同。例如，对于康得新最大收入来源之一——光学膜业务，钟玉曾用"奇迹"二字来形容其"从无到有、石破天惊"的战绩。然而，经有关部

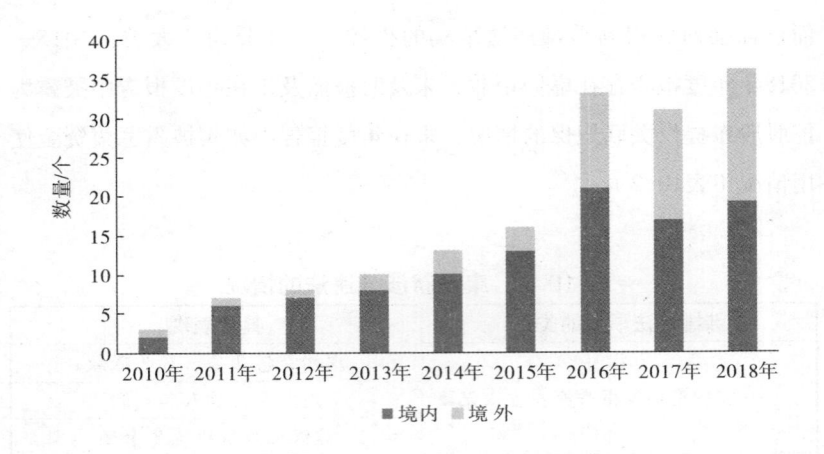

图10-5　2010—2018年康得新子公司数量

门查实,康得新实际上是将制造光学膜的基础材料——聚酯(PET)薄膜假冒成光学膜出口。康得新先将这些劣质的PET薄膜运送至香港(销售合同目的港),从而拥有物流环节真实的货运提单、报关单、报关装箱照片等资料。PET薄膜运至香港后,由香港的货运代理公司负责运至印度,免费送给印度客户,此时康得新就能堂而皇之地确认应收账款和销售收入(图10-6)。此外,公司还会根据出口的"伪光学膜"数量,计算出生产光学膜所需的PET薄膜数量,进而开具虚假的相关单据。由此,康得新成功虚构出绝大部分光学膜业务。后来,印度客户认为康得新的产品质量太差而放弃使用,并应香港货运代理公司要求签署放弃货权声明。而这些声明,正是日后坐实康得新财务造假的关键资料。

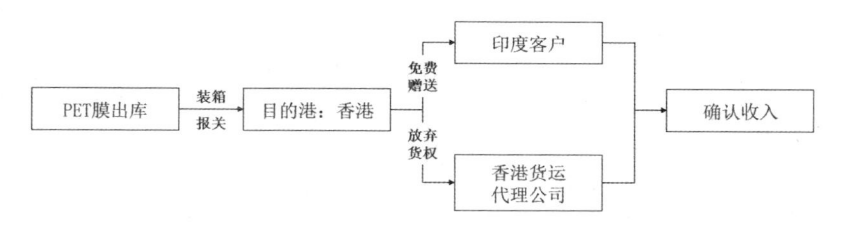

图10-6　康得新国外业务运转情况

对于国内市场，康得新各个子公司及关联公司通过串通作假，冒充康得新公司客户，同时伪造光学膜、印刷包装类用膜、预涂膜等产品的购入流程单、入库单、出库单等。实际上，子公司或关联公司并没有收到任何产品，康得新只不过是"自导自演"地将原来支付给供应商的采购货款通过特定方式转入子公司或关联公司中，然后再以销售收款的方式流回公司账本，使得销售业务增加，财务造假资金得以循环。例如，2015—2018年，康得新曾向三家子公司内部采购智能显示等电子产品，随后找其他公司配合充当虚假客户。而整个过程中，康得新就伪造了智能显示等电子产品的采购入库单、出货单、领用单等票据，事实上，虚假客户并没有收到任何真实产品。

在应收账款方面，根据康得新2015—2018年年报数据，公司应收账款余额整体上呈现快速递增趋势，环比最高达到72.57%，这说明公司具有较高的资金回收风险。年报数据显示，2016年，康得新期末应收账款余额达到51.08亿元，环比增长72.57%，而2018年应收账款余额高达60.94亿元，环比增长29.52%（图10-7）。然而，巨大的应收账款余额在一定程度上反映公司可能存在较高的坏账风险，实际上，在2015—2018年，康得新每年虚构的应收账款余额不断增加，2018年账面应收账款余额竟比实际增多40.05亿元（图10-8）。

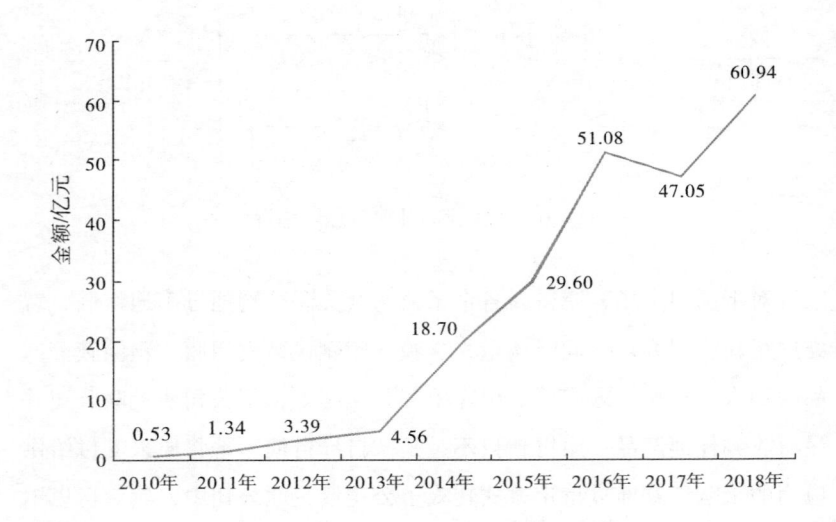

图10-7 2010—2018年年报上康得新应收账款余额

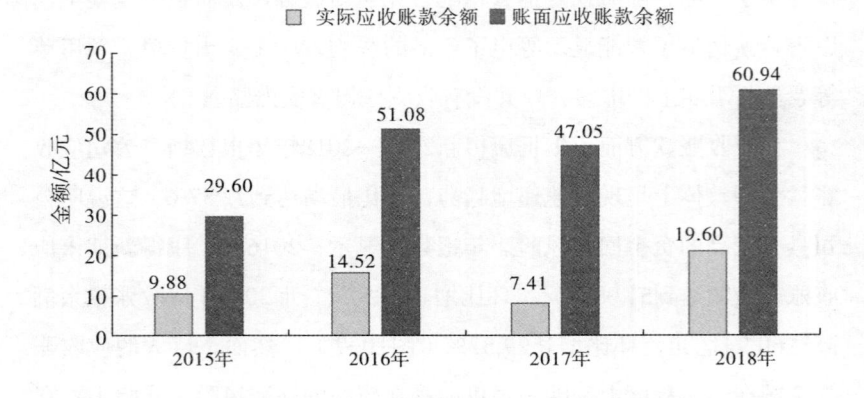

图10-8 康得新实际应收账款余额与虚构应收账款余额对比

虚构销售业务后随之而来的是虚增的营业收入和利润。2015—

2018年，康得新以虚构研发、生产、销售、采购等方式虚增了营业收入、利润、成本和其他费用。康得新在虚增收入的同时，也不忘虚增各项成本和费用，将毛利率控制在一定的波动范围，从而成功避开了审计人员和监管部门的审查，这匹千亿大白马可谓"老奸巨猾"。

营业收入方面，2015—2018年，康得新营业收入虚增比例分别为68.12%、68.93%、78.28%、70.22%（表10-3）。由此可见，这四年里康得新账面营业收入增长相较于过去可谓"一日千里"，而虚增比例更是持续冲高，将千亿大白马蓬勃的野心展现得淋漓尽致。

净利润方面，2015—2018年，康得新净利润虚增比例分别为205.70%、189.30%、199.35%、928.87%（表10-4）。从统计数据上看，康得新账面资金十分充裕，能够维持公司净盈利，然而这些都不过是"黄粱美梦"，扣除虚增净利润后，康得新的实际净利润在负区间持续下滑，与账面表达的信息相去甚远。四年来，康得新在净利润上的虚增比例平均高达380%，其财务舞弊行为之恶劣让人大吃一惊。

表10-3 康得新2015—2018年营业收入情况

年份	实际营业收入/亿元	账面营业收入/亿元	虚增营业收入/亿元	虚增比例（虚增营业收入/账面营业收入）
2015	23.78	74.59	50.81	68.12%
2016	28.69	92.33	63.64	68.93%
2017	25.60	117.89	92.29	78.28%
2018	27.25	91.50	64.25	70.22%

表10-4 康得新2015—2018年净利润情况

年份	实际净利润/亿元	账面净利润/亿元	虚增净利润/亿元	虚增比例（虚增净利润/账面净利润）
2015	−14.85	14.05	28.90	205.70%
2016	−17.53	19.63	37.16	189.30%
2017	−24.58	24.74	49.32	199.35%
2018	−23.54	2.84	26.38	928.87%

在货币资金余额方面，康得新年报显示，2015—2018年，账面货币资金余额分别为100.87亿元、153.89亿元、185.04亿元、153.16亿元（见表10-5），其中账面银行存款余额分别高达95.71亿元、146.90亿元、177.81亿元、144.68亿元（见表10-6）。然而，看似资金充裕的康得新实际上只是个"空壳"，2018年康得新虚增货币资金余额比例高达95.05%，而这四年的银行存款余额虚增比例竟然都是惊人的100%。其实这四年康得新的负债情况也"一塌糊涂"，在银行存款充裕的情况下仍存在如此大量的有息负债，"存贷双高"非正常情况的出现，在一定程度上暗示着当中的财务数字很可能存在"猫腻"。而且据了解，康得新的理财收益较少，公司并没有充分利用账户上的银行存款去做理财，其货币资金的真实性着实令人怀疑。2018年144.68亿元的账面银行存款中，北京银行账户为122.09亿元。然而，这122.09亿元账户显示余额并非真实的存款余额，只是累计归集金额，是虚假的销售收入回款流入北京银行账户后，被归集到康得集团账户，从而得以被循环利用于造假所需的虚假销售收入回款中。

表10-5 康得新2015—2018年货币资金余额情况

年份	实际货币资金余额/亿元	账面货币资金余额/亿元	虚增货币资金余额/亿元	虚增比例
2015	49.72	100.87	51.15	50.71%
2016	70.30	153.89	83.59	54.32%
2017	32.90	185.04	152.14	82.22%
2018	7.59	153.16	145.57	95.04%

表10-6 康得新2015—2018年银行存款余额情况

年份	实际银行存款余额/亿元	账面银行存款余额/亿元	虚增银行存款余额/亿元	虚增比例
2015	0	95.71	95.71	100.00%
2016	0	146.90	146.90	100.00%
2017	0	177.81	177.81	100.00%
2018	0	144.68	144.68	100.00%

另外，康得新没有在年报中披露为控股股东提供关联担保的情况。关联担保是康得新的幕后总指挥官——康得投资集团（简称"康得集团"）"吞食"利益的惯用伎俩，而子公司康得新就是利用存单质押来"掩人耳目"，进而将担保所得资金流入控股股东囊中，以此获利。康得集团子公司康得新的关联担保行为始于2011年，而在2018年关联担保余额总计竟高达178.94亿元，关联担保金额占净资产的近一倍（见图10-9）。

据了解，2016—2017年，康得新的子公司之一——张家港康得新光电材料有限公司（康得新光电）与厦门国际银行股份有限公司北京分行签署了三份《存单质押合同》，2018年与中航信托股份有限公司签署了一份《存单质押合同》。而这四份《存单质押合同》在2016—

图10-9 2011—2018年康得新关联担保余额及占比

2018年共为康得集团担保债务本金44.09亿元。

根据《上市公司信息披露管理办法》，上市公司在对外提供担保时，应当在担保合同签署后的两个工作日内，如实披露合同中的具体事项，并按规定在当年的年度报告中披露公司为其关联方的担保情况。但是，2016—2018年，康得新都没有在其年度财务报告中披露任何担保事项，导致年度报告存在重大遗漏。而对比过往的财务舞弊案例可以发现，康得新利用子公司进行巨额担保来隐瞒关联担保事项，此举更具有隐蔽性，更加凸显这匹大白马的"老谋深算"。

此外，康得新未能在年度报告中如实披露募集资金的使用情况。康得新财务舞弊事件能隐瞒四年之久，除了得益于财务舞弊的惯用伎俩，还得益于以往财务舞弊案件中鲜见的手段——隐瞒控股股东非经营性资金占用情况，即在康得新的年度报告中，未如实披露实际控股股东与银行之间签署的"地下协议",从而利用"资金池"成功非法占用公司资金。康得集团是康得新的控股股东,根据2015—2018年康得新股东持股情况(表10-7),康得集团四年平均持股比例高达21.41%,而各年第二、第三大股东持股比例均低于10%,反映出康得新存在"一股独大"的现象。而钟玉既是康得新的法定代表人,又拥有康得集团80%股权,因此他在康得新具有绝对的话语权,康得新内部可谓洋溢着"独裁主义",而这也为财务舞弊提供了极大便利。

表10-7 2015—2018年康得新前五大控股股东情况

排名	2015年 股东	持股比例/%	2016年 股东	持股比例/%	2017年 股东	持股比例/%	2018年 股东	持股比例/%
1	康得投资集团有限公司	15.28	康得投资集团有限公司	22.26	康得投资集团有限公司	24.06	康得投资集团有限公司	24.05
2	深圳前海丰实云兰资本管理有限公司	3.54	浙江中泰创赢资产管理有限公司	7.48	浙江中泰创赢资产管理有限公司	7.75	浙江中泰创赢资产管理有限公司	7.75
3	华富基金管理有限公司	2.48	深圳前海丰实云兰资本管理有限公司	3.22	深圳前海丰实云兰资本管理有限公司	3.21	深圳前海丰实云兰资本管理有限公司	3.21
4	辉煌7号信托	1.86	华富基金管理有限公司	2.26	中国证券金融股份有限公司	2.38	中国证券金融股份有限公司	2.48
5	天弘基金管理有限公司	1.77	天弘基金管理有限公司	1.61	华富基金管理有限公司	2.25	香港中央结算有限公司	2.27

2014年，康得投资集团曾与北京银行签订《现金管理的合作协议》。协议规定，当康得集团子公司账户收到款项时，款项将会实时足额地转入康得集团的北京银行账户中，保证各个子公司账户不留任何资金。而当子公司账户有资金支出的需求时，集团账户会将需求的资金实时转入子公司账户，从而完成子公司的付款。北京银行对当中的各个账单仅是列出归集和划转后的净额，相关账户间的具体交易并未详细说明。由此，在这份协议下，康得集团可以随意支配其在北京银行账户中的存款，而子公司的多数人都被蒙在鼓里。

随后，康得新与康得集团其他子公司也相继加入该协议中。实际上，该协议就是要求康得新向康得集团转移资金，在集团形成一个庞大的"资金池"，由此康得集团就能通过该"资金池"在没有任何实质经营活动下占用康得新的资金。而这也是2018年康得新账面银行存款余额显示144.68亿元，却还不上区区15亿元超短期债券的原因。康得新控股股东非法占用公司资金的操作手法如图10-10所示。

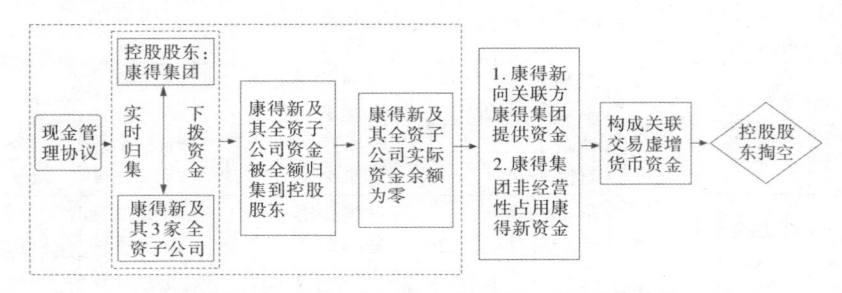

图10-10　康得新控股股东非法占用公司资金的操作手法

此外，更为可怕的是，康得新还隐瞒募集资金的具体流向。2015—2016年，康得新曾两次定向募集资金，募集金额分别为29.82亿元、47.84亿元。康得新公告显示，募集资金将主要用于归还银行贷款，向康得新光电增资，建设先进高分子膜材料项目、裸眼3D产品项目。然而，在2018年7月—12月，康得新与中国化学赛鼎宁波工程有限公司（简称"赛鼎公司"）、沈阳宇龙汽车集团有限公司（简称"宇龙集团"）分别签订《采购委托协议》，将募集所得资金以支付设备采购款的名义分别向这两家公司支付21.74亿元、2.79亿元。赛鼎公司和宇龙集团则按照康得新公司的要求将收到的资金转付给指定供应商，转出的募集资金经过多道流转后最终返回康得新公司。而这部分返回的资金多数用于归还银行贷款、帮助虚增利润等。但是，康得新仍在2018年年度报告中记载：已将募集到的所有资金全部用于支持各项膜材料项目。由此可见，康得新隐瞒募集资金具体流向的行为已经构成违规披露和虚假交易事实，在2018年年度报告中虚假记载了募集资金用途，存在严重的财务舞弊现象。2015—2018年康得新所募集资金的运转情况如图10-11所示。

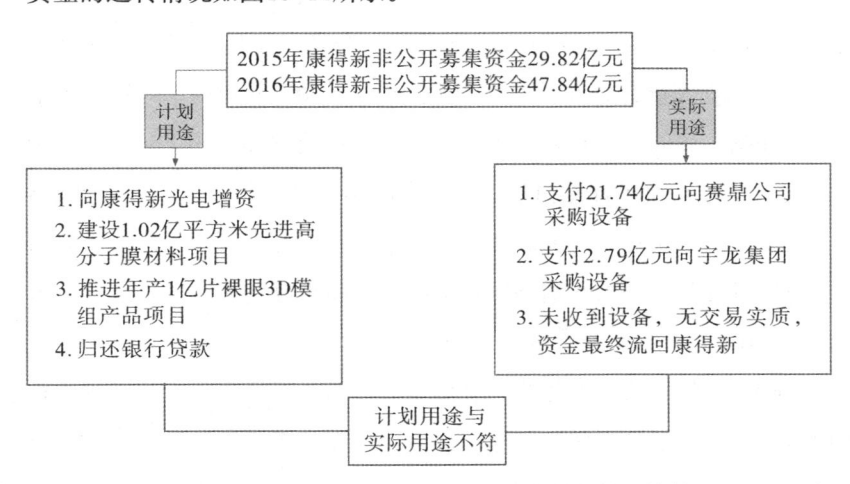

```
           2015年康得新非公开募集资金29.82亿元
           2016年康得新非公开募集资金47.84亿元
      计划用途                            实际用途

1. 向康得新光电增资                 1. 支付21.74亿元向赛鼎公司
2. 建设1.02亿平方米先进高              采购设备
   分子膜材料项目                  2. 支付2.79亿元向宇龙集团
3. 推进年产1亿片裸眼3D模              采购设备
   组产品项目                    3. 未收到设备，无交易实质，
4. 归还银行贷款                       资金最终流回康得新

                 计划用途与
                 实际用途不符
```

图10-11　2015—2018年康得新所募集资金的运转情况

英雄落幕，兰因絮果？

康得新从一家市值千亿元的民族工业企业，到如今深陷无尽诉讼无法脱身，钟玉的宏图大业早已消失得无影无踪。从一个特种兵、研究所所长、陪同总理出国访问的董事长，到如今年近古稀却背负各种罪名，创始人钟玉也被命运套上了牢狱的枷锁。康得新风光不再，有因也有果。

在历经多次听证会后，2020年9月，公安部门对康得新财务造假行为侦查终结，以违规披露、隐瞒重要信息罪等交至检察院起诉。此外，证监会还对康得新出具《行政处罚事先告知书》。经证实，康得新违反2005年《证券法》第六十三条及第六十七条第一款的规定，构成2005年《证券法》第一百九十三条第一款所述行为。同时，康得新还违反2005年《证券法》第六十八条第三款的规定，即公司董监高人员应确保上市公司披露的信息真实、准确、完整。因此，证监会决定：对康得新责令改正，给予警告并处以60万元罚款；对钟玉、王瑜、徐曙、张丽雄、肖鹏给予警告，并分别处以90万元、30万元、20万元、15万元和10万元罚款，对其余涉案人员给予警告，并各处以5万元至10万元不等的罚款。此外，证监会还决定，对钟玉、王瑜分别采取终身证券市场禁入措施，对徐曙、张丽雄分别采取10年证券市场禁入措施。

60万元的罚款和造假获利金额相去甚远，百亿造假案的惩戒，对康得新来说不过是"罚酒三杯"，但"三杯"后，这匹千亿大白马却"一蹶不振"。

2021年4月，深交所表示，根据《上市公司重大违法强制退市实施办法》和上市委员会的审核意见，决定对*ST康得实施重大违法强制退市，公司股票终止上市，并进入30个交易日的退市整理期，退市整理期届满的次一交易日，深交所对公司股票予以摘牌。5月31日，康得新被正式摘牌，摘牌前股价跌至2毛钱，公司股价从高位下来跌幅高达99%，市值蒸发了900多亿元，仅剩7亿元左右。然而此时，康得新仍拥有13.31万户股东。与此同时，苏州市人民检察院以康得新公司涉嫌欺诈发行股票债券罪、骗购外汇罪，钟玉、徐曙、王瑜等人涉嫌欺诈发行股票债券罪、骗购外汇罪等，依法向苏州市中级人民法院提起公诉。这些曾经带领康得新"开天辟地"的风云人物，如今声名狼藉。

伴随着退市，各种官司接踵而至，康得新陷入了无尽的诉讼。回看钟玉其人，10年造就康得大厦，20年书写民族传奇，曾起高楼，宴宾客，享尽无上风光，却在弹指之间，大厦终倾，出师未捷身先死，英雄或许泪满襟，如此败局，徒叹奈何。

大事记

・2001年8月，康得新复合材料集团股份有限公司正式注册成立。

・2002年10月，康得新预涂膜生产线在北京昌平科技园区建成，标志着中国第一条预涂膜生产线正式投产。

・2010年7月，康得新以首发价格14.2元/股，发行股票4040万股，正式登陆A股市场。

・2017年6月，康得集团与北京汽车集团有限公司、常州市政府共同投资120亿元建立年产600万件碳纤维部件的工业4.0华东综合基地。

- 2019年1月，康得新由于无法按期兑付15亿元短期融资券，涉嫌信息披露违规被江苏证监会立案调查。
- 2019年4月，瑞华会计师事务所对康得新2018年度财务报告出具无法表示意见的审计报告；公司股票被深交所实施退市风险警示，公司简称由"康得新"改成"ST康得新"。
- 2019年5月，张家港市公安局公告称，康得集团董事长、康得新大股东及实际控制人钟玉因涉嫌犯罪被警方采取刑事强制措施。
- 2019年7月，江苏证监会对康得新出具《行政处罚事先告知书》，公司股票自8日起停牌。
- 2019年9月，15名股东起诉康得新，要求赔偿股东法定损失的全部金额。
- 2019年12月，康得新公告称，经苏州市人民检察院批准，康得新的实际控制人钟玉，因涉嫌犯罪被执行逮捕。
- 2020年3月，康得新、康得集团、钟玉等成为失信被执行人。
- 2020年9月，证监会对康得新下达《中国证监会行政处罚决定书》和《市场禁入决定书》。
- 2021年3月，深交所发布《深交所坚决履行退市实施主体责任，依法依规推进康得新退市工作》。
- 2021年4月，深交所正式发布关于*ST康得终止上市的公告。
- 2021年5月，康得新被正式摘牌。

第十一章 獐子岛：来去无踪任我行

蔡纪瑶 黄悦昕

扫码查看
揭开财务舞弊的面纱
探索企业如何走正道

"嘿，扇贝'跑路'啦！"

"嘿，扇贝又'回家'啦！"

獐子岛集团股份有限公司[①]（简称"獐子岛集团"），中国渔业领军者，秉持着"耕海万顷，养海万年"的生态发展理念，肩负着"引领行业尊重海洋生态"的重任，成为中国海洋食品的第一品牌。然而，谁能想到，曾称为中国农业第一只百元股的大白马股，竟然上演了一出又一出扇贝"跑路"的大戏。

随着虚减成本、伪造盈利、假造抽测、延期披露的真相一一浮现，整整6年，獐子岛扇贝多次"跑路"的闹剧终于落下帷幕。"繁华过后尽是沉寂"，唯剩下无尽的索赔诉讼和大失所望的岛民。

波涛汹涌过后，风平浪静。

明星企业的风云传奇和荒谬的扇贝"跑路"故事，构筑起獐子岛的潮起潮落。

海上大寨

吴厚刚，是獐子岛的儿子，祖祖辈辈都是依海而生的渔民。他的

[①] 獐子岛的公司名称历经变迁，先后有"大连獐子岛渔业总公司""大连獐子岛渔业集团公司""大连獐子岛渔业集团有限公司""大连獐子岛渔业集团股份有限公司"，2012年10月11日经国家市场监督管理总局核准，正式更名为"獐子岛集团股份有限公司"，本书为表述方便，统称为"獐子岛集团"。

父亲从事近海捕捞多年，屡创产量纪录。但是出海晕船的先天性不适应症，让年少的吴厚刚萌生出"要在陆地上工作"的念头。

20世纪80年代，獐子岛捕捞业蓬勃发展，带动了造船业的兴盛。中学毕业后，17岁的吴厚刚便考进造船厂，从铆工做到出纳。

獐子岛集团始于1958年。当时，獐子岛、大耗岛、小耗岛、褡裢村四座岛屿成立了獐子人民公社。那时的獐子岛集团，是一个典型的政企合一的乡镇企业，沿袭了镇委书记任董事长、镇长当总经理的传统管理模式。獐子岛的渔民以"大寨"为榜样，艰苦奋斗，慢慢积攒，创造出单船捕捞和总捕捞量的全国纪录，被称为"海上大寨"。

可以说獐子岛集团就是在"海上大寨"家底的基础上建立起来的。

獐子岛集团的崛起不仅靠资源，更靠技术。20世纪八九十年代，中国大多数沿海地区实行漂浮养殖模式，这种养殖方式不仅产量少、污染海水，还经济效益低。1980年，辽宁省海洋水产研究所（现为辽宁省海洋水产科学研究院）专家带着从日本引进的品种虾夷扇贝和底播养殖技术来到獐子岛做实验。所谓底播养殖，就是选择品种良好的扇贝、海参、鲍鱼等海产品的幼苗，将其直接投放到20多米深的海底，让它们自行生长2~5年后再捕捞，其间无须任何人工饲养。"像种地一样，将苗子撒进海里，怎么能行？大风大浪来了，还能活吗？"这种"活不见贝，死不见壳"的养殖方式，在渔民们看来，无异于天方夜谭。

但是，吴厚刚看了专家的数据后，对这种新技术深信不疑，"一旦成功，就是獐子岛的核心竞争力！"于是，他率领公司顶住压力，开始投入资金做实验。事实证明，吴厚刚的判断十分正确。经过2年的等待，当虾夷扇贝被捞起时渔民们发现，每三枚贝苗就会产出一颗扇贝，存活率高达30%，而且这种新品种扇贝个大、肉肥、价高，比普通浮筏养殖的扇贝贵2倍以上。渔民们认可了"底播养殖"技术，并用最大限度的信任与拥戴，迎回他们的渔业英雄。

1996年，獐子岛集团划出10万亩（约6 666.7万平方米）海域，开始大规模进行底播养殖，底播养殖逐渐取代过去的浮筏养殖，小岛的虾夷扇贝投入产出比高达1∶5，占据国内市场80%的份额，海参、鲍鱼等产品在高端市场稳居霸主地位。同年，吴厚刚众望所归，当上了獐子岛镇镇长，同时担任獐子岛集团总经理。政企兼顾的他宛如獐子岛的酋长，带领小岛书写传奇。

然而，天有不测风云。外部经济环境的骤变，使獐子岛集团受到重创。1996年和1997年，獐子岛集团连续2年亏损5 000万元，公司发展陷入僵局。市场经济的转变，骤然打开了商品流通的各种渠道，很多中介商贩来到獐子岛，向渔民高价收购渔业产品。大量渔民将捕捞作业所得出售给中介商贩，直接导致獐子岛渔业产量下滑、亏损严重。

吴厚刚意识到，集体所有制经营模式已经无法适应当时新兴的经济环境，而资源掠夺型的粗放捕捞模式更是危害重大。他当机立断，开始推行产权制度改革，将捕捞船民营化。獐子岛集团开始实施改制，由集体所有制改为有限责任制，吴厚刚成为獐子岛集团法人。在流通环节，吴厚刚将渔民捕捞的产品集中起来，统一与收购方谈判价格。如此一来，相较于过去渔民各自为战的情况，集中化的獐子岛集团牢牢掌握了海产品的供给，进而把握住谈判的话语权，迫使收购商提高收购价格，渔民的收入得到了大幅提升。功夫不负有心人，在吴厚刚的苦心经营下，仅仅1年，獐子岛集团就扭亏为盈，营业收入达到3 000多万元。

海岛偏远、艰苦的环境磨砺了獐子岛人的意志精神，也赋予他们开阔、长远的眼光。苍茫大海，天高水远，站在产业链上端顺势远望，吴厚刚看到了更壮阔的风景。

2000年，大连市某领导到獐子岛视察，称赞獐子岛为"海底银行"，他提出，"獐子岛要想实现更大的发展，必须借助资本市场的力量"，这瞬间点燃了吴厚刚内心的激情。从此，獐子岛集团踏上了股份制改革的征途。

海底银行的风生水起

"上市"是獐子岛集团在21世纪的奋斗主线。

吴厚刚立志要为"獐子岛精神"赋予新的胆识、魄力和内涵，"獐子岛集团要代表中国渔业成为世界贝类一流供应商；獐子岛集团要为中国渔民创造更多财富；通过打造全新的'獐子岛模式'让海岛人过上城市生活，改变海岛交通落后、信息闭塞、经济落后、医疗水平低、教育条件差的局面"。

为达到上市的规范，獐子岛集团必须进一步改革，实施政企分离与股份制改革。吴厚刚对獐子岛集团各方面均了如指掌，无疑是引领獐子岛集团向资本市场迈进的最佳人选。2002年6月，38岁的吴厚刚拨通了县委书记的电话，毅然决定辞去公职下海经商。为了让吴厚刚无后顾之忧，长海县政府决定给他5%的股份奖励，并要求吴厚刚自己投入5%，有困难可无息借贷，其余90%的股份属于全体岛民，由镇政府代管。吴厚刚东拼西凑，押上530万元全部身家投入公司股本，顺利拿下獐子岛10%的股份，作为第三大股东出任大连獐子岛渔业股份有限公司董事长兼总经理，成为中国渔业领跑企业的掌门人。

獐子岛上市前的发展历程如图11-1所示。完成改革的獐子岛集团开始冲刺资本市场。上市路漫漫，资本市场又会把吴厚刚和小岛的命运推到何方，无人知晓。

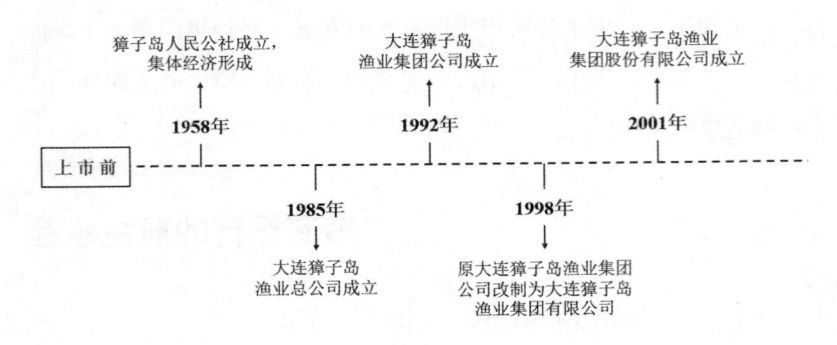

```
獐子岛人民公社成立,       大连獐子岛              大连獐子岛渔业
集体经济形成             渔业集团公司成立         集团股份有限公司成立
    ↑                      ↑                      ↑
  1958年                 1992年                 2001年
上市前 — — — — — — — — — — — — — — — — — — — — — —
                  ↓                    ↓
                1985年                1998年
                  ↓                    ↓
              大连獐子岛          原大连獐子岛渔业集团
              渔业总公司成立       公司改制为大连獐子岛
                                  渔业集团有限公司
```

图11-1 獐子岛上市前的发展历程

为了能顺利上市，吴厚刚绞尽脑汁地想办法提升公司的核心竞争。2003年，吴厚刚率队到山东拜会业内友人，从友人处得到鲍鱼养殖秘诀——北鲍南养。在北方水域，鲍鱼的生长速度较为缓慢，生长周期一般为4年，而在冬季，鲍鱼的生长速度更为缓慢，每年的增长只能用毫米计算，但如果把鲍鱼移至南方温暖的海水里养殖，就能大幅提升鲍鱼生长速度。得此秘籍，吴厚刚马不停蹄地前往福建莆田，在那里建立了养殖基地，专供北鲍南养工程。此后，獐子岛的鲍鱼只需2年即可成熟，养殖生产成本降低了90%。

海域有限，机遇无限。2004年，一位银行行长的话点醒了吴厚刚："要想把企业做大，必须整合外部资源。"于是，獐子岛集团开始积极探索社会主义新渔村建设，实行"政府+银行+科研机构+公司+农户"的"五合一"合作模式。具体做法是：每年春秋两季，獐子岛集团根据情况，考察一定数量的养殖户，符合条件的养殖户在经政府批准后与獐子岛集团签订合作协议，将养殖户的养殖地作为养殖基地或加工基地。獐子岛集团向养殖户提供资金，中国农业银行大连分行按照1∶1的比例发放专项贷款，帮助养殖户扩大生产和购进苗种，大连水产学院对整个过程提供科技支持。就这样，獐子岛集团通过市场、管理和人才等优势带动养殖户扩大规模，实现增产增收。

在完成上游整合的同时，吴厚刚又悄然把獐子岛集团的触角伸向产业链中游的加工环节。2003—2008年，獐子岛集团先后整合了山东荣成食品、大连海石食品有限公司等加工厂。2005年5月，獐子岛集团投资1.2亿元兴建的金贝广场正式开业。从此，经销商们再也不用坐船到遥远的海岛上订货，而从獐子岛刚打捞上来的虾夷扇贝和鲍鱼，可以在20小时内抵达全国72个水产批发市场。这一年，獐子岛集团实现产值5.2亿元，净利润1.5亿元，出口创汇1.7亿元，上市目标指日可待。

2006年9月28日，獐子岛集团以60.89元/股的开盘价在深交所挂牌上市，"海上大寨"成为中小企业板首家来自东北的企业，并成为当日A股市场上第二高价股。随后，獐子岛集团股价屡屡攀升，在3个月内成为当时沪深两市第一高价股，并开创中国农业第一只百元股的先河。

獐子岛集团充分利用市场资本，不断优化集团产品，拓宽产业范围。獐子岛集团的产品主要分为五大系列：鲜活系列、养生系列、冻鲜系列、料理系列和休闲系列。而獐子岛集团的产业范围主要分布在四大方面：海洋牧场、休闲渔业、冷链物流、水产加工。上市后的獐子岛集团更是一路"高歌猛进"。2006年，獐子岛集团成为新中国水产品领域诞生的第一个中国驰名商标。同年，国内首座虾夷扇贝良种基地——海珍品原良种厂落成投产。獐子岛集团以上市和获得首个水产品驰名商标为契机，以金贝广场为依托，对多个品系的产品国内销售渠道进行了整合，经销商、代理商、加盟商队伍进一步扩大，销售网络不断拓宽，产品进入人民大会堂。

2007年，通过FDA（食品药物管理局）迎检和欧盟贝类产品复关准备、产品质量安全月度通报、HACCP体系（危害分析关键控制点体系认证）和BRC食品认证（英国零售商协会食品认证）等工作，獐子岛集团食品安全管控体系运行质量与国际标准接轨，并当选"CCTV年度最佳雇主"、全国首届"兴渔富民新闻人物"企业。2009年，獐子岛集团践行"诚信、品质、创新"的经营理念，成为水产行业首家国家级创新型企业。同年，世界级检测认证机构——瑞士通用公证行（SGS集团）与獐子岛集团共同成立了东北首家第三方食品实验室——SGS大连獐子岛食品实验室。

2010年，獐子岛集团的虾夷扇贝成为中国第一个碳标识认证食品。2011年，国内首个虾夷扇贝碳汇实验室在獐子岛成立。同时，我国渔业第一个ERP（企业资源计划）项目正式投入使用，獐子岛集团成为我国首个从采捕、加工到销售、管理均实现模块化、信息化、精确化管理的海洋食品企业。此外，獐子岛集团以较高评价通过MSC（海洋管理委员会）预评审和现场评审，成为中国渔业第一个获得MSC认证的品种。同年11月，大连市政府相关部门在长海县獐子岛宣布獐子岛集团成为大连市首个休闲渔业试点单位。

2012年8月，总投资10亿元的国内首家采用二氧化碳制冷技术的冷藏物流项目——大连獐子岛20万吨中央冷藏物流基地首期工程在保税港区奠基，进入施工阶段。项目建成后，大连将成为继东京之后的世界水产品集散地，辐射整个东北亚。同年9月，獐子岛集团入选"2012中国年度好产品30强"及"2012年度微创新企业100强"。2013年，獐子岛集团成功确立多品系活品市场格局，打造出"中国活品第一网"。同年，獐子岛集团年产达3万吨的贝类加工中心落成开业，这是獐子岛集团实施"工业化、市场化、国际化和信息化"战略，向"世界第一贝类供应商"目标迈进的重大举措。獐子岛上市后的发展历程如图11-2所示。

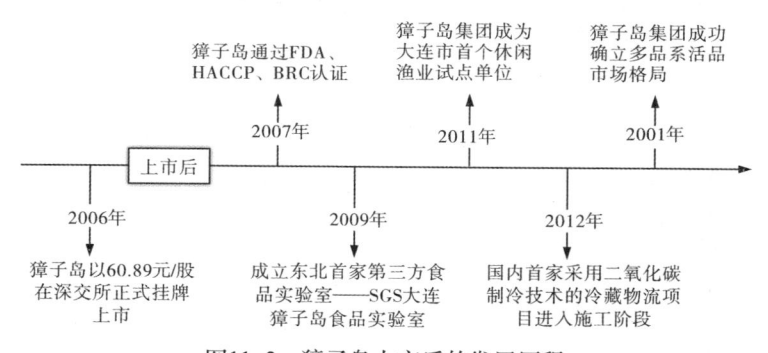

图11-2 獐子岛上市后的发展历程

2006—2011年，獐子岛集团股票价格一路攀升，最高达151.10元/股，而后回归其价值水平正常波动（图11-3）。与此同时，獐子岛集团的营业总收入高速增长，如图11-4所示，2007—2011年营业总收入同比增长分别为16.95%、56.99%、50.20%、49.35%、30.03%（图11-4），年平均增长高达40.70%。

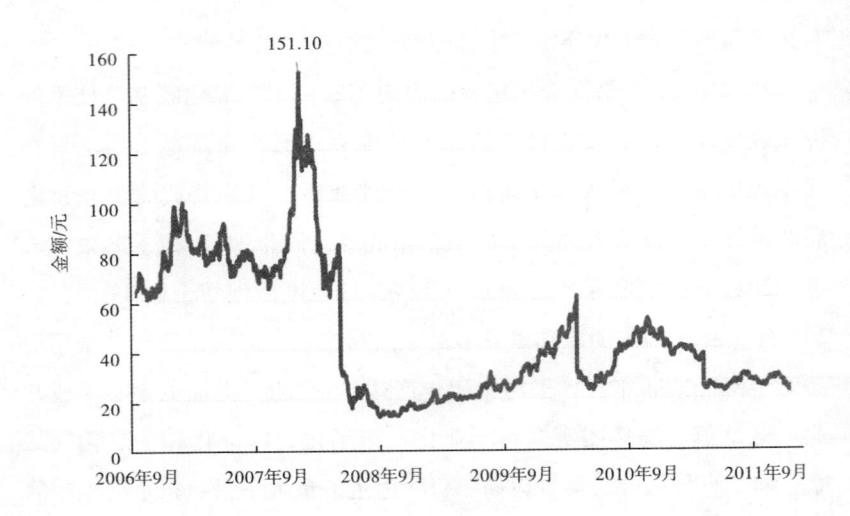

图11-3 2006—2011年獐子岛集团股票价格走势

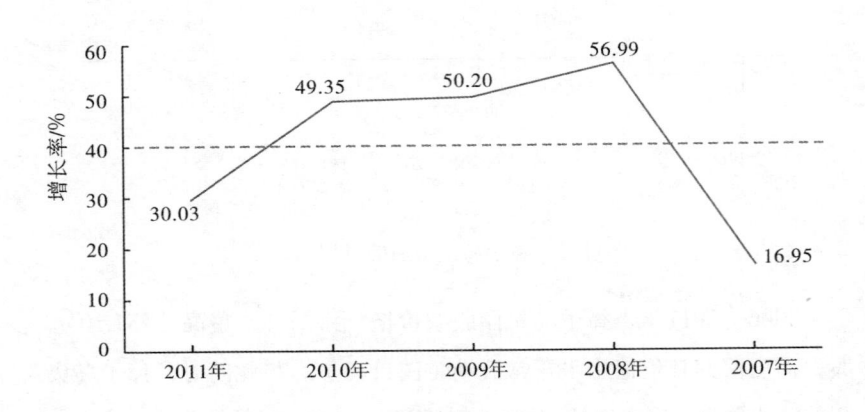

图11-4 2007—2011年獐子岛营业总收入同比增长率

细观2006—2013年獐子岛集团营业总收入的构成，分产品看，虾夷扇贝始终是獐子岛集团营业总收入的关键支柱，2006年虾夷扇贝收入占营业总收入的比重高达66.12%，8年平均占比为44.96%，占比较高的还有其他业务和鲍鱼（图11-5）；分行业看，獐子岛集团营业总收入的重要源泉是水产养殖行业，2006年水产养殖收入占营业总收入的64.26%，8年平均占比为50.54%。随着业务的拓展，水产贸易和水产加工也逐渐成为獐子岛集团营业总收入的支撑点（图11-6）。

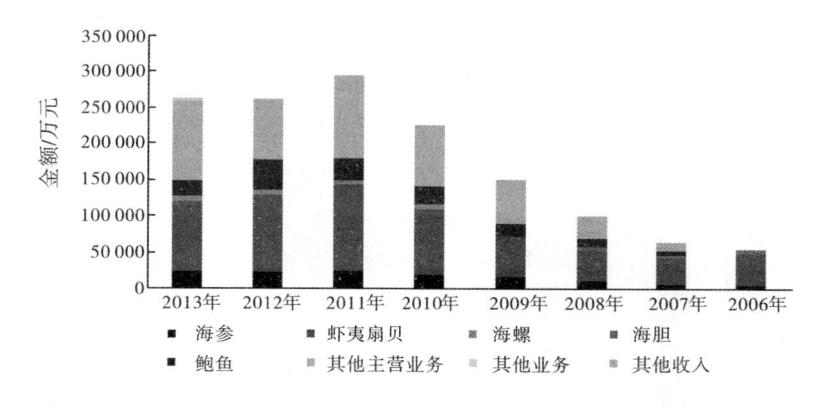

图11-5　2006—2013年獐子岛营业总收入产品构成

獐子岛集团营业总收入的快速增长，促使净利润的高速提升。根据年报数据，2007—2011年，獐子岛集团归属母公司的净利润分别同比增长0.35%、-25.34%、64.98%、104.64%、17.79%，平均增长28.95%（图11-7），其中，2011年的营业总收入和净利润均创历史新高，实现了双增长。

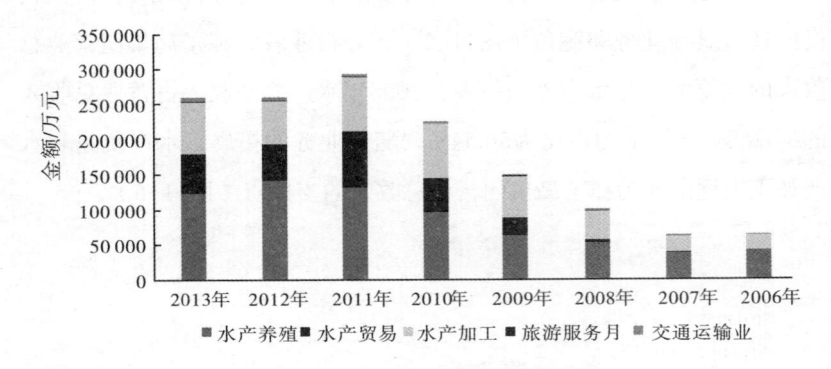

图11-6 2006—2013年獐子岛营业总收入行业分布

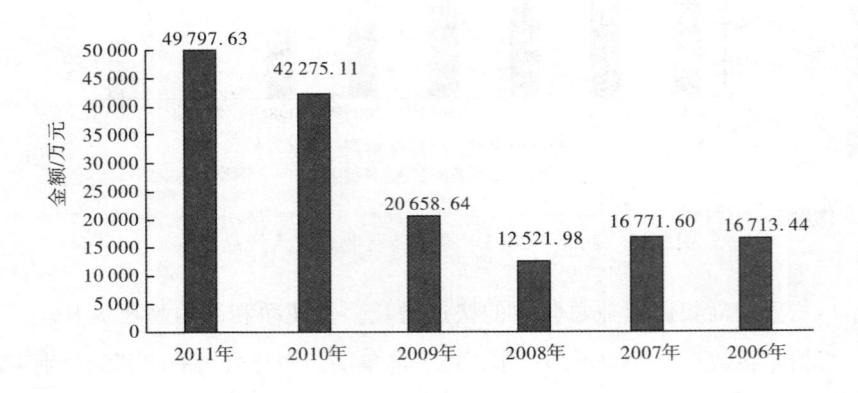

图11-7 2006—2011年獐子岛归属母公司净利润

上市后的獐子岛集团，凭借强大的资本力量，加上自身先天资源优势和后期打造的核心竞争力，逐渐形成活品、流通与餐饮、商超、电商平台等多个渠道的产销一体化运营，市场影响力与日俱增，成为大众眼中不折不扣的"水产第一股""渔业茅台"。

然而，獐子岛集团多年的苦心经营，终究"耐不住寂寞"，从2014年开始，所有的繁华逐渐消退。

"跑路"的扇贝

獐子岛的扇贝是种奇怪的生物。

可以同时"跑路"，可以集体死亡，还可以择时回归。

眼前金碧辉煌的"海底银行"不过是海市蜃楼，表面光鲜亮丽，实际内部早已千疮百孔。为了缓解昔日国家级创新型企业业绩过于优秀的压力，满足消费者预期，獐子岛集团管理层不惜铤而走险，通过粉饰财务报表以虚增营业利润，在资本市场上上演了一场又一场扇贝"跑路"的荒唐剧情。

根据年报数据，2014年、2015年，獐子岛集团连续2年出现业绩亏损，2016年净利润回升，2017年净利润再度亏损（图11-8）。反复横跳的净利润，用獐子岛集团的话来解释不过是"扇贝跑路了""扇贝回来了""扇贝又跑了""扇贝不见了"。2014—2020年獐子岛扇贝跑路时间轴如图11-9所示。

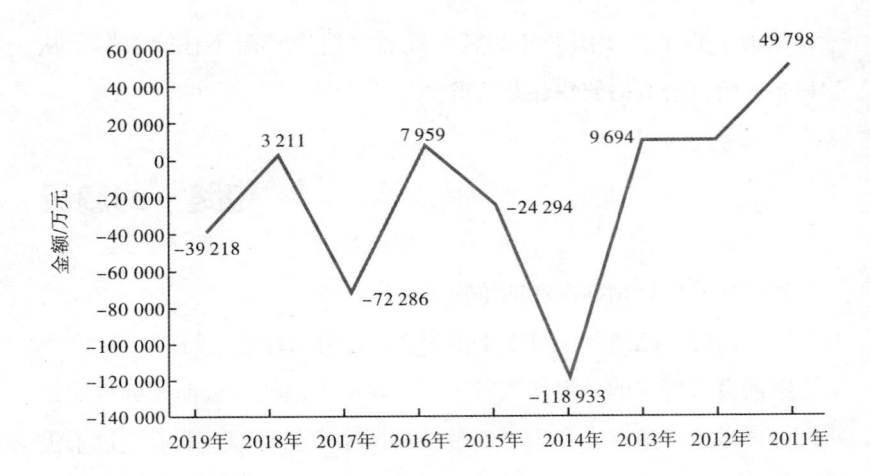

图11-8　獐子岛集团2011—2019年归属母公司账面净利润

10月，獐子岛集团发布公告称，受冷水团影响，100多万亩海域的虾夷扇贝被冻死。因此，公司决定放弃捕捞扇贝，进行核销处理，同时计提存货跌价准备

4月，獐子岛虾夷扇贝再一次"集体跑路"，公司发布公告称，由于底播扇贝受灾，报告期内扇贝的产销量和效益大幅下滑

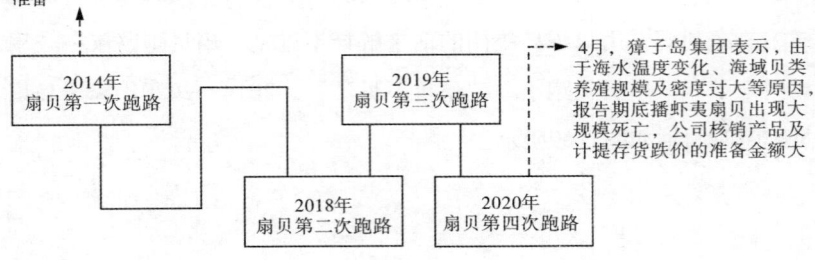

2014年扇贝第一次跑路

2019年扇贝第三次跑路

2018年扇贝第二次跑路

2020年扇贝第四次跑路

4月，獐子岛集团表示，由于海水温度变化、海域贝类养殖规模及密度过大等原因，报告期底播虾夷扇贝出现大规模死亡，公司核销产品及计提存货跌价的准备金额大

2月，獐子岛集团称，因2017年降水量大幅下降，海域营养盐不足，大量扇贝被饿死。因此，公司决定对虾夷扇贝存货进行核销处理，计提存货跌价准备

图11-9　2014—2020年獐子岛扇贝"跑路"时间轴

2014年9月，獐子岛集团循例抽样调查秋季虾夷扇贝的存货情况，结果发现虾夷扇贝存货大规模减少。同年10月，獐子岛集团在第三季度财务报告中披露，由于北黄海遭遇几十年难得一遇的异常冷水团，公司在2011年和2012年播撒的100多万亩将近成熟期的虾夷扇贝因被"冻死"而绝收。事发后，獐子岛集团做出回应，决定不对该批虾夷扇贝进行捕捞，而是直接对这100多万亩海域的虾夷扇贝存货进行核销。獐子岛在第三季度财务报告中披露，此次核销存货的成本约为7.34亿元，同时计提存货跌价准备金额2.80亿元。最终，这次的扇贝"冻死"事件导致獐子岛集团2014年第三季度净利润为-8.61亿元，是獐子岛集团上市以来净利润首次跌至负区间。随后，证监会介入调查，并在2014年12月公告称，未发现獐子岛集团在采购、播种中存在异常；未发现股东存在转移资产情况。

表11-1　獐子岛集团虾夷扇贝存货核销情况

名称	账面价值/万元	核销依据及说明
2011年底播虾夷扇贝	58 642.56	亩产过低，放弃本轮采捕
2012年底播虾夷扇贝	14 819.37	亩产过低，放弃本轮采捕
合计	73 461.93	——

数据来源：獐子岛集团年报。

表11-2　獐子岛集团扇贝"冻死"事件处理

抽测海域面积/万亩	放弃捕捞海域面积/万亩	核销虾夷扇贝成本/万元	计提存货跌价准备海域面积/万亩	计提存货跌价准备的虾夷扇贝成本/万元	计提存货跌价准备金额/万元
1 48.66	105.64	73 461.93	43.02	30 060.15	28 305

数据来源：獐子岛集团2014年度第三季度财务报告。

扇贝"冻死"事件公告后，獐子岛集团为了防止遭受社会抨击，在2014年10月组织了"灾情说明会"，并邀请多位中科院海洋所专家到场，说明当年北黄海冷水团的异动数据。而时任獐子岛镇党委书记也在说明会上强调，当年长海县全县都受到冷水团的影响，除了獐子岛的虾夷扇贝海域，其他海域也有类似受灾情况，亩产大幅下降。

然而，公众对獐子岛集团因扇贝"冻死"导致净利润下滑的解释并不"买账"。2016年1月，一则《2 000人实名举报称獐子岛"冷水团事件"系"弥天大谎"》的新闻引发关注。文章提到，大连市獐子岛2 000名岛民认为，公司、专家、政府关于"冷水团造成收获期的虾夷扇贝绝收事件"的说法并不属实，涉嫌造假，同时写下实名举报信，希望相关部门倾听他们的诉求。

扇贝"冻死"事件成为獐子岛集团"如日方升"态势的重要转折，獐子岛集团随后节节落败。2014年和2015年，獐子岛集团连续2年归属母公司净利润跌至负区间，2014年净利润同比下降竟高达1 328.35%，迅速引起了证监会的关注。2016年5月，獐子岛集团发布公告称，由于2014年、2015年连续2年净利润均为负值，根据《深圳证券交易所股票上市规则》第13.2.1条第（一）款的相关规定，公司股票交易将于2016年5月3日停牌一天，自2016年5月4日复牌后被实行"退市风险警示"特别处理。面对退市风险警示，獐子岛集团似乎早已准备好"万全之策"，随即表示，公司董事会已确定了收入增长、显著盈利的预算目标，保障2016年扭亏为盈、撤销退市风险警示。

随后没多久，另一幕"荒唐闹剧"再次上演。2016年10月，獐子岛集团第三季度财务报告显示，公司在春季和秋季虾夷扇贝的存量抽测工作中并未发现任何异常，虾夷扇贝不存在任何减值风险。为了虚增公司利润，獐子岛集团再次"口出狂言"，谎称虾夷扇贝在2016年年初"回家了"。最终，獐子岛集团2016年财务年度报告总净利润升至7 959.34万元，较上年增长132.76%，并于2017年4月5日成功撤销了退市风险警示。

獐子岛海底的扇贝，永远无法知晓自己在人世间的猜测中，究竟有多少种死法。2018年2月，獐子岛集团发布公告称，由于2017年高温时间持续长、全年降水量较少、底播增殖面积扩大，扇贝饲料极度短缺，再加上北黄海水异常现象，獐子岛扇贝长时间处于饥饿状态，最终出现大规模死亡的现象。又由于亩产过低，不足以弥补采捕成本，公司决定放弃采捕，并进行核销处理和计提存货跌价准备，合计影响净利润6.38亿元。此份公告，为獐子岛集团在2017年度财务报告上的舞弊行为埋下伏笔。根据獐子岛集团2017年度财务数据，此次扇贝"饿死"事件导致2017年度净利润为－7.23亿元，较上年减少8.02亿元，公司再次陷入亏损状态。－7.23亿元的实际净利润与2017年三季报中预告全年1亿元左右的盈利有着天壤之别。公告发布后，獐子岛集团随即收到中国证监会的《调查通知书》——因涉嫌信息披露违法违规，根据有关规定，中国证监会决定对其立案调查。

在中国证监会关于扇贝"饿死"的立案调查事项尚未有结论性意见或决定时，扇贝"跑路"事件再次发生。2019年4月，獐子岛扇贝再一次"集体跑路"。獐子岛集团2019年一季报显示，公司第一季度亏损4 314万元，同比减少379.43%，主要原因是底播虾夷扇贝受灾"暴毙"，导致报告期内虾夷扇贝的产销量和效益大幅下滑。

表11-3 獐子岛集团2019年第一季度报告部分内容

科目	本报告期 金额/万元	上年同期 金额/万元	同比增减	变动原因
资产减值损失	-141.54	-251.06	43.62%	主要原因是上期应收款项减少，计提的坏账金额转回较大
其他收益	264.43	428.80	-38.33%	本期政府补助较上期减少
营业利润	-4 622.24	-873.45	-429.19%	主要原因是底播虾夷扇贝受灾，报告期内产销量及效益下降
利润总额	-4 617.44	-887.50	-420.28%	
归属于母公司所有者的净利润	-4 314.14	-899.85	-379.43%	

数据来源：獐子岛集团2019年第三季度报告。

然而，扇贝"跑路"的闹剧愈演愈烈，仿佛没有休止。2020年4月，獐子岛集团发布2019年年度财务报告，报告显示，由于海水温度变化、海域贝类养殖规模及密度过大等原因，报告期底播虾夷扇贝出现大规模死亡，公司核销产品及计提存货跌价准备金额较大。其中，年报数据显示，2019年年末，獐子岛集团存货金额仅为7.05亿元，较2018年年末下降8.62%，最终公司全年亏损3.92亿元。

扇贝失踪之谜

"扇贝去哪儿了"的"悬疑剧"反复上演，舆论的声音越来越大，监管部门坐立难安。由于獐子岛集团的每艘船都装有北斗导航系统，可以准确记录渔船位置、航速、航向等，2020年6月，监管部门决定借助北斗卫星破解"扇贝失踪之谜"。调查组随即调取了导航数据信息，还原了扇贝作业船只航行图，为保证精确，调查组还委托中科宇图科技股份有限公司和中国水产科学研究院东海水产研究所，帮助还原獐子岛集团的扇贝作业船只真实的航行轨迹。两家机构经科学分析得出的獐子岛作业船只采捕轨迹的还原图高度接近，几乎没有差别。但与此同时，经技术还原的两张图中显现的数据与獐子岛公司账面记录的情况相差甚远。

事实上，早在2018年2月，獐子岛集团就因涉嫌信息披露违法违规，被证监会立案调查。2019年7月，证监会认定獐子岛集团涉嫌财务造假，内部控制存在重大缺陷，向獐子岛集团下发《行政处罚及市场禁入事先告知书》。而到2020年6月，证监会正式就獐子岛集团及公司相关人员的涉嫌违法违规行为作出说明：獐子岛集团在2014年、2015年连续2年亏损的情况下，客观上利用海底采捕状态难调查、难核实、难发现的特点，不以实际采捕海域为依据进行成本结转，导致财务报告严重失真。2016年通过少记录成本、营业外支出的方法将利润由亏损披露为盈利，2017年将以前年度已采捕海域列入核销海域或减值海域，夸大亏损幅度。此外，公司还涉及《年终盘点报告》和《核销公告》披露不真实、秋测披露不真实、不及时披露业绩变化情况等多项违法事实。于是，证监会依法对獐子岛集团及相关人员涉嫌违反证券法律法规案做出行政处罚和市场禁入决定（表11-4）。

表11-4　2020年证监会对獐子岛案决定

行政处罚	
对象	罚款金额
獐子岛集团股份有限公司	60万元
吴厚刚、梁峻、孙福君、勾荣	30万元
成家、赵颖、石敬江	20万元

续表

行政处罚	
对象	罚款金额
唐艳、杨音健、刘红涛、张戬	8万元
邹建、王涛、罗伟新、赵志年、陈树文、吴晓巍、陈本洲、丛锦秀	5万元
李金良、曹秉才、刘中博、姜玉宝	5万元
市场禁入	
对象	市场禁入时长
吴厚刚	终身
梁峻	10年
勾荣、孙福君	5年

而在9月11日,证监会发布公告称,根据《行政执法机关移送涉嫌犯罪案件的规定》,决定将獐子岛集团及相关人员涉嫌证券犯罪案件依法移送公安机关追究刑事责任。獐子岛案时间轴如表11-5所示。

表11-5　獐子岛案时间轴

时间	事件
2014年10月	獐子岛公告称,受冷水团影响,100多万亩海域的虾夷扇贝被冻死
2018年2月	獐子岛公告称,因2017年降水量大幅下降,大量扇贝被饿死;当月,獐子岛集团就因涉嫌信息披露违法违规,被证监会立案调查
2019年4月	獐子岛表示:由于底播虾夷扇贝受灾,2018年虾夷扇贝产量下滑
2019年7月	中国证监会向獐子岛集团下发《行政处罚及市场禁入事先告知书》
2019年10月	中国证监会举行听证会,听取獐子岛集团等当事人及其代理人的陈述和申辩

续表

时间	事件
2020年4月	獐子岛集团表示：由于海水温度变化、海域贝类养殖规模及密度过大等原因，报告期底播虾夷扇贝出现大规模死亡
2020年6月	中国证监会正式对獐子岛集团及相关人员涉嫌违反证券法律法规案做出行政处罚和市场禁入决定

藏在深海里的秘密

虽然獐子岛集团存货项目的特殊性导致审计困难，但其财务舞弊手段也并非"天衣无缝"。根据经验，若连续多年公司经营活动的现金流净额小于当年净利润，公司可能面临较大的财务压力；反之，财务压力较小。从獐子岛集团2014年以前的财务数据，我们不难发现，其在2007—2013年的经营活动现金流净额均远低于对应年份的净利润（表11-6），说明公司面临较大的财务压力。同时，2006—2013年，獐子岛集团的资产负债率从小于20%跃升到58%，其中应付账款、应付职工薪酬科目出现明显上涨。而另有研究发现，獐子岛集团这一期间的营业总收入主要依靠赊销进行，虽然赊销能短暂缓解企业负债压力，但会提高坏账的可能性。种种不良迹象，在一定程度上反映出獐子岛集团内部经营可能存在问题。

表11-6　2007—2013年獐子岛集团年度财务报表

单位：万元

项目	2007年	2008年	2009年	2010年	2011年	2012年	2013年
营业收入	64 143	100 699	151 254	225 905	293 741	260 828	262 086

续表

项目	2007年	2008年	2009年	2010年	2011年	2012年	2013年
营业成本	38 151	70 311	108 889	148 431	193 601	196 613	204 159
营业利润	16 930	13 738	20 120	46 971	62 186	14 056	8 081
利润总额	17 581	14 173	22 704	48 368	56 005	12 572	11 416
所得税费用	804	1 655	3 114	6 128	6 282	2 213	1 686
净利润	16 776	12 517	19 590	42 239	49 723	10 359	9 730
现金流量净额	−13 823	−973	7 546	4 258	8 214	37 845	19 081

数据来源：2007—2013年獐子岛集团年度财务报表。

细数獐子岛财务舞弊的手段。首先是肆意操纵财务报表，寅吃卯粮，导致其2016年、2017年年度报告存在虚假记载。由于2014年、2015年已经连续2年亏损，獐子岛集团能否在2016年实现盈利直接关系到公司是否会被"暂停上市"。为了实现盈利，獐子岛集团利用底播养殖产品的成本与捕捞面积直接挂钩的特点，在捕捞记录中刻意少报采捕面积，通过虚减营业成本与营业外支出的方式虚增2016年利润。在营业成本方面，2016年，獐子岛集团随意变动虾夷扇贝账面结转的捕捞区域面积，公司实际采捕的海域面积比账面记录多出近14万亩。这一变动大幅降低了虾夷扇贝的账面结转成本，近6 000万元营业成本被完美隐藏。在营业外支出方面，獐子岛集团在部分海域没有捕捞的情况下，于2016年年底秘密作业，重新进行底播。重新底播行为说明獐子岛集团先前在此部分海域的虾夷扇贝平均亩产过低，捕捞的虾夷扇贝的价值不及捕捞成本。为了掩盖这片海域先前几乎没有库存资产的事实。獐子岛集团抓住虾夷扇贝底播生产周期长的特点，重新投苗，对这部分海域的旧库存资产，獐子岛集团应做核销处理，但实际上并未核销，导致2016年公司营业外支出虚减7 111.78万元。综上，通过虚减营业成本与营业外支出，獐子岛集团2016年度虚增利润1.3亿元，虚增利润占当期利润总额的158.11%，公司顺利实现2016年账面盈利，成功"摘帽"，保住了上市地位。獐子岛集团2016年的财务收支情况如表11-7所示。

表11-7　獐子岛集团2016年合并财务报表相关项目的更正情况

单位：万元

科目	更正前金额	更正金额	更正后金额（实际金额）
营业成本	259 036.89	6 002.99	265 039.88
营业利润	2 044.18	-6 002.99	-3 958.81
营业外支出	1 671.83	7 111.78	8 783.61
利润总额	8 292.53	-13 114.77	-4 822.24
净利润	7 571.45	-13 114.77	-5 543.32

数据来源：獐子岛集团2020年10月发布的《关于前期会计差错更正的公告》。

2018年2月，"扭亏为盈"的獐子岛集团被证监会"盯上"。为防止2016年年度财务报表中存货舞弊的行为败露，獐子岛集团通过虚增营业成本、营业外支出与资产减值损失，虚增2017年度利润。这种把2016年的成本和损失移转到2017年的乾坤大挪移，是典型的"寅吃卯粮"，操纵财务报表行为。在营业成本方面，獐子岛集团故伎重施，使虾夷扇贝账面结转的捕捞区域面积比实际多近6万亩，导致虾夷扇贝账面结转成本增加，2017年度营业成本虚增6 159.03万元。在营业外支出方面，獐子岛集团在2017年度财务报告中称，由于2014—2016年抽测后部分海域整体的虾夷扇贝亩产过低，存货价值少于捕捞成本，公司首选放弃捕捞并予以核销。但实际上，核销区域与捕捞船只实际作业区域存在重合，经第三方专业机构测算，核销海域中2014年、2015年和2016年底播的虾夷扇贝分别有20.85万亩、19.76万亩和3.61万亩已在以往年度采捕，由此，獐子岛集团虚增营业外支出24 782.81万元。在资产减值方面，因为獐子岛集团竭泽而渔，过度捕捞虾夷扇贝，导致2015—2016年部分海域的虾夷扇贝早已被作为产品销售，不需要计提2017年度存货跌价准备。实际上，獐子岛的减值区域与捕捞船只实际作业区域存在重合。经第三方专业机构测算，减值海域中2015年和2016年底播的虾夷扇贝分别有6.38万亩、0.13万亩已在以往年度采捕，由此，獐子岛集团虚增资产减值损失1 110.52万元。獐子岛集团2017年的财务收支情况如表11-8所示。

表11-8 獐子岛集团2017年合并财务报表相关项目的更正情况

科目	更正前金额	更正金额	更正后金额（实际金额）
营业成本	272 060.46	-6 159.03	265 901.43
资产减值损失	10 010.42	-1 110.52	8 899.90
营业利润	-12 211.44	7 269.55	-4 941.89
营业外支出	63 165.99	-20 595.54	42 570.45
利润总额	-72 251.35	27 865.09	-44 386.26
净利润	-72 576.74	27 865.09	-44 711.65

数据来源：獐子岛集团2020年10月发布的《关于前期会计差错更正的公告》。

其次，獐子岛集团抽测数据造假，虾夷扇贝库存成谜。獐子岛集团2017年10月披露的《秋测结果公告》称：公司按原定方案完成了全部计划120个调查点位的抽测工作。然而，经与抽测船只秋测期间的航行定位信息对比，獐子岛集团记录完成抽测计划的120个调查点位中，有60个点位抽测船只航行路线并未经过。这说明，獐子岛集团并未在上述计划点位完成抽测工作，占披露完成抽测调查点位总数的50%，这50%的抽测数据完全是獐子岛集团凭空捏造的。这也说明，《秋测结果公告》存在虚假记载。

最后，獐子岛集团短时间内业绩"大变脸"未及时披露。2018年1月初，獐子岛集团财务总监勾荣就已知悉公司全年业绩与原业绩预测偏差较大，公司2017年净利润不超过3 000万元。但是獐子岛集团在此之前一直对外声称，公司2017年的盈利预估在9 000万元至1.1亿元。勾荣就此事向时任獐子岛集团董事长的吴厚刚汇报。2018年1月底，獐子岛集团也陆续收到獐子岛集团增殖分公司、大连长海水产集团公司广鹿公司等16家公司的四季度收益测算数据。根据2005年《证券法》第六十七条第二款第十二项、《上市公司信息披露管理办法》第七十一条第二项和《深圳证券交易所股票上市规则》第11.3.3条的规定，獐子岛集团应及时披露业绩预告修正公告，2018年1月初勾荣将全年业绩与预期存在较大差距的情况向吴厚刚汇报时触及信息披露时点，应在2日内进行信息披露，但獐子岛集团直到2018年1月30日才予以披露。公司未能及时公告业绩"大变脸"情况，严重误导了投资者。

内外因素交织作用，造就了獐子岛这场扇贝多次"跑路"的闹剧。在内，一是獐子岛集团内部控制制度与公司股权结构存在弊端。家族性企业任人唯亲，公司通常为了整个家族的利益而忽视甚至牺牲基层员工的利益,导致内部矛盾愈来愈激烈。二是信息交流机制缺陷。獐子岛集团虽然建有信息交流与沟通制度,然而,无论是内部信息传递,还是对外信息披露均存在问题。例如,獐子岛集团多次没有及时公布扇贝"跑路"事件的原因,同时年报中关于内部控制信息的披露可谓微乎其微。在外,一是外部监管力度不足。会计师事务所审计人员在对海洋生物审计知识了解不足、实践较少的情况下,没有选择聘请专业人员协助,导致审计工作出现差错。同时,在2014年第一次扇贝"跑路"事件发生后,相关部门没有对此事深入调查,只是勒令獐子岛集团进行自我整改,徒劳无益。二是相关法律法规有待完善。国内对于生物审计的相关法律、制度的规定仍有较大空缺,同时对于财务舞弊行为的惩罚与企业从中获取的暴利相比,不过是沧海一粟。

至此,獐子岛集团6年魔幻资本谜团之扇贝"跑路"的真相终于水落石出。然而,这般荒唐闹剧并不仅仅存在于獐子岛集团。究其根本,在于中国大多数农业公司,仍然保留着原始的"村镇制"和"生产队"式的治理结构,与公司治理现代化仍有距离。而资本市场的光怪陆离,又恰恰能放大这种土地里生长出来的贪婪和狡黠。内部治理的缺陷叠加外部诱惑,导致部分上市公司无视投资者智商,经常用"猪死光了""鱼游走了"等令人喷饭的理由推卸责任,最终沦为社会大众嘲笑和调侃的话题。

回顾獐子岛集团一生,曾经为了实现小岛的小康生活而任劳任怨、艰苦奋斗,如今却在资本市场的角逐中"头破血流"。6年里,獐子岛集团上演了一出又一出扇贝"跑路"闹剧,就像《天下无贼》里的两个笨贼,拿着斧子对着一车厢的乘客坦诚地说道:"严肃点儿,严肃点儿,不许笑,我们这儿打劫呢!"

大事记

·1958年，獐子岛人民公社成立，集体经济形成。

·1972年，獐子岛鲍鱼作为国宴菜肴招待来华访问的美国总统尼克松。

·1985年，大连獐子岛渔业总公司成立，海洋捕捞业正式走出国门。

·1992年，大连獐子岛渔业集团公司成立，海洋渔业综合经济实力进一步壮大。

·1998年，原大连獐子岛渔业集团公司改制为大连獐子岛渔业集团有限公司。

·2001年，大连獐子岛渔业集团股份有限公司成立（简称"獐子岛渔业集团"），完成股份制改造，建立现代企业制度。

·2003年，大连獐子岛渔业集团长岛分公司、荣成分公司挂牌成立，獐子岛渔业集团跨区域发展迈出实质性步伐。

·2005年，金贝广场正式落成，獐子岛渔业集团市场化、工业化建设加速推进。

·2006年，獐子岛渔业集团在深圳证券交易所挂牌上市。

·2008年，美国公司、香港公司成立，獐子岛渔业集团国际化战略加速。

·2009年，獐子岛渔业集团与中国海洋大学产学研全面战略合作正式签约缔结。

·2011年，獐子岛渔业集团ERP系统投入使用，集团进入信息化时代。

·2012年，獐子岛渔业集团更名为"獐子岛集团股份有限公司"，突出集团化、国际化特征。

・2014年2月，大连獐子岛中央冷藏物流项目落成开业；7月，獐子岛集团水世界（上海）网络科技有限公司、上海大洋食品有限公司成立。

・2015年，獐子岛虾夷扇贝渔场通过MSC可持续渔业标准认证。

・2016年，中国出口欧盟双壳贝类成功复关，獐子岛集团为唯一迎检单位。

・2018年，监管部门进入獐子岛集团进行调查。

・2019年，证监会对獐子岛集团开出《行政处罚及市场禁入事先告知书》，因涉嫌财务造假、虚假记载、未及时披露信息等，拟对獐子岛集团进行60万元的顶格处罚。

・2020年6月，证监会对獐子岛集团信息披露违法违规案做出行政处罚及市场禁入决定，对獐子岛集团给予警告并处以60万元罚款。

・2022年，獐子岛集团控股股东所持有的公司股票被大连市国有独资企业大连盐化集团有限公司拍走，大连盐化集团成为獐子岛集团的第一大股东。

第十二章

瑞幸咖啡：复兴走出泥沼路，卷土重来未可知

张哲

说起中国咖啡，你首先想到的是哪个品牌？想必你会脱口而出"瑞幸咖啡"。大多数人是什么时候认识瑞幸咖啡的？2022年北京冬奥会上，谷爱凌出色发挥，成功夺冠，她代言的瑞幸咖啡也成了品牌圈的顶流之一，消费者为了买一杯"谷爱凌牌"咖啡，纷纷到瑞幸咖啡门前排队打卡。2023年4月，瑞幸咖啡和椰树联名的椰云拿铁再次出圈，瑞幸咖啡的爆款产品"生椰拿铁""陨石拿铁""偷偷想你茉莉鸳鸯"也是无数人的心头爱。而在这些光环背后，却隐藏着一场无人不知、无人不晓的2020年瑞幸财务造假事件。这样一家明星企业，为何要选择财务造假？造假行径见光的背后，是谁在蓄意做空和调查瑞幸咖啡？这场骗局的罪魁祸首是谁？瑞幸咖啡的未来又该何去何从？

光速上市的传奇神话

　　瑞幸咖啡是中国最大的咖啡连锁品牌，基于中国咖啡市场的巨大潜力，瑞幸咖啡于2017年10月开设第一家店铺，并在年末将总部设立在厦门。瑞幸咖啡（中国）有限公司（简称"瑞幸咖啡"）成立后，瑞幸迅速成为中国发展最快的咖啡公司。2019年5月18日，瑞幸咖啡在纳斯达克挂牌上市，涨幅一度超过50%，总市值达到47.39亿美元。成立18个月就光速上市，瑞幸咖啡成为史上最快上市的中概股企业，并一度成为行业神话。在世界级投资者的股权融资和"轻资产"商店商业模式的推动下,瑞幸咖啡在2年内成功实现了门店数量赶超星巴克的"小目标"。2020年1月,瑞幸咖啡宣布直营门店数达到4 507家;截至2021年年末,瑞幸咖啡共有6 024家门店,其中4 397家为自营门店、1 627家为联营门店。瑞幸咖啡成功超越星巴克成为中国最大的咖啡连锁品牌。截至2022年6月,瑞幸咖啡全国门店数突破7 000家。表12-1为瑞幸咖啡2019年经营数据。

表12-1 瑞幸咖啡2019年经营数据

日期	总门店数	平均月总销售量/千元	平均月交易客户人数/千人	累计交易客户人数/千人
2019年3月31日	2 370	16 275	4 420	16 872
2019年6月30日	2 963	27 593	6 166	22 777
2019年9月30日	3 680	44 244	9 399	30 723

数据来源:瑞幸咖啡公开信息。

提起瑞幸咖啡,不得不提神州系(神州优车股份有限公司)。可以说,没有神州系,可能就不会有瑞幸的悲剧。瑞幸咖啡高管中,有几位都是神州的旧将。比如,瑞幸咖啡的联合创始人兼CMO(首席营销官)刘飞,原为神州优车CMO;瑞幸咖啡的COO(首席运营官)刘剑,原为神州租车车辆管理中心副总。2020年,瑞幸咖啡自爆财务造假无人不知无人不晓,但一切似乎都在意料之外而又在情理之中,因为瑞幸咖啡的蒙眼狂奔不过是神州系的复制粘贴而已。玩得好,可以像神州租车一样享受头部待遇;玩得不好,只能再次上演乐视式的悲剧。

瑞幸咖啡背后有几个关键人物:钱治亚、陆正耀、刘二海、黎辉,他们都是瑞幸咖啡的股东。

钱治亚毕业于武汉纺织大学,有北京大学EMBA(高级管理人员工商管理硕士)学位,曾跟着陆正耀一起创业,是陆正耀非常信任的人。对于钱治亚创业,陆正耀给予大量的资金和人力的支持。钱治亚也是神州租车控股有限公司(简称"神州租车")、神州优车股份有限公司(简称"神州优车")两家上市公司的元老,曾获"中国经济年度人物新锐奖",是2019年十大经济年度人物中唯一一位女企业家。陆正耀,福建屏南人,曾以高考状元的身份考入北京科技大学,有过3年公务员工作经历,后辞职下海经商。创办神州租车后又跻身网约车赛道,创办神州优车,后来创办瑞幸咖啡,有着学霸级的经商头脑。如今,陆正耀已退出瑞幸咖啡管理层,神州优车的股权也被冻结,他曾被列为限制消费人员,先后3次被列为被执行人。刘二海是北京愉悦资本投资管理有限公司(简称"愉悦资本")的创始人及执行合伙人,他的教育经历十分丰富,桂林电子科技大学本科毕业,先后获得北京大学心理学硕士、福特汉姆大学MBA(工商管理硕士)、金融学硕士、清华五道口金融学院EMBA(高级管理人员工商管理硕士)学位。黎辉是北京大钲资本管理咨询有限公司(简称"大钲资本")董事长兼CEO,毕业于中国人民大学,与陆正耀、刘二海被外界称为神州系的"铁三角",三人曾联手上市过多家公司。

2017年,钱治亚辞去神州优车董事和副总经理的职务,在曾经的老板、伯乐——陆正耀的大力支持下,于10月在北京创立了瑞幸咖啡。钱治亚的事业可以说是勇于闯荡,她在北京读EMBA时认识了陆正耀,在去北京读书之前,钱治亚就是武汉长江发展控股有限公司的总经理,因为不甘心,钱治亚决定北上闯荡。此时陆正耀创办的北京华夏联合科技有限公司已经拿到了中国电信在北京67%的市场份额，之后为了更好地发展成立了神州租车。钱治亚毕业后，在北京华夏联合科技有限公司上班，她的老板就是陆正耀。在不懈努力下，钱治亚得到老板陆正耀的赏识，所以，在陆正耀准备继续扩大事业创立神州租车的时候，钱治亚顺理成章地成了神州租车持有股份的高管。当初钱治亚离开神州优车想要自己创业的时候，陆正耀不但口头上对她表示支持，还提供了大量的资金支持。因此，陆正耀成了瑞幸咖啡的第一大股东，拥有30.53%的股份，钱治亚本人则持股19.68%。

瑞幸咖啡还有两位大股东：黎辉、刘二海。黎辉通过控制大钲资本在瑞幸咖啡占股11.9%，此外，大钲资本和神州优车有着战略合作伙伴关系。刘二海在瑞幸咖啡占股6.75%，他曾是君联资本管理股份有限公司（简称"君联资本"）的总经理，而君联资本是神州租车的第二大股东。陆正耀在神州租车占股30%，是神州租车的实际控制人和第一控制人。瑞幸咖啡与神州系有着千丝万缕的关系，被人称为"神州系瑞幸咖啡"。

瑞幸咖啡的飞速崛起，离不开创始人和股东的雄厚实力。

创造一个源自中国的世界级咖啡品牌

瑞幸咖啡致力"创造一个源自中国的世界级咖啡品牌"。

从"好的咖啡，其实不贵"到"小蓝杯，谁不爱？"，从2017年银河SOHO的第一家门店到2019年登陆纳斯达克上市，瑞幸咖啡一步步朝目标迈进。

钱治亚注意到中国咖啡品牌的空缺，于是创立瑞幸咖啡。在短时间内，瑞幸咖啡以"稳、准、狠"的手段，以优选的产品原料、精湛的咖啡工艺、创新的商业模式和领先的移动互联网技术，直击消费者心理，在中国市场上打出一片天地。瑞幸咖啡推动了咖啡文化在中国的普及和发展。

瑞幸咖啡的商业模式创新在何处呢？又是如何运用先进的移动互联网技术拉动销售的呢？

咖啡店的商业模式可以分为三种。第一种就像星巴克的传统咖啡厅，一般开在商圈或者社区，面积比较大，主要满足人们休闲放松的需求；第二种一般开在写字楼的一楼，面积比第一种稍小，主要满足上班族的需求；第三种一般不开设门店，主打外卖，让外卖小哥来取咖啡，然后送到消费者手中。而瑞幸咖啡主要发展第三种商业模式，将其作为自己的核心竞争力。瑞幸咖啡创始人钱治亚也说过，要利用新零售的思维，做好"自提+外卖、线上+线下"，做"质量好""价格合理""购买方便"的咖啡。瑞幸咖啡还对星巴克经典的第三空间理论[①]提出挑战，认为所谓的社交空间与场景，并不仅仅存在于物理空间，而是更多发生在移动互联网上。目前，瑞幸咖啡一共总结出四种门店类型：旗舰店、悠享店、快取店、外卖厨房店。瑞幸咖啡将它的营销策略重心放在快取店上，快取店生来带有互联网DNA占所有门店数量的90%以上。图12-1是瑞幸咖啡的新零售思路。

---

① 星巴克认为，"第三空间"是指除了生活、工作之外可令我们感到轻松愉悦、能抚慰精神的社会空间。星巴克为消费者提供空间体验服务，满足当下人们对多功能灵活办公和商务社交空间的需求。

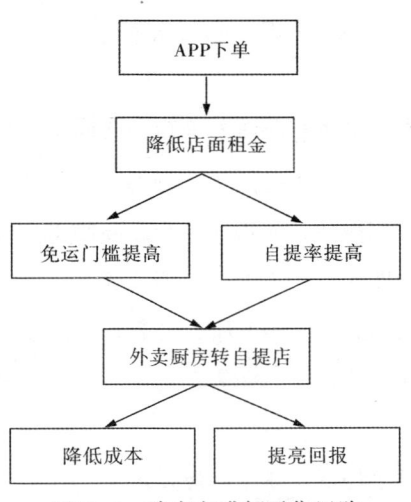

```
         ┌─────────────┐
         │  APP下单    │
         └──────┬──────┘
                │
         ┌──────▼──────┐
         │ 降低店面租金 │
         └──┬───────┬──┘
            │       │
    ┌───────▼──┐ ┌──▼────────┐
    │免运门槛提高│ │ 自提率提高 │
    └───────┬──┘ └──┬────────┘
            │       │
         ┌──▼───────▼──┐
         │ 外卖厨房转自提店│
         └──┬───────┬──┘
            │       │
      ┌─────▼──┐ ┌──▼─────┐
      │ 降低成本│ │ 提亮回报│
      └────────┘ └────────┘
```

图12-1 瑞幸咖啡新零售思路

瑞幸咖啡生来带有互联网DNA。在消费者购买瑞幸咖啡的整个过程中，APP贯穿始终，为客户提供无人自助收银环境，提高用户体验和运营效率。首先，客户通过APP的位置共享功能，自动置顶最近的门店，下单后，整个订单流转的过程随时查看，提升了客户的体验。饮品制作完成后，APP会及时提醒，客户可以直接在前台扫码取餐。消费完成后，还能通过App进行评价与反馈。2019年，91.6%的新客户使用瑞幸APP购买产品，97.6%的订单在APP上完成。瑞幸咖啡以APP为中心和客户产生强大的连接，在用户使用APP的过程中，不断搜集客户消费行为数据，了解客户的消费习惯，通过消费记录的收集分析，完善每一个客户的偏好画像，以便在未来可以为每个消费者提供有针对性的服务和匹配度高的商品。

除了创新的商业模式，瑞幸咖啡有诸多高光时刻的原因也在于代言人的加持。瑞幸咖啡非常看重代言人的作用，选取的代言人也是流量大咖。从品牌营销视角来看,瑞幸咖啡打得一手好牌,让新时代年轻人乐意买单。

瑞幸咖啡曾邀请汤唯和张震及两位一线明星拍摄"这一杯,谁不爱""我,自有道理"等主题广告,刷爆一线城市电梯、地铁,将被动广告的作用发挥到极致,使得这个全新品牌迅速吸引了消费者的眼球。瑞幸咖啡在纳斯达克上市两个月后,就选择刘昊然作为上市后的首位品牌全新代言人。2019年9月,瑞幸又请肖战作为独立品牌小鹿茶的代言人。由此形成汤唯、张震、刘昊然、肖战共同代言的品牌宣传布局。

2020年和2021年是瑞幸咖啡的爆雷之年,在各方压力下,瑞幸咖啡自爆作假并缴纳巨额罚款,品牌形象大打折扣。

2021年9月,瑞幸咖啡官宣自由式滑雪世界冠军谷爱凌成为其品牌代言人。瑞幸咖啡曾推出谷爱凌定制新品"瓦尔登滑雪拿铁"和"蓝丝绒飒雪拿铁";在冬奥会前,瑞幸咖啡还推出了谷爱凌杯套,以及带有谷爱凌元素的吸管立牌、门店装置人形立牌,在北京布置了2家谷爱凌快闪主题店;在谷爱凌夺冠后,瑞幸咖啡在其微信小程序中特别添加了"谷爱凌推荐"菜单栏,此外还有发优惠券、晒照活动等,刷足了存在感。可以说,瑞幸借助谷爱凌的热度和冬奥品牌效应,一定程度上重塑了品牌形象,走出了"生死困局"。

"元气满满"的财务报表背后

2019年,瑞幸咖啡作为全球最快IPO公司"光速"上市,它怎么也不会想到,3年后的它会跌落谷底。

第十二章 瑞幸咖啡：复兴走出泥沼路，卷土重来未可知

2020年1月31日，著名做空机构浑水公司在其推特账户上公开发布了一份长达89页的做空分析报告，指控瑞幸咖啡存在欺诈行为。该报告称，瑞幸咖啡通过虚增收入、优惠券销售和赎回来捏造业绩。浑水公司质疑瑞幸咖啡的财报作假，其中2019年第三季度的单店每日销售量被夸大至少69%，而2019年第四季度则被夸大至少88%。为何得出这一结论？浑水称其雇用了92名全职、1 418名兼职人员，在全国53个城市的门店样本中全天候录像，总录像时长达11 260小时。通过真人蹲守，浑水公司确认瑞幸咖啡的销售存在"跳单"的现象，也就是门店声称一单一号的叫号模式中存在很多虚假单号，真实的购买客户穿插在虚假的购买客户中间，最终放大了门店每天的销售量。另外，浑水公司收集了25 843张小票，发现相对于瑞幸咖啡的财务报告所披露的数据，瑞幸咖啡的单杯价格被夸大了至少12.3%。浑水公司猜测，用于虚构收入的资金来自其夸大的广告费用，通过第三方的媒体追踪显示，瑞幸咖啡在2019年第三季度大幅夸大了其广告费用高达150%，这些多出来的钱通过关联交易回到了瑞幸咖啡账上，用来充当每个门店的收入。浑水公司还列举了瑞幸咖啡创始人及管理层过去的"斑斑劣迹"，以证明管理层进行舞弊的动机和可能性。浑水公司同时表示，在向公众发布报告后，综合报告中提到的论据，瑞幸咖啡的股价会下跌，并已卖空了瑞幸咖啡的股票。

对此，瑞幸咖啡成立特别委员会开始进行自查。2020年2月3日，瑞幸咖啡对浑水公司的所有指控给予否认，并表示"浑水公司的报告中的数据没有可信度，全部指控也没有事实依据"，但是，瑞幸咖啡并没有拿出证据来反驳浑水公司的指控。然而，就在全盘否认浑水公司指控的两个月后，瑞幸咖啡便在各方压力下承认其财务造假行为。

2020年4月2日，瑞幸咖啡在美股开盘前自爆财务舞弊行为，声称公司在审计2019年第二季度到第四季度的报表时发现问题，遂成立特别调查委员会，经调查后发现存在财务舞弊行为，金额达22亿元。消息一出，瑞幸咖啡的股价开盘就发生了暴跌，盘中触发了八次熔断，股价从上一个交易日的26.1美元/股一度跌到4.91美元/股，而在此之前，瑞幸咖啡的最高股价曾达到51.38美元/股。对此，美国多家律师事务所对瑞幸咖啡发起集体诉讼，纳斯达克也要求瑞幸咖啡提供更多的信息。在经历股价暴跌之后，瑞幸咖啡的股票也随之停牌，最后的成交价格为4.39美元/股。2020年6月，瑞幸咖啡在纳斯达克停牌并进行退市备案。至此，资本市场的一代传奇成了泡影。

在自曝财务造假前，瑞幸咖啡的一系列财务信息似乎早有端倪。

瑞幸咖啡上市IPO和其他财务报表的公开数据显示，在上市之前，也就是2018年和2019年第一季度的资产负债情况十分平稳，资产负债率也处在正常范围内，但从2019年第三季度开始，资产总量大幅上升，负债总量只有些许上涨。瑞幸咖啡总资产上涨的时候，正是其大力发展线下门店、扩大运营的时候，正常情况下，肯定会大量增加咖啡豆、浓缩咖啡粉等原料的存货储备，而财务报告中存货的数据却出现下降的情况，存货总额从2019年第一季度末的1.89亿元增加到第二季度末的2.32亿元，但在第三季度则下降到2.13亿元，另外存货的周转天数也由55天到44天再到最后的28天，三个季度连续下降，这都是值得警惕的信号。

2019年瑞幸咖啡处于产品初创阶段，所需的资金依赖于对外融资，融资活动的现金流量是正值，但大金额投资和经营活动的现金流量都是负值，入不敷出。这说明，如果瑞幸咖啡的融资活动链断裂，它将全盘崩塌。表12-2显示了瑞幸咖啡2018年和2019年主要现金流量的对比结果。2019年第一季度的现金变动净额和2018年年末来自融资活动的现金流量相比有较大浮动，由14.1 189亿元骤降到-4.7 214亿元。奇怪的是，2019年第三、第四季度的现金净额却骤增，第三季度由-4.7 214亿元变为23.5 777亿元，第四季度更是达到28.8 292亿元，甚至比2018年年末的主要现金流量多了1倍。

表12-2 瑞幸咖啡主要现金流量对比

单位：百万元

时间段	来自投资活动的现金	来自经营活动的现金	来自融资活动的现金	现金变动净额
2018年12月31日	-1 283.22	-1 310.69	3 988.4	1 411.89
2019年3月31日	76.64	-627.63	86.23	-472.14
2019年6月30日	-2 788.34	-1 002.87	5 651.54	2 357.77
2019年9月30日	-1 605.67	-1 125.67	5 491.83	2 882.92

数据来源：瑞幸咖啡公开信息。

不仅如此，瑞幸咖啡2019年营业利润和收入的增加相比也存在端倪。2019年第一季度和第二季度的销售毛利率从负数骤增，出现正值。种种数据的不合理表明，瑞幸咖啡一直在粉饰自己营业收入和费用支出方面的数据，但一些数据自相矛盾。

瑞幸咖啡的种种举措可谓掩耳盗铃，蒙混得了一时，蒙混不了一世。

通过数据漏洞背后，我们再来看一看瑞幸咖啡是通过何种方式造假的。

虚增收入是财务造假常见的手段之一，瑞幸咖啡也不例外。

经浑水公司实地调查发现，瑞幸咖啡主要采用"跳号"的方式虚增订单，通过不连续的订单号码夸大订单数量，营造门店盈利的假象。为了调查并统计每日门店的订单量，通常提货码都是连续的。该造假方式隐蔽且造假证据不会轻易被调查机构获取，在计算销售量时通常用总订单量减去初始订单量，如果调查机构仅按此计算方式审核销售量真假，就很难发现订单舞弊。

根据浑水公司收集到的数据计算得出，瑞幸咖啡每个门店每天平均销售230个订单，用平均销售订单数再乘以每个订单中的商品数量，就可以得出每个门店每天平均销售263件商品。如图12-2所示，瑞幸咖啡财务报表中2019年第三季度和第四季度的销售数据是假的，分别虚增68.8%和88.2%。

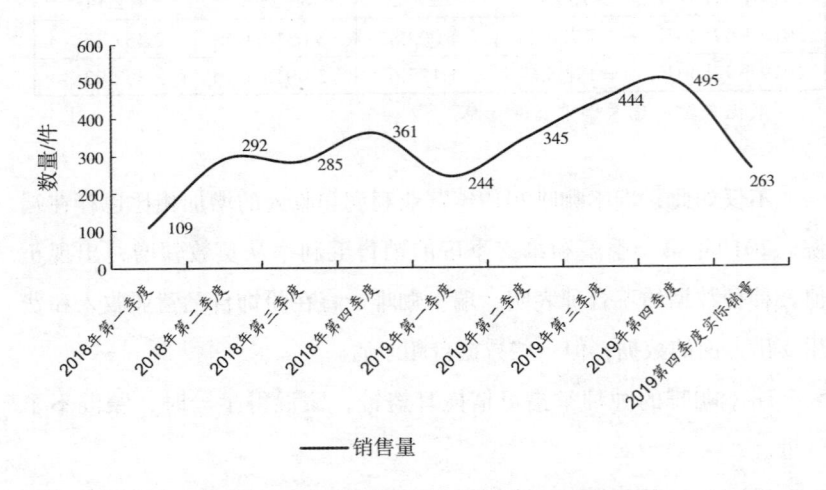

图12-2 瑞幸咖啡2018—2019年门店销售量

数据来源：浑水公司做空报告。

此外，根据浑水公司做空报告可以看出，除2019年后三个季度以外，瑞幸咖啡2018年到2019年第一季度的报告都呈现出日均销售量随着单价的提高而减少的规律，由此可以推断，用户对价格的敏感度较高，但2019年第二、第三季度的销量和价格却都上涨了，不符合用户忠诚度的提高随时间的增加而增加的一般规律。瑞幸咖啡门店销售情况见表12-3。

表12-3　瑞幸咖啡门店销售情况

年份	2018年			2019年		
季度	第二季度	第三季度	第四季度	第一季度	第二季度	第三季度
平均每个现煮饮品销售价格/元	8.9	10.3	8.6	9.2	10.4	11.0
单店现煮饮品日均销量/杯	200	174	216	184	237	314

数据来源：浑水公司做空报告。

瑞幸咖啡只卖咖啡吗？答案是否定的。瑞幸咖啡不只有咖啡这一个产品，还有坚果、NFC饮料、马克杯、午餐套餐、轻食等其他产品，但咖啡是其主要产品。瑞幸咖啡2019年第三季度的财务报告中显示，主营产品占比约为74%、其他饮料占4.13%、其他产品则占21.94%，如图12-3所示，金额分别是21.66亿元、1.209亿元、6.427亿元，合计29.296亿元。通过浑水公司收集的2万多张原始小票可以得出：其他产品仅占6.2%，但年报显示约22%，其他产品收入被夸大了近4倍，这说明瑞幸咖啡为了掩饰单店亏损而夸大其他产品的占比。

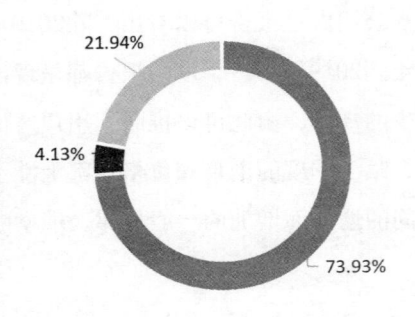

```
          21.94%

    4.13%

                    73.93%

    ■ 咖啡  ■ 其他饮品  ■ 其他产品
```

图12-3　瑞幸咖啡产品构成情况

数据来源：瑞幸咖啡2019年年报。

瑞幸咖啡虚增收入的第二个手段是隐瞒关联方交易。瑞幸咖啡的股权比较集中，且存在隐瞒关联方交易的行为。通过对股东背景的调查可以发现，陆正耀掌握着瑞幸咖啡最大的话语权，同时他也在神州优车的董事会中占有一席之地。一般情况下，董事长在公司内部的独断专权，监事会形同虚设的情况会成为财务造假行为的"沃土"。作为神州租车子公司的北京氢动益维科技股份有限公司（简称"氢动益维"）与神州优车和瑞幸咖啡均存在关联方交易行为，瑞幸咖啡通过与氢动益维的虚假业务往来，先将资金转入氢动益维，随后构造虚假销售将资金回流至瑞幸咖啡，最后以收入的形式体现出来。此外，瑞幸咖啡的实际控制人陆正耀与关联方王百因之间存在千丝万缕的联系。早先，陆正耀通过神州优车收购宝沃汽车（中国）有限公司（简称"宝沃汽车"），将1.37亿元转移给王百因。后来，瑞幸咖啡通过发行可转债筹资8.65亿元用以推进"无人零售"，而作为"无人零售"业务重头戏的"无人零售咖啡机"正是由王百因提供的。巧合的是，王百因注册成立的咖啡机供应企业征者国际贸易（厦门）有限公司就位于瑞幸咖啡总部旁边。此外，瑞幸咖啡的另一大供应商中成世纪供应链管理有限公司，也设立在瑞幸咖啡总部附近。从天眼查可知，王百因曾担任过这家公司的法人。由此可见，陆正耀控制的瑞幸咖啡与王百因控制的公司之间存在关联交易行为，或存有不合理"套现"等目的。

除了虚增收入，瑞幸咖啡还虚增了门店的费用和成本以配合收入造假，来掩盖财务报表的假账。

作为新起之星，瑞幸咖啡在营销上投入了大量资金，因此，门店虚增的费用主要是营销费用。瑞幸咖啡2019年的营销费用一个季度就增长超过2亿元，但是从它的营业收入和毛利润的数据就能发现这其中的异常。瑞幸咖啡2018—2019年利润数据如表12-4所示。瑞幸咖啡2019年第一季度的毛利润是-7 967万元，到了第二季度变为7 183万元，第三季度更是增加至约3.5亿元。瑞幸咖啡的营业收入在仅仅半年时间里增加了约6.4亿元，同比增长了6.4倍，但净利润的亏损仍保持在6亿元左右。这说明，瑞幸咖啡虚增了门店费用。在同时虚增收入和费用成本后，瑞幸咖啡达到了虚增利润的目的，并变本加厉地将得到的虚增利润转到门店变成门店利润，使门店数据优化，并"充分利用"门店多的优势分散造假数据，这给审计加大了难度，使得它在多次检查中成功"隐身"。

表12-4 瑞幸咖啡2018—2019年利润数据

单位：亿元

财务报表时间	2018年第三季度	2019年第一季度	2019年第二季度	2019年第三季度
营业收入	2.408	4.785	9.091	15.42
营业成本	3.242	5.582	8.373	11.98
毛利润	−0.834	−0.7 967	0.7 183	3.432
营销费用	2.253	1.681	3.901	5.577
营业利润	−4.856	−5.271	−6.897	−5.909
净利润	−4.849	−5.518	−6.813	−5.319

数据来源：东方财富网。

瑞幸咖啡的大力宣传必定意味着广告经费的燃烧。2018年瑞幸咖啡投入的广告费用较为平均，都在130万元以下；2018年第四季度的广告费用为93万元；2019年第一季度降到40万元；但2019年第二季度和第三季度出现惊人的增长，第二季度达到242万元，和上年的季度末相比，增长率甚至达505%，2019年第三季度更是达到382万元的巅峰值。这与CTR（央视市场研究公司）的调查数据大相径庭，具体如图12-4所示。

根据CTR调查的数据，2019年瑞幸咖啡的广告支出占财务报表中的广告支出费用不断下降，2019年第一季度为56%，第二季度为48%，第三季度跌至12%。虚增的广告费用使得店面实际亏损的营业额在财务报表中被"填平"，然后，瑞幸咖啡将这笔资金转回到门店作为营业收入入账，以达到虚增利润的目的。

瑞幸咖啡的高额原材料成本导致管理费用较高。瑞幸咖啡年报显示，2018年公司全年的原材料成本、物流费用、仓储成本等共计29.53亿元，瑞幸咖啡对此的解释是由于拓展业务所需而导致的成本不断增

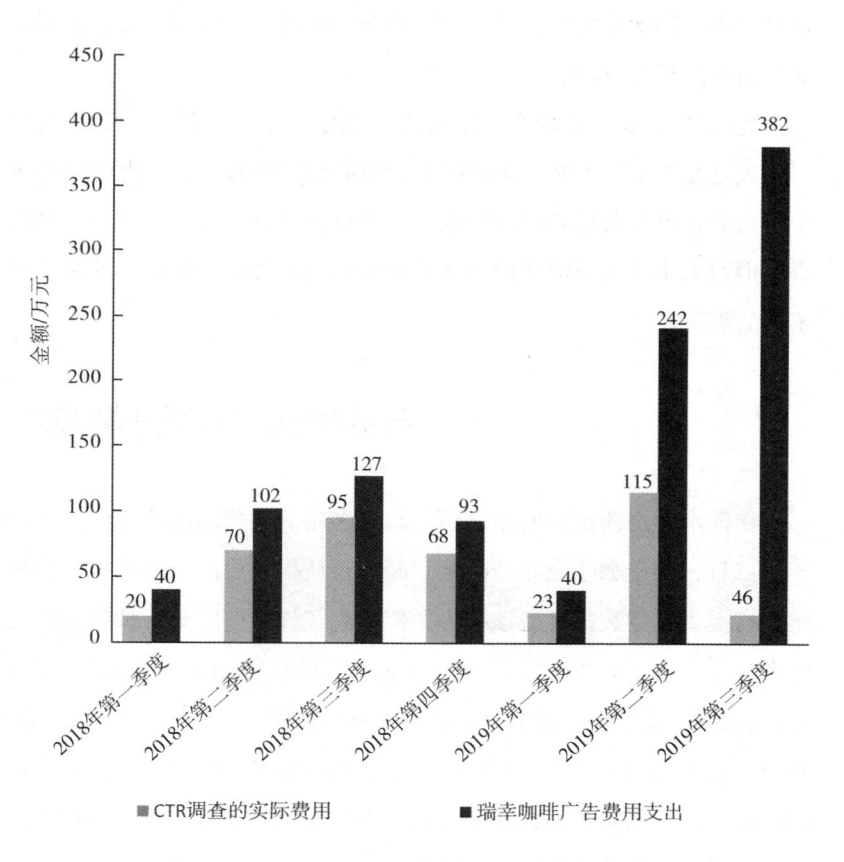

图12-4 瑞幸咖啡财务报表广告支出费用和CTR调查实际费用对比

数据来源：浑水公司做空报告。

加。2019年，瑞幸咖啡第一季度的成本达到27.58亿元[①]。除了虚增原材料成本，瑞幸咖啡还在外卖配送业务、虚增劳务外包等方面作假来配合和平衡利润的虚增。

短短2年，从一开始全民愉悦的"割资本主义韭菜"，到大众对"民族之光"质疑不断，再伴随着后面的熔断停盘，瑞幸咖啡破坏了中国企业在世界人民心中的形象。对于企业来说，成长本身并不是陷阱，但对未来成长习惯性的过高预期和估值以及利欲熏心，却是不折不扣的陷阱。

行业神话"高处不胜寒"

在浑水公司的报告发布之后，瑞幸咖啡的股价断崖式下跌。2020年2月3日，瑞幸咖啡发布新闻稿"断然否认报告中的所有指控"，虽然没有提供具体数据反驳该报告，但得到了许多研究分析师和知名投资者的支持。投资者重拾了信心，瑞幸咖啡的股价在2020年2月中旬回升。2020年3月27日，瑞幸咖啡宣布任命两名独立董事加入董事会，并对审计委员会进行变更。5天后，瑞幸咖啡发布新闻稿宣布，公司通过内部调查发现管理层在2019年第二季度至第四季度捏造了价值人民币22亿元（合3.15亿美元）的销售额，累计占瑞幸咖啡在此期间收入的47%。截至2020年4月2日，瑞幸咖啡的股价下跌了81%。2020年4月7日，纳斯达克暂停了瑞幸咖啡股票交易。2020年5月15日，纳斯达克发出退市通知。2020年6月29日，瑞幸咖啡的股票停牌。

[①] 中访网.瑞幸咖啡如何一年亏掉16亿：开店2073家，广告费支出28亿元！[EB/OL].（2019-4-23）. https://www.fangtanchina.com/article/show/12687.html.

美国证券交易委员会、中国证券监管机构和中国国家市场监督管理总局对瑞幸咖啡的造假行为展开调查。中国的监管机构派调查人员全面接管了瑞幸咖啡在中国的总部及其数据。2020年5月12日，瑞幸咖啡解雇了CEO及其他6名涉案人员，董事长陆正耀也于2020年7月5日被解雇。2021年2月5日，瑞幸咖啡申请破产。2021年6月，瑞幸咖啡终于发布了2019年第二季度和第三季度未经审计的财务报表，报表显示，此前管理层将第二季度的收入、销售成本、营销费用分别夸大了38%、26%、20%，将第三季度的收入、销售成本、营销费用分别夸大了83%、63%、43%。

瑞幸咖啡财务造假事件犹如平地惊雷，在社会各界引起强烈反响。7月31日，证监会发布公告称，根据我国《会计法》《证券法》以及《反不正当竞争法》的有关规定，该企业及其合作方等涉事公司存在收入、成本、费用不实的情况，同时存在虚构交易、虚假宣传等行为。瑞幸咖啡将面临我国财政部的严格惩罚，国家市场监管总局率先出击，公布了第一张罚单，对瑞幸咖啡及相关第三方公司罚款共计6 100万元。同时，美国证券交易委员会认定瑞幸咖啡的不当行为构成欺诈，指控瑞幸咖啡在2019年4月至2020年1月期间就收入、支出和净亏损做出不实陈述，在财务业绩上欺骗投资者，2020年12月16日完成调查，宣布对瑞幸咖啡进行处罚。瑞幸咖啡同意达成和解，包括遵守美国市场永久禁令和支付1.8亿美元罚款。最终，瑞幸咖啡没有承认或否认关于造假的指控。

瑞幸咖啡财务造假可谓是"牵一发而动全身"。瑞幸咖啡此举可能导致美国资本市场对中国企业的信誉度普遍持怀疑态度，这无形中加大了我国今后想要境外上市的企业进入国外资本市场的壁垒。

起死回生，卷土重来未可知

瑞幸咖啡退市后，大家似乎认为它会因此倒下。但事实并非如此。靠着逐步提升产品单价、加快研发新品、加大消费者黏性、关闭部分无用门店等一系列运作，瑞幸咖啡的新董事长郭谨一成功将其扭亏为赢，起死回生，可谓资本市场又一神话。当然，这也与咖啡赛道的资源稀缺化和沉没成本有关。

郭谨一认为，中国咖啡市场"具有极为广阔的空间"，他准备更加聚焦咖啡赛道，加大供应链、门店的投入。2021年，瑞幸咖啡共进口咖啡豆1.58万吨，2022年第一季度，瑞幸咖啡又从埃塞俄比亚采购超过3 000吨高品质咖啡生豆。目前，瑞幸咖啡已是花魁咖啡[①]在中国的超大买家。此外，瑞幸咖啡正在布局产业链上游，建立咖啡烘焙工厂，其第一家工厂于2021年4月在福建正式投产，产能达1.5万吨。瑞幸咖啡产品线负责人高级副总裁周伟明公开表示，瑞幸咖啡逐步打通并实现全产业链的延伸，可以全流程把控咖啡产品质量。

瑞幸咖啡2021年第四季度及全年财报数据表现亮眼，净收入比2020年近乎翻了1倍。瑞幸咖啡2021财年财报显示，其总净收入为79.65亿元人民币，较2020财年的40.334亿元人民币增长了97.5%。在门店数量上，截至2021年年末，瑞幸咖啡合计拥有6024家门店，已超过星巴克在中国的5 557家，成为中国最大的连锁咖啡品牌之一。

私域是瑞幸咖啡白手起家的第一张牌，早期的瑞幸咖啡靠着无人

---

① 产自埃塞俄比亚的一种咖啡。

能及的拉新手段横空出世，迅速占有庞大的市场份额。在财报丑闻出现后，瑞幸咖啡的品牌形象一落千丈，也是私域帮助其实现"逆势反转"。截至2021年6月，瑞幸咖啡共累积私域用户1 000万名，社群数量3.5万个，社群已经成为APP和小程序外的第三大订单来源。现在，瑞幸咖啡的私域运营重点由增长拉新变为留存（社群+直播）和转化（复购+客单价）。围绕留存，瑞幸咖啡做了两个方面的尝试。一方面，打造福利社群，通过福利官不定期在社群中发起各种各样的活动，比如低价促销、新品首发等，刺激用户持续关注。对于瑞幸咖啡这样高频低价的产品来说，社群留存往往能够有效触达用户，是最重要的私域留存方式。另一方面，通过私域直播，进一步提升服务能力。在转化上，瑞幸咖啡没有像原来一样漫天撒券，赔本吸引用户消费，而是结合自身"高频低价"的模式，在社群和朋友圈有节奏地触达用户，帮助用户养成消费习惯，提升复购频率。

当下，咖啡市场或将进入快速扩张的高速发展阶段。2021年，中国咖啡市场规模达3 817亿元，预计行业将保持27.2%的增长率，2025年中国咖啡市场规模将达1万亿元。2022年，中国人均年饮用咖啡量为11.3杯。在整体咖啡发展迅猛的环境下，一众咖啡品牌开始扩张。据新闻报道，2022年3月初，Tims中国宣布获得1.945亿美元融资，其在中国市场的门店超过410家；Manner（慢勒）咖啡也官宣将在国内10座城市同时新开超过200家门店；主打精品咖啡的品牌Seesaw Coffee[①]也在2年内获得数亿元融资，投资方包括喜茶、黑蚁资本。中国的咖啡市场如火如荼，多家品牌不仅受到资本青睐，门店数量也急速增长。

---

① 上海西舍咖啡有限公司旗下的咖啡品牌，中文名为"跷跷板"。

市场从来不缺翻身神话,也不缺花式营销套路。面对激烈的咖啡市场争夺战,瑞幸咖啡还有很长的路要走。未来,曾经创造了上市奇迹的瑞幸咖啡,还能继续幸运下去吗?我们不妨拭目以待。

大事记

· 2017年10月5日,瑞幸咖啡在神州优车总部大堂开了第一家门店,编号0001。

· 2017年10月28日,瑞幸咖啡银河SOHO门店营业,瑞幸咖啡开始对外测试。

· 2018年2月,瑞幸咖啡宣布将在3个月内开设500家门店的计划。

· 2018年5月8日,瑞幸咖啡宣布正式营业,并发布"无限场景(any moment)"战略。

· 2018年5月15日,瑞幸咖啡发布致星巴克的公开信,直指对方涉嫌垄断。

· 2018年6月13日,瑞幸咖啡传出A轮融资消息,融资规模为2亿~3亿美元。

· 2019年1月,钱治亚树立"年底实现4 500家门店、成为全国最大连锁咖啡品牌"的目标。

· 2019年2月,瑞幸咖啡开始在沈阳、石家庄、珠海等二线城市扩张。

· 2019年4月,瑞幸咖啡推出小鹿茶新品牌。

· 2019年4月18日,瑞幸咖啡获得1.5亿美元新投资。

· 2019年5月17日,瑞幸咖啡在纳斯达克上市,成为全球最快IPO公司,市值42亿美元。

- 2019年7月，瑞幸咖啡全国门店数突破3 000家。
- 2019年9月，小鹿茶宣布独立运营，并以爆发式的速度在茶饮行业里掀起新零售风潮。
- 2019年11月，瑞幸咖啡第三季度营业收入为15.42亿元，同比增长540.2%。
- 2019年12月，瑞幸咖啡全国门店数达4 507家，超额完成年初目标，交易用户突破4 000万。
- 2020年1月31日，浑水公司指控瑞幸咖啡数据造假，瑞幸咖啡成立特别委员会进行自查。
- 2020年2月3日，瑞幸咖啡对浑水公司所有指控给予否认。
- 2020年4月2日，瑞幸咖啡在各方压力下承认造假行为。
- 2020年4月3日，中国证监会谴责瑞幸咖啡造假行为，并将依法追究责任。
- 2020年4月5日，瑞幸咖啡发布道歉声明，并表示将接受第三方机构的彻底调查。在舆论的压力下，瑞幸咖啡开始调查相关内部人员。
- 2020年5月12日，瑞幸咖啡董事会分别终止了钱治亚和刘剑的CEO和COO职务，并任命公司董事兼高级副总裁郭谨一为代理首席执行官。
- 2020年6月，瑞幸咖啡在纳斯达克停牌并进行退市备案。
- 2020年9月，市场监管总局对与瑞幸咖啡财务造假相关的5家公司处以总计1 000万元的罚款。
- 2021年4月，美股投资者在中国上海起诉瑞幸咖啡，这是首个中概股在境内被起诉的案例。
- 2021年9月，瑞幸咖啡缴纳1.8亿美元罚款，与美国证券集体诉讼达成和解。

第十三章 辉山乳业与浑水：苍蝇不叮无缝的蛋

丁意茹

达尔文的"物竞天择,适者生存"是自然界的公理,也是人类社会发展进步的规律。在乳制品行业中,这个规律同样适用。但是,如果在竞争中采取财务舞弊行为,就会竹篮打水一场空,即便一时风光,最终还是会被淘汰。

辽宁辉山乳业集团有限公司(简称"辉山乳业")在竞争中以种植能够提高奶牛产奶量与牛奶中蛋白质水平的苜蓿草获得资本市场投资人的青睐,最终也因为苜蓿草被做空机构击穿谎言,迎来港股历史上幅度最大的一次股价暴跌,最后不得不清盘破产,被迫退市。

辉山乳业的崛起与扩张

由黑龙江、松花江、辽河等主要河流冲积而成的东北平原,覆盖了全国最广袤的"黑土地"。这片北纬38°~56°上的土地,得益于温带季风气候,成为全球最好的"黄金奶源"地带之一。在这块土地上,诞生了飞鹤、完达山等中国驰名奶企,位于沈阳的辉山乳业,也是其中之一。在很长一段时间里,辉山乳业一直是东北区域知名度最高的乳业品牌之一,就像广州人认燕塘、上海人钟情光明、北京人偏爱三元一样,在很多沈阳人的记忆中,第一袋常温奶的品牌就是辉山乳业。

1951年,当时的沈阳市政府成立"沈阳市乳品供应站",这就是辉山乳业的前身。凭借着悠久的品牌历史及当地优质的奶源，辉山乳业在东北区域的消费者心中树立了牢固的地位。

20世纪90年代初，刚过而立之年的杨凯在沈阳一家中外合资食品的公司——沈阳隆迪粮食制品有限公司（简称"隆迪粮食"）担任董事兼总经理。当时，沈阳市政府正为隶属于沈阳市农垦总公司的沈阳乳业有限责任公司[①]招商引资。当时，沈阳乳业被认为是沈阳当地最好的企业之一。隆迪粮食看中这个机会，拿到了沈阳乳业的控制权，成功入驻沈阳乳业，并由杨凯担任总经理，负责公司日常运营管理。杨凯与辉山乳业的情缘由此开始。

接手沈阳乳业后，杨凯首先将目标定在乳业全产业链的打造上，包括苜蓿草、辅助饲料的种植和加工，以及精饲料的加工、良种奶牛饲养繁育和全品类的乳类产品等。杨凯的这些举措在当时的乳品行业看来并非明智之举，因为产品利润很有可能无法覆盖大量的养殖成本。尽管遭到不少质疑，杨凯依然坚持这一目标。后来的事实证明，杨凯当初的决定在一定程度上是正确的。

2002年，沈阳乳业的液态奶产量仅次于光明、三元和伊利，排全国第四位。"三聚氰胺"事件后，国内生鲜乳产量年均增长率大幅下滑，唯独依靠全产业链的辉山乳业，销售额年均增长200%。

"当其他人正在使用卑劣的手段抢夺市场份额和资本时，我创建了最完美的供应链，"在辉山乳业的一个视频宣传片中，杨凯说，"我已经实现了我的梦想，但辉山乳业有自己的梦想：100万头奶牛、百年老店和百年品牌。"

[①] 由于沈阳乳业有限责任公司与辉山畜牧场的传承关系，当地人称"沈阳乳业"为"辉山乳业"。2012年，辽宁辉山乳业集团有限公司正式成立。

2009年，辽宁辉山控股（集团）有限公司成立，杨凯任总裁。2012年，辉山乳业正式成立，杨凯成为辉山乳业的大股东和董事长，沈阳乳业原有业务由杨凯控股的辉山乳业及其附属公司全部覆盖。从此，野心勃勃的杨凯带领辉山乳业加速扩张。

据辉山乳业官方信息，该公司是东北地区最大的奶牛养殖企业。在早期，辉山乳业主要是将原料奶出售给其他乳企，2011年，辉山乳业开始涉足液态奶领域，2013年推出中国首款自营牧场全控婴幼儿奶粉。辉山乳业依托自营牧场和全产业链发展模式，辉山乳业产品矩阵涵盖婴幼儿配方奶粉、成人奶粉、灭菌乳、巴氏杀菌乳、发酵乳和乳饮料等多个品类，荣获多项国家、省、市各级政府及行业殊荣，在当时的东北区域是当之无愧的乳业龙头。完善的生产管理系统和先进的技术支持，使得辉山乳业的产品有更高的品质突破和质量保障。

辉山乳业通过建设"从牧场到餐桌"的全程可追溯体系，业务涵盖饲草牧草种植、饲料加工、牧场管理、原奶运输、乳品生产、质量管控和产品销售等多个环节，率先成为中国乳品行业婴幼儿配方奶粉产品追溯首批试点单位，以及由中国食品工业协会物流专委会认证的"透明供应链"5A级企业。辉山乳业的种种成绩，进一步提升了消费者对辉山产品和品牌的信任。

那些年，辉山乳业的资产总额、销售收入、利税总额、产销量、企业自种草场面积、企业自营牧场数量、自有牛群数量、自产鲜奶量和重点市场的占有率等综合指标排名和主要经济指标增速均处于行业领先水平。2013年9月27日，辉山乳业（06863.HK）在港交所主板成功挂牌上市，招股价为2.28~2.67港元，全球配售3 787 596 000股，集资额为86.37亿~101.14亿港元，配售投资者包括郑裕彤家族、挪威

第十三章　辉山乳业与浑水：苍蝇不叮无缝的蛋

银行、伊利集团和中粮集团等。最终，辉山乳业全球发行额达13亿美元，成为香港历史上消费品行业首次发行企业募集资金前三名，并跻身全球有史以来消费品公司首次发行前十名。在港交所为辉山乳业成功上市而欢呼时，身为公司董事长兼首席执行官的杨凯或许不会想到，公司股价会在2年后把自己送上辽宁首富的宝座。当时的他更不会想到，一场暴风雨即将席卷而来，将他裹挟其中，无法脱身。

上市之后，辉山乳业继续着它的扩张之路。杨凯始终坚信全产业链的力量，坚信全产业链是公司打造差异化的竞争优势，他认为，中国乳业改革必须坚持全产业链模式，从源头开始保证乳业的食品安全和产品品质。在杨凯的指导下，辉山乳业持续在全产业链打造上不惜投入重金。2013年上市后，借助资本的力量，杨凯指挥辉山乳业在沈阳、锦州、阜新、抚顺、铁岭、盐城等地投资建设良种奶牛繁育及乳品加工产业集群项目，投资超200亿元。

在其2014年年报中，辉山乳业自称是中国领先及垂直整合度最高的乳品公司，是当时中国唯一能100%以自营牧场生产的原奶满足自有品牌液态奶生产及奶粉生产所需原奶的公司。辉业乳业的业务模式覆盖整个乳品产业链，包括苜蓿草、辅助饲料的种植和加工及精饲料的加工，奶牛养殖以及"辉山"品牌乳品的生产和销售。

然而，杨凯不甘偏安一隅，他想通过复制辉山乳业在东北区域的全产业链模式不断扩张，让辉山乳业走向全国。于是，辉山乳业开始南下扩张。2016年5月，辉山乳业首个异地全产业链项目——江苏盐城工厂建成投产。自此，辉山乳业形成了北沈阳、南盐城的"双城记"格局，进入新的发展阶段。2016年6月，杨凯在振兴奶业高峰论坛上提出"奶业都心"模式——"以城市为核心布局工厂，以工厂为核心布局牧场"。奶业都心模式依托城市集群建立全产业链模式，有效辐射低温新鲜奶品的销售半径，解决了产品生产、质量检验、运输物流、销售配送的一系列难题，代表着中国奶业的发展方向。

辉山乳业除了在传统的乳业全产业链[①]上不断扩张，还将产业链条进一步延伸至沼气、压缩天然气、有机肥等再生能源行业，先后涉足沼气、光伏等新能源业务。

"有牛就有粪，牛粪可变黄金！"这是苏永海2015年11月对辉山乳业光伏牧场的美好愿景。苏永海在接受《大公报》采访时表示，以20万头牛计算，1年可产生9 000万立方米天然气，80万吨生物有机肥料，保守估计都有几十亿元的收入。

2015年9月，辉山乳业发布公告称，以8 320万元人民币向控股股东杨凯及其儿子收购某可再生能源公司全部股权，用作生产压缩天然气及副产品有机肥料。据悉，该公司成立于2010年，在辽宁建成的首座CNG沼气厂于2015年8月试产。2013年、2014年，这家公司分别亏损约238万元和438万元。然而，辉山乳业看好这次收购，并在公告中表示，该可再生能源公司将发展为集团一个主要收益来源和增长因素，继而成为集团的主要业务。辉山乳业计划在未来的2年内扩大该可再生能源公司的规模，迅速扩建10座可再生能源设施，立志成为中国最大的可再生能源公司和有机肥料生产商，集团将继续寻求机会在未来进一步扩大可再生能源业务。苏永海当时还表示，辉山乳业有意发展光伏牧场，由于需要发展上述副业，公司下一年资本开支预计增加数亿元，或需筹集资金。

---

① 乳业全产业链，是指集饲草牧草种植、精饲料加工、良种奶牛饲养繁育、全品类乳制品加工、乳品研发和质量管控等于一体的全产业链。

第十三章　辉山乳业与浑水：苍蝇不叮无缝的蛋

除了从控股股东杨凯手中接盘可再生能源公司外，辉山乳业还向新能源、光伏等领域不断拓展，其间接控股的全资附属公司辽宁辉山乳业集团有限公司于2015年6月成立辽宁辉山凌空新能源有限公司，又在法库县、沈阳市、康平县、铁岭市、阜新市、抚顺市和锦州义县注册成立了7家分公司，注册资本合计20.38亿元。不过，根据工商资料，辉山凌空的实缴资本为1亿元，法库县、沈阳市、康平县的3家分公司实缴0元，另外4地的4家分公司实缴资本一栏显示为"空白"。2016年2月，辉山乳业发布公告称，其间接全资附属公司辽宁昊晟沼气发电有限公司（简称"昊晟沼气"）与中广核节能产业发展有限公司及瀛德（上海）股权投资合伙企业签署合资意向书，拟成立一个生物制气公司，其中昊晟沼气拟以股权和现金形式出资，持有合资公司30%的股权。9个月后的2016年11月，辉山乳业发布公告，辉山凌空与中广核新能源投资有限公司签署框架协议，各方拟于辽宁、内蒙古、江苏等地新建的牧场合作建设分布式光伏发电项目。

建设光伏项目需要多少钱？以上市企业海润光伏股份有限公司（简称"海润充伏"）的数据为参考，2014年，海润光伏拟在内蒙古自治区阿拉善盟孪井滩投资设立分公司并进行100MW光伏发电项目建设，预计总投资额约8.92亿元，项目建设期8个月，回收期9.7年；而在内蒙古自治区察右后旗投资设立分公司并进行50M光伏发电项目建设，预计项目总投资额约4.46亿元，回收期8.9年[①]。

辉山乳业持续扩张业务，在资本市场上频繁发布好消息，股价一路攀升。2015年，辉山乳业股价飙升，杨凯身家随之上涨，2016年以

---

① 数据来自海润光伏《关于对外投资设立察右后旗海润光伏发电有限公司并建设50MW光伏发电项目的公告》。

260亿元身家登上胡润百富榜，排在第66位，成为辽宁省首富。

企业持续激进的扩张需要大量资金支持，而辉山乳业虽然一直保持着不错的盈利，但其净利润自2014年起呈下降趋势（图13-1）。

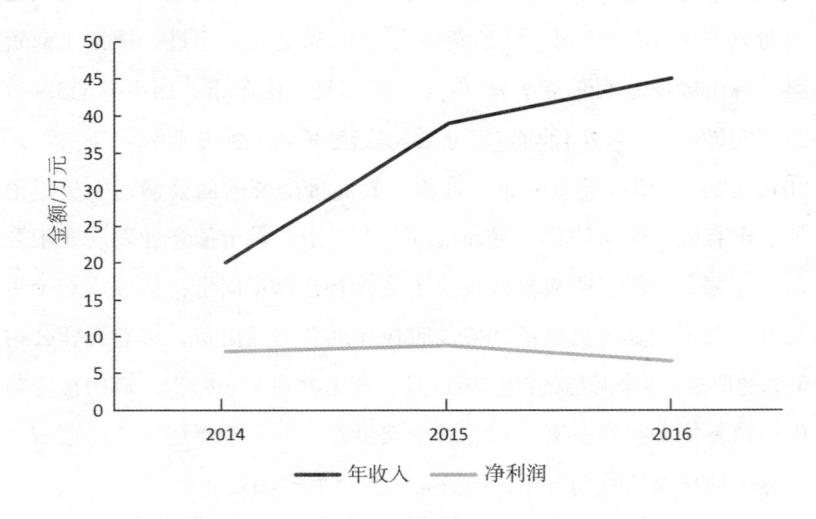

图13-1　2014—2016年辉山乳业年收入及净利润

这引起了人们的好奇，辉山乳业持续扩张的资金到底从何而来？事实上，这也是导致辉山乳业日后崩盘、陨落的致命之处。

发展受阻，风险初显

在杨凯带领辉山乳业持续做大的同时，辉山乳业的问题也逐渐显现。

一方面，在全产业链的理念下，辉山乳业持续投资建设，不断扩大上游自营产业基地规模，然而，2015—2016年，在经济下行、消费端疲软，以及奶周期的影响下，行业深度调整、原料奶销售价格回落，再加上进口乳制品对国内市场的冲击，国内乳制品企业增速普遍放缓。在国内乳企普遍艰难的情况下，辉山乳业作为全产业链企业，所要承担的资金压力更大，虽然在下游做了大量有效投资，但收效并没有那么快。乳业上游的投资回报小而慢，需要多年才能回本，下游建工厂和投资市场都需要大量的资金投入，用上游养下游的难度很大。

另一方面，辉山乳业寻求进军其他市场的战略计划并没有获得很好的成效。辉山乳业在江苏盐城的工厂投产，但也并未达到立足江苏、渗透华东市场的效果。2013年11月末，辉山乳业旗下的辉山液态奶开始走出东北地区，完成了对山东、河北、四川等新区域市场的初步布局。截至2016年3月底，辉山乳业在东北三省的液态奶销售额占液态奶总销售额的97.24%，而在河北省的液态奶销售额占比仅为1.18%，产品销售额少于28万元。这表明，辉山乳业走出去的脚步遇阻。

另外，辉山乳业涉足的沼气、光伏等新能源产业，由于项目耗资巨大、回收期长，也难以快速给辉山乳业带来预期收益。

浑水的狙击揭露造假手段[1]

就在辉山乳业的经营问题逐渐暴露在公众面前时，一匹躲在暗处的野狼正在悄然侦察它的一举一动，寻觅它的弱点，并随时准备给出

---

[1] China Huishan Dairy（6863HK）：A Near Zero。

致命的一击。

2016年12月，浑水公司突然发难，两次出手狙击辉山乳业。

辉山乳业一直引以为傲的竞争优势就是它的全产业链模式。辉山乳业宣称，已拥有近50万亩苜蓿草及辅助饲料种植基地。

长期以来，农产品领域是财务造假的温床，全产业链模式又给财务造假提供了便利。试想一下，如果辉山乳业的苜蓿草及辅助饲料的种植成本真的非常低，公司直接卖草无疑利润更大，何须再费力进行养牛挤奶？

这一致命的问题，恰好被对辉山乳业虎视眈眈的做空机构美国浑水公司抓住了。2016年12月16日，浑水公司发布了针对辉山乳业的做空报告，直呼辉山乳业是"骗子公司"，存在财务造假等欺诈行为，其公司价值近乎为零。浑水公司称，对辉山乳业的调查已持续好几个月，在此期间，调查人员访问了35个牧场、5个生产设施基地（其中包括1个中途停工的基地）和2个完全没有建设迹象的生产基地。此外，浑水公司的调查人员还通过无人机对辉山乳业的基地进行了观测，并聘请了三位乳业专家，其中两位在中国奶业领域有着深厚的背景。

通过虚报苜蓿自给自足以夸大利润

苜蓿草问题，是浑水公司的重要攻击点。

苜蓿草是奶牛养殖所用饲料中重要的草料，能够提高奶牛的产奶量与牛奶中的蛋白质水平，但其成本高昂，且大多依赖外国进口。然而，在2014年，辉山乳业宣布，通过自己种植苜蓿草，公司不需要从第三方供应商处购买苜蓿草或安排长途运输，因此，公司的利润显著高于同行业公司。有了这一成本优势，辉山乳业实现了令人难以置信的行业高毛利率。资料显示，2016年，辉山乳业的综合毛利率高达56%，远高于乳业两大龙头蒙牛（33.7%）和伊利（37.9%）的毛利率水平。

浑水公司称，经过数月的明察暗访，发现辉山乳业的苜蓿草种植业务名不副实。浑水公司认为，辉山乳业至少自2014财年起就开始通过虚假宣称牧草苜蓿大部分自供降低成本，来夸大毛利率及利润率。浑水公司通过调查发现，辉山乳业一直从Anderson Hay & Grain Co.,Inc（安德森干草和谷物公司）大量进口苜蓿草，通过向辉山牧场的员工、苜蓿草供应商及辉山的投资机构等多方了解与求证后发现，辉山乳业长期、大量地从海外和黑龙江的第三方机构采购苜蓿草。

Anderson Hay & Grain Co.,Inc在中国的进口商代理讲述，辉山乳业成为它的客户已经3年了，从2013年开始装货量逐渐减少，直到2016年略有改善。Anderson Hay & Grain Co.,Inc销量报告显示，该公司仅在2013年给辉山乳业的供应量就相当于辉山乳业2014财年（2013年4月1日—2014年3月31日）消费总量的一半。该进口代理商还提供了苜蓿草当时的市场价格，基于大连港报价，为2 330元人民币/吨（约合345美元/吨）。

表13-1　2013—2015年装货量

年份	2013年	2014年	2015年
从Anderson Hay & Grain Co.,Inc装货量/万吨	≈7	3~4	3~4

浑水公司认为，辉山乳业种植的苜蓿草不能满足自身需求的一大原因是东北不是种植该作物的适宜之地，尽管辽宁省被称为"最适宜苜蓿草生长的种植区之一"，但该地区的气候却给苜蓿草生长带来了

严峻的挑战。辉山乳业很多苜蓿草种植场都位于辽宁省铁岭市昌图县，2014年1月，关于昌图县在租赁给辉山乳业的土地争议上，法院判决强调了这些问题：该地段守着辽河，承包的时候有风险，后来转包给辉山乳业，所承包的地段十年九涝，辽河涨水就绝收。因此，辉山乳业声称的苜蓿草产量能够自给自足实在难以令人信服，存在通过虚报苜蓿草能够自给自足以夸大利润的情况。

掩盖奶牛场资本支出花费，大幅夸大资产账户

浑水公司对辉山乳业的第二个攻击点是财务欺诈。

浑水公司认为，辉山乳业利用奶牛场建设，将资本支出夸大8.93亿~16亿元，从而掩饰其现金与报表中所报告利润不相符的事实。辉山乳业在其招股书中称，建设45个奶牛场将花费24亿港元，平均每个牛奶厂将花费4 500万元人民币。但是，浑水公司对辉山乳业2014—2015年披露的现金流信息进行估算后发现，平均每个牛奶厂的建设要花费8 900万元，2016年甚至膨胀到1.07亿元。同时，浑水公司在2014年和2015年辽宁省公开可见的环境影响报告中发现，辉山乳业声称每个牧场的平均建设成本在9 000万元以上。

接着，浑水公司咨询了两名中国乳业专家，了解了牧场的建设成本，发现中国一个牧场的合理建设预算是14 000~30 000元/牛。根据公开数据，辉山乳业登仕堡农场的建造成本为9 990万元，养殖能力为6 950头，并且其环境与建设标准较高，单位成本接近15 000元/牛。但是浑水公司通过对辉山乳业的17个奶牛场进行实地考察，以及利用无人机观测奶牛场的环境与建设状况后发现，许多牧场设施陈旧、破损，缺乏必要的生产用具，已有的工具使用率较低，牧场缺乏必要的

定期维护，环境远达不到良好标准，甚至有专家认为，其部分农场建设成本可能不到3 000万元。

除了奶牛场建造资本支出夸大额高达16亿元外，辉山乳业的现金流也很可疑。浑水公司认为，一个公司现金科目造假的常见现象之一是借入比它实际需要多很多的资金，并且利率高于其现金收益，而辉山乳业恰好符合这一现象。根据2017财年上半年现金流报告，辉山乳业2017年第一季度经营现金流为31亿元，杠杆式自由现金流量为27亿元。然而，辉山乳业却以高于其现金和短期投资目标的利率进行借款融资，2016年年初辉山乳业买进的理财产品，利息仅有3.2%~3.8%，但是为融资进行的售后回租业务成本高达7.2%。

辉山乳业的库存也是一个危险信号。根据2016年辉山乳业财报，公司的半成品和成品同比增长了约2倍，此外，公司在2017财年中期报告中披露其一次性销售了13.484吨乳制品，约1.714亿元，公司也注意到进一步销售是不可持续的。浑水公司认为，存货上涨是因为辉山乳业将无法销售的原料奶转换成全脂奶粉，但由于全脂奶粉的保质期有限，所以存货存在一定的减值风险。并且，辉山乳业为了宣传公司高效率，在招股书中声称没有原料奶剩余，自此之后，辉山乳业就没有在文件里提到过原奶余额。但是浑水公司根据研究发现，认为乳业公司每天一般会留存约1天半的原料奶，所以辉山乳业所称"在挤奶当日，所挤的原奶就能售罄"是一个谎言，这也体现了公司在存货方面存在虚假宣传。

另外，浑水公司对辉山乳业的预付账款也存疑。辉山乳业的预付账款在2015年大幅增加，而且并没有披露购买了什么。浑水公司怀疑辉山乳业通过预付账款来消化现金的造假。

董事会主席私挪财产

浑水公司控诉辉山乳业的第三个"罪状"是董事会主席杨凯涉嫌转移公司资产。

2012年，牛肉价格上涨，并且超过了牛奶价格上涨的速度，建造肉牛场更加有利可图，所以，杨凯开始谋划肉牛养殖，他利用上市公司募集的资金投资了沈阳富裕牧业有限公司（简称"富裕牧场"）。当地政府记录显示，2014年5—12月，富裕牧场已完成至少4个养牛场的建设。2014年12月23日，辉山乳业将富裕牧场股份转让给新成立的辽宁富翰畜牧有限公司，而该公司是杨凯代理人王冰100%控股的企业，隶属于辽宁牧合家牛业科技有限公司（简称"辽宁牧合家"），而辽宁牧合家为杨凯及其妻子实际控制的企业，在上市公司体系外。基于对所涉及公司员工的访谈和对公开文件的分析，浑水估计，这些牧场价值1.5亿元，即杨凯至少从公司窃取了1.5亿元的资产。

财务杠杆过高，公司股票接近无价值

浑水公司指证辉山乳业最大且最具真实性的问题，是由于财务杠杆过高，辉山乳业的财务状况处于危险境况，甚至处于违约边缘。"即使以面值计算，该公司的信贷指标也高得可怕。"在辉山乳业的信贷指标中，首先是净利息融资成本增加近3倍（图13-2）。

另外，辉山乳业有70%的债务在不到1年的时间内到期，债务金额高达111亿元，而公司在2017财年上半年的营业收入只有25亿元，因此其还款能力显著存疑。

辉山乳业的审计师毕马威会计师事务所也发现了其债务危机问

图13-2　2014—2017年辉山乳业净利息融资成本（亿元）

题，甚至在辉山乳业2016财年的审计中接近于停止了给予其持续经营资格。辉山乳业也意识到其巨大的财政压力，并试图通过一些举措力挽狂澜，包括利用奶牛、工厂和设备售后回租的方式进行融资租赁，以及中止部分未完工的项目，但这些举措在数百亿元债务面前几乎是杯水车薪。

浑水公司指出，尽管与完全零资产相比，辉山乳业仍具有"真实业务"，但其巨大的财务杠杆让其认为该公司的股票接近无价值。

股票质押比例极高

浑水公司在报告中陈述的最后一个问题是辉山乳业股票质押比例极高。港交所中央结算系统（CCASS）数据显示，辉山乳业大部分已发行在外的流通股已被用作贷款抵押品。如果借款人无法满足追加保证金的要求，股权长期持有人将面临巨大风险。

面对浑水公司的第一波"爆料"，辉山乳业在当天上午11时12分向香港联交所要求短暂停牌，并在随后作出回应，对浑水公司的指控予以坚决否认。

虚增营业收入

3天后，浑水公司发布了辉山乳业做空报告的第二部分，进一步论证辉山乳业报告的收入数据存在欺诈及造假。截至2015年3月31日、2016年年底辉山乳业各业务分部收入情况如表13-2所示。

表13-2　截至2015年3月31日、2016年年底辉山乳业各业务分部收入

项目	2016年			2015年		
	外部销售（人民币千元）	内部销售（人民币千元）	合计（人民币千元）	外部销售（人民币千元）	内部销售（人民币千元）	合计（人民币千元）
奶牛养殖业务	947 203	2 146 530	3 093 733	1 028 336	1 783 966	2 812 302
液态奶业务	3 090 251	—	3 090 251	2 421 709	—	2 421 709
奶粉业务	489 079	—	—	473 339	—	473 339
合并收入	4 526 533			3 923 384		

辉山乳业的收入到后期主要由奶牛养殖、液态奶、奶粉三大块业务构成。其中，奶牛养殖业务主要是将挤出来的原奶的一部分加工成液态奶和奶粉，另一部分卖给其他乳品厂家。

浑水公司的调查人员从国家税务总局取得了辉山乳业下属4家子公司的报税收入，相比于其披露的收入数据，这4家子公司在工商局申报的收入降低了36%。辉山乳业对外公布的平均每头牛每年产奶量

为9吨（年产奶率和奶牛生存环境密切相关，越舒适通风的环境越有助于产奶），然而，调查人员发现，辉山乳业的多数养殖场出现脏乱差的情形，其年产奶率却远高于平均水平，位居世界发达国家行列。

除此之外，浑水公司还通过网络爬虫技术抓取辉山乳业的乳制品在京东、淘宝、苏宁等网站上的交易记录，结果发现，辉山乳业的销售量和蒙牛、伊利的差距多达1 500倍。

这些问题都可以间接反映出辉山乳业的收入存在造假行为。

在浑水公司发布做空报告第二部分的当天，辉山乳业回应称，公司根据国际财务报告准则编制年度报告和中期的中报告集团合并收入，且公平地反映了集团在相关报告期间的业绩。

这两轮做空与反做空的攻坚战引起市场的广泛关注，但辉山乳业的股价未见大幅下跌。

后来，浑水公司创始人卡尔森·布洛克（Carson Block）接受采访时表示，辉山乳业股价未见大幅下跌，是股东和相关人士有意增持所致。

资本的沉沦：股价暴跌、崩盘

正如卡尔森·布洛克所料，杨凯本人用真金白银在二级市场进行多次增持，其对辉山乳业的持股比例一直在上升。2015年3月31日，杨凯和葛坤共持有冠丰有限公司（简称"冠丰"）100%的股份，而冠丰持有辉山乳业51.8%的股份，此后冠丰的持股比例不断上升，截至2017年3月17日，持股比例达到72.62%。

企业大股东在短期内大幅度增持，比较可能的因素包括提振股价、市值维护或后续有更大的计划等。从辉山乳业的大盘面来看，杨凯增持的目的是提振股价的可能性比较大。一般大股东增持的资金来源，主要是有限合伙人机构或其他资产的转移。辉山乳业在香港上市时，部分机构投资者都是为了IPO拉来站脚助威的，所以当锁定期满，机构投资者就会陆续清仓。由于香港市场对辉山乳业的认知度低，为保持股价，大股东就需要不断增持。而杨凯不断增持股票、接盘的钱不排除部分来自辉山乳业本身。

就在浑水公司做空辉山乳业的报告发布之后，杨凯进行了两次增持，并通过公司公告披露，截止到浑水公司发布第二次公告的2016年12月19日，杨凯通过冠丰间接持有以及直接持有，与一致行动人葛坤女士合计持有的股份权益，约占公司当日全部已发行股本的73.21%。然而公告仅提及杨凯由市场上购入股票，并未提及购买股票的资金来源。

辉山乳业的总股本高达135亿股，从2015年开始，大股东在市场上从50%增持到70%。其中，辉山乳业回购股份用掉20.7亿元，大股东冠丰接盘和市场上购股增持以市场最低交易价格计算，使用资金近50亿元。杨凯可谓砸重金来保持股价的稳定性。

保持股价在高位对辉山乳业本身好处不大，因为其公众持股比例和交易量低，难以通过市场再融资，但对于大股东杨凯来说，股价维持在高位对其融资更有帮助，他可以将股份质押融资。

因此，杨凯一直花重金在二级市场操控辉山乳业的股价，使其稳如泰山，但正是这一行为，让杨凯耗尽了可以动用的资金，辉山乳业陷入兑付危机。

就在距离辉山乳业坚决否认公司财务造假及债务违约，称浑水公司恶意、虚假指控的不到10天，辉山乳业发布公告称，大股东杨凯的贷款进行了展期，即2016年12月27日，由杨凯控制并作为控股股东的冠丰与平安银行签署了一份补充协议，将2015年6月5日签署的总额达2 400 000 000港元的2年期银行贷款中约2 141 039 800港币贷款余额的到期日延长1年。杨凯的该项贷款是将冠丰持有的辉山乳业的股票作为质押，一共向平安质押了3 434 000 000股，占杨凯当时共持有的9 866 595 316股的34.80%。

此前几天，辉山乳业披露2016—2017财年中期报告。根据中期报告，截至2016年9月30日，辉山乳业的应付账款非常集中，具体如图13-3所示。

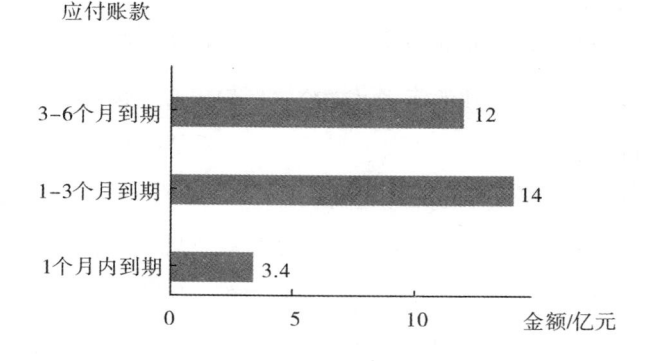

应付账款

期限	金额/亿元
3–6个月到期	12
1–3个月到期	14
1个月内到期	3.4

图13-4　截至2016年9月30日辉山乳业的贷款情况

而在贷款方面，辉山乳业1年内要偿还的贷款高达108亿元。截至9月30日，辉山乳业的半年收入为25亿元，就算全年可以达到50亿元，与需要在1年内偿还的债务相比，仍然相差甚远。

另外，银行对辉山乳业的支持似乎也越来越有限，其中期报告显示的贷款情况如图13-4所示。

图13-3 截至2016年9月30日辉山乳业的应付账款

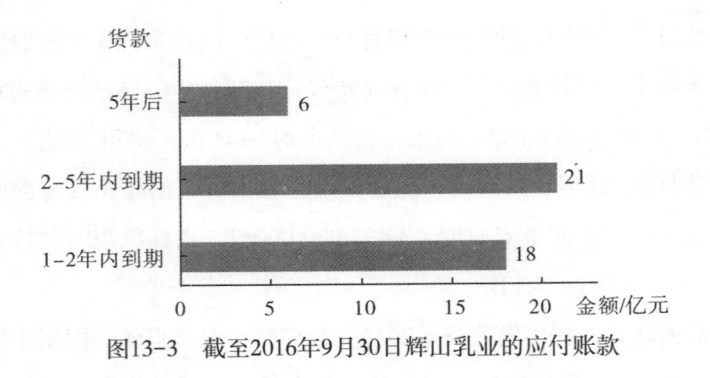

（柱状图数据：1~2年内到期 18；2~5年内到期 21；5年后 6；单位：金额/亿元）

显然，此时杨凯和辉山乳业的债务问题已经恶化。

3个月后，也就是2017年3月18日，杨凯参加了一场发布会，会上宣布辉山乳业成为东北地区第一个成功通过优质乳工程验收的企业。这让杨凯对辉山乳业的未来又增添了一份信心，按照他的计划，辉山乳业将从港股回A股，并进军东盟，未来看似一切顺利。此时的杨凯不会想到，一场暴风雨正席卷而来。

浑水公司的大肆唱空没有立即引发辉山乳业股价震动，但无疑埋下了一颗定时炸弹。正是因为这两份报告，国内多家给辉山乳业提供借贷的金融机构开始对其财务状况进行调查，经过调查发现，辉山乳业确实存在财务造假的情况，其资金链也岌岌可危。

辉山乳业的资金问题暴露后，2017年3月23日，辽宁省金融办牵头辉山乳业与债权银行召开债权工作会议，会上杨凯承认辉山乳业资金链断裂，并宣称公司将出让部分股权引入战略投资者，通过重组在1个月内筹资150亿元，解决资金问题。杨凯希望政府出面换取银行"网开一面"，让银行和其他金融机构不要立即抽贷。该消息流出后的第二天，辉山乳业崩盘。

第十三章 辉山乳业与浑水：苍蝇不叮无缝的蛋

2017年3月24日上午11点左右，辉山乳业股价突然直线跳水大跌，以近乎90度的角度一头栽下，同时成交量也快速放大。25分钟后，公司股价跌至最低0.25港元，盘中最大跌幅90.71%。

此后的5分钟，辉山乳业的股价略有回升，至中午12时收盘，报收0.42港元，较前一天收盘价2.80港元跌去85%，这一跌幅创下辉山乳业史上最大跌幅，辉山乳业市值蒸发322亿港元，仅剩56.6亿港元。杨凯的身家也瞬间缩水213亿港元。整个上午，辉山乳业成交额达4.53亿港元，创下2015年10月以来的新高，当天合计成交量达到7.79亿股，换手率为5.78%。经历了股价崩盘，辉山乳业紧急向香港联交所提出要求，于当天（2017年3月24日）下午1时起暂停公司的股票交易。

关于辉山乳业股价崩盘的原因，市场猜疑纷纷。

"公司股价暴跌，我一点准备都没有。"辉山乳业暴跌当天，杨凯对媒体回应。有传言称，暴跌起因是杨凯挪用集团投资房地产的30亿元而无法收回，杨凯随即否认，"都是谣言"。

4天后，辉山乳业发布公告，否认传言"中国银行对公司进行审计，并发现本集团公司制作大量造假单据且本公司的控股股东杨凯先生挪用本集团人民币30亿元投资中国沈阳的房地产"，并称公司无法联系到其中一位执行董事葛坤。据辉山乳业公告，葛坤主要负责辉山乳业的销售及品牌建立、人力资源及管治事务。她曾是辉山乳业在2013年上市之前杨凯团队的一分子，还负责监督管理辉山乳业财务和现金业务（包括支出），以及维持、管理公司与主要银行的关系。辉山乳业称，2016年12月的浑水公司发布报告之后，葛坤的工作压力变大，2017年3月21日，杨凯收到一封来自葛坤的信件，信中指出，她最近的工作压力对她的健康造成伤害，她会休假且希望现阶段别联系

367

她，从那时起，董事会便一直无法联系到葛坤。

在公告中，杨凯承认公司与数家银行的还款延迟，并确认在辽宁省政府的协助下，曾于2017年3月23日与23家银行债权人召开会议，寻求公司银行债权人将其贷款按正常方式续贷。

公告的最后，辉山乳业披露，杨凯通过冠丰持有的公司股份9 535 896 316股（约70.76%），但是其99.35%的股份进行了股票质押，其自身对股票的控制权受到很大限制。因而，当公司传出债务危机的坏消息时，被质押的股票更可能出现挤兑现象，从而在瞬间造成股价暴跌、崩盘。

跌落神坛：清盘破产、被迫退市

辉山乳业的财报显示，截至2016年9月底，该公司银行贷款总额约153.5亿元人民币，其中约108亿元需要在1年内偿还。这一数字并不包括平安银行给予冠丰的21.42亿港元贷款。

根据《中国证券报》等媒体的报道，包括中国银行、工商银行、交通银行和九台农商行在内的20余家银行均是辉山乳业的债主。它们焦灼难熬，对辉山乳业留下的一堆坏账一筹莫展。

2017年4月7日，辉山乳业收到一封来自香港上海汇丰银行的信函，信函中指控公司未遵守贷款协议中的若干承诺，并声称贷款协议中的违约事件已发生。歌斐资产管理有限公司向上海法院申请冻结辉山乳业在中国的6家全资附属公司、杨凯及其妻子的资产。至此，辉山乳业的财务恶化状况也全然暴露。

1个月后，香港证券及期货事务监察委员会发出指令，要求辉山乳业股份自2017年5月8日上午9时起暂停买卖。

10天后,辉山乳业发布公告表示,其在中国银行澳门分行的贷款本金及利息分别为5 000万美元及93.73万美元,到期未偿还造成违约。2017年6月1日,辉山乳业新增16宗由第三方在中国提起的对其若干成员公司的法律诉讼,涉及索赔金额合计约4.22亿元。

几天后,辉山乳业发布财务状况的最新消息:(1)2016—2017财政年度的销售约为55.04亿元,同比增长21.6%,主要由液态奶产品的销售增长所致。而2017年4月的销售约为2.57亿元,同比下降41.3%,在一定程度上是由于辉山乳业于2017年3月末停牌后,若干主要供应商/债权人收紧信贷政策而对公司的现金流构成不利影响所致。(2)截至2017年3月底,公司总资产约262.2亿元,其中现金及现金等价物约为4.67亿元,其中4.5亿元是受限于相关银行所施加限制的存款。而总负债达267.6亿元,其中包括银行贷款及非银行贷款分别约187.1亿元、42.5亿元,其他负债为38亿元。

辉山乳业陷入资不抵债的境地。2017年11月1日,辉山乳业披露了一项方案:将公司及境内杨凯实体的业务及资产打包并注入一家于中国成立的由境内债权人全资持有的中间控股公司旗下。公告称,一半以上中国境内的辉山乳业债权人和杨凯及其他公司的债权人签署《一致行动人协议》,并原则上支持债务重组建议。

股价崩盘停牌8个月后,深陷债务危机的辉山乳业开始临时清盘。期间,杨凯除了不断寻求债务重组外,还五次减持其作为第一大股东持有的九台农商行股份,持股比例从15.55%降至3.57%,累计套现约4亿元。但这笔钱是否会用来解决辉山乳业和他本人的债务问题,无人可知。但是,辉山乳业的债务重组方案没有得到债权人的同意，许多债权人呼吁追究杨凯资金流失责任。

由于辉山乳业的重组方案迟迟没有落地，债务问题持续无法解决，2018年3月27日，香港联交所将辉山乳业置于除牌程序的第一阶段。此后的2018年9月27日、2019年5月3日，联交所分别将辉山乳业置于除牌程序的第二、第三阶段。

2019年12月18日，香港联交所宣布，2019年12月23日上午9时起，处于临时清盘状态的辉山乳业的港股上市地位被取消。

东风吹醒英雄梦，不忘初心方可远行

回顾杨凯与辉山乳业的一路起伏，辉山乳业的债务危机可能缘起多因。

首先，辉山乳业的疯狂扩张导致其资金链不断紧绷逼近断裂。辉山乳业的发展战略为"深挖垂直链附加值，优化产业结构；延伸产业链，扩张企业核心能力，以'辉山模式'打造行业新样板"。然而，辉山乳业在过去的3年里，先后涉足有机化肥、沼气、光伏及房地产等新领域，对这些领域进行了大规模投资。战略目标是企业经营的奋斗方向，战略的推出需要企业内部资金支持，辉山乳业在下游建厂和投资市场需要大量资金投入的情况下，进行了众多与企业核心业务无关的低效投资，增加了财务风险，影响了公司资金的正常周转和有效利用。

其次，杨凯为了对抗浑水的做空、保持股价平稳，不断在二级市场增持辉山乳业的股票，当空单的"接盘侠"，但其接盘的资金来源一是以高股票质押得到的贷款，二是挪用辉山乳业的资金，这些做法直接导致企业资金链断裂、负债率高企。

最后，辉山乳业的内控形同虚设，违规操作在公司内大行其道，将公司引向无底深渊。比如，杨凯通过一致行动人，占辉山乳业的股份超过70%，大股东对企业的控制权很容易导致其利用公司进行资金占用、利益输送和关联交易等；聘用曾担任公司外部审计单位毕马威会计师事务所合伙人作为企业高级管理人员，外部审计单位的独立性受到影响，审计报告的可信度降低。董事长同时担任辉山乳业的董事会主席与首席执行官，使董事会监督职能难以实现，CEO权利难以得到控制。

《罪与罚》中有一句话："一切事情都有一个界限，越过了这个界限是危险的；因为一旦越过了，那就休想退回。"不知杨凯是否还记起辉山乳业赴港上市的初心，他曾说："企业能走多远，品牌能否做成百年老字号，取决于企业是否能放弃短视、极目远眺。现在中国乳业重要的是做品质，不是做规模。辉山乳业的目标不是盲目做大，而是养好牛，做好奶。辉山乳业将在不远的将来走向五大洲、四大洋。"然而，市场也许不会再给他机会了。

大事记

- 1951年，沈阳乳品供应链成立。
- 2009年，辽宁辉山控股（集团）有限公司成立，杨凯成为大股东。
- 2013年，辉山乳业于港交所主板成功挂牌上市，证券代码06863.HK。
- 2014年11月，辉山乳业在江苏省盐城市设立乳品全产业链。

- 2016年12月16日，浑水公司首次发布辉山乳业的做空报告，指控其财务欺诈、价值接近于零。随后，辉山乳业发布澄清公告。
- 2016年12月19日，浑水公司再次发布辉山乳业做空报告的第二部分。辉山乳业继而澄清回击。
- 2016年12月27日，杨凯向平安银行约21.41亿港元的贷款展期1年。
- 2017年3月21日，杨凯因为银行还款延迟向辽宁省政府请求协助。
- 2017年3月23日，在辽宁省政府出面协调下，杨凯与23家银行债权人召开会议，希望银行保证其贷款按正常方式续贷。
- 2017年3月24日，辉山乳业股价暴跌，公司紧急停牌。
- 2017年3月28日，辉山乳业发布公告回应股价暴跌。
- 2017年3月31日，辉山乳业发布公告表示无法联系其执行董事葛坤，因而股票继续停牌。
- 2017年4月7日，辉山乳业收到一封来自香港上海汇丰银行的信函，信函中指控辉山乳业未遵守贷款协议中的若干承诺，贷款协议中的违约事件已发生。歌斐资产管理有限公司向上海法院申请冻结辉山乳业及其在中国的6家全资附属公司、杨凯及其妻子的资产。
- 2017年4月18日，执行董事辞任，辉山乳业董事会只剩下杨凯、葛坤两人。
- 2017年5月8日，香港证券及期货事务监察委员会发出指令，要求辉山乳业股份自2017年5月8日上午9时起暂停买卖。
- 2017年5月18日，辉山乳业在中国银行澳门分行的贷款本金5 000万美元及利息93.73万美元，到期未偿还，构成违约。
- 2017年5月26日，葛坤仍然失踪，辉山乳业董事会只剩下杨凯一人。

- 2017年6月1日，辉山乳业新增16宗由第三方机构在中国提起的对辉山乳业若干成员公司的法律诉讼，涉及索赔金额合计约4.22亿元。
- 2017年6月5日，辉山乳业发布财务状况的最新消息。
- 2017年11月1日，杨凯通过冠丰持有的9 535 896 316股辉山乳业的股份，被其中一名主要债权人送达法院申请，以展开针对冠丰的清盘程序。
- 2018年3月27日，香港联交所将辉山乳业置于除牌程序的第一阶段。
- 2018年9月27日，香港联交所将辉山乳业置于除牌程序的第二阶段。
- 2019年5月3日，香港联交所将辉山乳业置于除牌程序的第三阶段。
- 2019年12月18日，香港联交所宣布，2019年12月23日上午9时起，处于临时清盘状态的辉山乳业的港股上市地位被取消。

参考文献

安凌飞.专访《战狼2》资本推手宋歌：北京文化要80%胜算才出手[N].经济观察报，2017-08-11.

青眸，夏晓茜，刘南豆.北京文化下坠，"赌神"走向黄昏[EB/OL].（2021-03-19）.https://www.jiemian.com/article/5833766.html.

叶晓丹.主谋判无期！宁波东力21.6亿元假并购手段曝光：标的公司签阴阳合同虚增业绩，内外联手瞒尽调[EB/OL].（2020-04-30），http://www.nbd.com.cn/rss/toutiao/articles/1430077.html.

宁波东力：意欲"蛇吞象"，遭遇"野心狼"[EB/OL].（2021-01-26）.http://finance.sina.com.cn/stock/relnews/cn/2021-01-26/doc-ikftssap1051195.shtml.

曹中铭.宁波东力并购被坑，治乱象还需监管重拳[EB/OL].（2019-01-23）.http://www.163.com/dy/article/E681TC2905199FB7.html.

邹婧.宁波东力半年报出"黑天鹅"，因年富供应链"诈骗门"亏逾31亿[EB/OL].（2018-08-29）.http://finance.ifeng.com/c/7flurmfTmjz.

段琳玉.亏损近29亿并购公司涉嫌诈骗 宁波东力要"凉凉"？[EB/OL].（2019-03-14）.http://finance.sina.com.cn/stock/s/2019-03-14/doc-ihrfqzkc3883952.shtml.

投行实务观."引狼入室"，宁波东力21亿元收购陷"合同诈骗门"[EB/OL].（2018-11-20）.http://zhuanlan.zhihu.com/p/50032392.

参考文献

吕杨先生.宁波东力遭遇惊天骗局，惊呆市场！[EB/OL].（2018-09-02）.https://zhuanlan.zhihu.com/p/43524714.

200亿！世界500强雪松爆雷借名供应链金融的百亿骗局？证监会斥供应链金融成造假新马甲[EB/OL].http://news.sohu.com/a/524386325_121123887.（2022-02-21）.

摩根商研所.广州一民企是谁？全球500强雪松控股，创始人张劲和马化腾是同学[EB/OL].https://www.sohu.com/a/486916337_120261671.（2021-08-31）.

起底漩涡中的嘉能可：40年进化为全球巨头此次逼空青山将"砸自己的脚"？[EB/OL].https://www.cqcb.com/caijingyan/2 022-03-10/4793087_pc.html.（2022-03-10）.

杨锐.起底"雪松系"：张劲跌落的"中国嘉能可"之梦[EB/OL].https://www.sohu.com/a/523442592_742964.（2022-02-17）.

行研资本.震惊！雪松200亿涉众募资调查：假借灰色通道，裹挟一众伪国企，底层资产涉"空转"贸易[EB/OL].（2023-04-27）.https://cj.sina.com.cn/articles/view/5395803974/1419d6f4601901dcc1.

张志峰.200亿理财产品违约背后，雪松控股的供应链业务真假迷局待解[EB/OL].https://www.sohu.com/a/523736912_115479.（2022-02-18）.

小债看市."雪松系"债务危机愈演愈烈：逾期、列为被执行人、股权被冻结[EB/OL].https://k.sina.com.cn/article_7245035865_1afd6795900101diil.html.（2022-05-09）.

广州最大民企雪松集团暴雷，债务违约、股权冻结，还被员工围攻[EB/OL].https://finance.sina.cn/2022-05-11/detail-imcwiwst6843203.

375

d.html.（2022-55-11）.

经韬纬略智库.号称"广州第一民企"的雪松控股是怎么把自己玩死的？[EB/OL].https://m.163.com/dy/article_cambrian/H10E7TKH0552IAVP.html/.（2022-02-24）.

纪实：卷走200亿！广东最"大胆"首富，两年收割8000个富豪[EB/OL].https://www.163.com/dy/article/IA1LMN8S0552NSKR.html.（2023-07-19）.

魏薇，柴鑫洋.雪松控股兑付危机背后：借道金交所发"理财"，底层资产成谜[EB/OL].https://finance.sina.com.cn/chanjing/gsnews/ 2022-02-16/doc-ikyamrna1148940.shtml.（2022-02-16）.

朱文莉，白俊雅."乐视生态"视域下的乐视网财务风险问题研究[J].会计之友，2017（23）：62-66.

刘建国.浅议关联方交易对审计风险的影响——以乐视网为例[J].中国注册会计师，2018（11）：118-120.

王艳林，杨松岩.递延所得税资产、盈余管理与大股东掏空——基于乐视网递延所得税资产过度确认的案例分析[J].财会通讯，2019（01）：3-6.

钟微.深度复盘：乐视网财务造假十年，贾跃亭是怎么瞒天过海的？[EB/OL].http://finance.sina.com.cn/tech/2021-04-16/doc-ikmxzfmk7111278.shtml.（2021-04-16）.

任晓宁.乐视10年造假细节：上市本无资格、利润全靠编，虚增收入共18.7亿元[EB/OL].https://view.inews.qq.com/wxn2/20210414A09QVH00.（2021-04-14）.

乐视网终止上市！28万股民被坑，退市之后将不能重新上市

[EB/OL].https://view.inews.qq.com/a/FIN20200515000l972I.（2020-05-15）.

季天琴，于宁，黄荣.海航高管家族的裙带交易[EB/OL].https://companies.caixin.com/2021-09-24/101777313.html（2021-09-24）.

郭芳，孙庭阳.万亿海航破产重整涉63家公司、逾千亿元违规资金占用等[J].中国经济周刊，2021（Z1）：48-51.

陈洪卫.海航ABS违约有感[EB/OL]. https://www.weiyangx.com/344733.html.（2019-11-27）.

沈振宇，宋夏云.另类股东控制、关联交易与掏空——海南航空与海航集团关联交易的案例研究[J].北京工商大学学报（社会科学版），2015，30（01）：69-79.

辜胜阻，张昭华.家族企业治理模式及其路径选择[J].中国人口科学，2006（01）：33-41+95。

郭铁.自曝被占用超18亿资金，科迪乳业称还有调查结果没出来[N].新京报，2020-06-24.

黄嘉祥.大股东占款逾18亿，科迪乳业败走多元化[N].时代周报，2020-06-30.

2021年证监稽查典型案例：科迪乳业股东侵害公司利益案件[EB/OL].https://xueqiu.com/8836653255/216143517.（2022-04-05）.

辛国奇.重组之道：中国长城资产十大经典案例[M].北京：企业管理出版社，2020.

花朵商业观察.科迪乳业"网红奶"陨落，大股东疑掏空公司，奶农、经销商遭灾[EB/OL]. https://page.om.qq.com/page/OUG4kvb_M-jyUnF2HPbXgWsw0.（2019-08-08）.

周子荑.资金链断裂、家族套现等质疑不断,科迪乳业问题出在哪[EB/OL].https://www.zgswcn.com/article/201908/20190803110924 1020.html.(2019-08-03).

木易.科迪系危机:科迪乳业被"掏空",科迪速冻被"拖垮"[EB/OL].(2021-02-02)https://mr.mbd.baidu.com/r/19JJU163C12?f=cp&u=2bb15f492c45fa29.

"中部奶业航母"梦碎!曾经的行业明星深陷危机,这个锅谁来背?[EB/OL].http://finance.sina.com.cn/stock/relnews/cn/2022-05-29/doc-imizirau5408991.shtml.(2022-05-29).

蒋东文.又一乳企"爆雷"?三年虚增了8亿,近九成利润都是假的![EB/OL].https://www.sohu.com/a/495055705_100119883.(2021-10-14).

一手财务造假,一手违规占资,科迪乳业终走到退市的地步……[EB/OL].https://finance.sina.cn/2022-07-01/detail-imizirav1444762.d.html?cref=cj.(2022-07-01).

孙晨.科迪,多元化之"殇"[J].经理人,2021(11):56-59.

科迪乳业17亿现金不翼而飞,祸起控股股东债务危机[EB/OL].https://baijiahao.baidu.com/s?id=1649069731898367892&wfr=spider&for=pc.(2019-11-02).

伍月明,曹学平.五度涉嫌行贿 康美药业的"黑金"之道[N].中国经营报,2019-04-03.

王晓悦.盛产首富,潮汕帮为啥这么"浪险"?[EB/OL].https://app.myzaker.com/news/article.php?f=qqconnect&pk=60d1a0c08e9f0923db0dcd41.(2021-06-22).

薛彦文.康美药业财报疑云：利息支出超12亿，账上360亿现金只是摆设？[EB/OL].https://baijiahao.baidu.com/s？id=1607489750291552808&wfr=spider&for=pc.（2018-07-31）.

孙庭阳.坐视抗美造假200亿、宜华生活造假80亿会计事务所没做好"看门人"，该如何处罚？[J].中国经济周刊，2021（12）：86-87.

王云艳，古华.GONE理论视角下宜华生活财务舞弊案例分析[J].老字号品牌营销，2022（09）：158-160.

黄坤兰.宜华生活财务舞弊案例研究[D].华东师范大学，2022.

风声岛.贾跃亭背后：最懂政治的潮汕富豪[EB/OL].https://baijiahao.baidu.com/s?id=1736148058183430869&wfr=spider&for=pc.（2022-06-20）.

昔日潮汕"资本教父"坠下神坛，是如何败光800亿的？[EB/OL].http://www.capwhale.com/newsfile/details/20210902/94dcca5852934ddcbfdf4f8e35510b34.shtml.（2022-09-02）.

投资AB面.宜华生活"拔电源"式财务造假十六年A股生涯终黯然离场[EB/OL].https://baijiahao.baidu.com/s?id=1733413030882506886&wfr=spider&for=pc.（2022-05-21）.

新华社.造假大户领罚3 885万元，"潮汕资本教父"被终身禁入[EB/OL].https://baijiahao.baidu.com/s?id=1715941254743970616&wfr=spider&for=pc（2021-11-09）.

消失的122亿：钟玉原本与任正非齐名，因造假亲手把自己送入狱[EB/OL].https://www.163.com/dy/article/HAOBDGU00552BGPI.html.（2022-06-16）.

郭净净.昔日千亿大白马康得新走向退市,钟玉的"空中楼阁"彻底塌了[EB/OL].https://baijiahao.baidu.com/s?id=1694344611637211745&wfr=spider&for=pc.(2021-03-16).

丁汀.钟玉被批捕![N].中国基金报,2019-12-17.

深交所向康得新下发问询函:要求说明是否存在财务造假情形[EB/OL].https://baijiahao.baidu.com/s?id=1623009363348985858&wfr=spider&for=pc.(2019-01-19).

张虹蕾.*ST康得新掌门辞职:纵有千言万语,更与何人说,网友留言:你们走了!问题是:然后呢?[EB/OL].https://baijiahao.baidu.com/s?id=1638413340446099450&wfr=spider&for=pc.(2019-07-07).

张杨运.被出具"无法表示意见"审计报告!ST康得新2018年净利同比下滑88.66%,背后存这几大疑云[EB/OL].http://finance.sina.com.cn/roll/2019-04-30/doc-ihvhiqax5825664.shtml.(2019-04-30).

强制退市!4月14日起进入退市整理期,康得新风口浪尖上的这两年[EB/OL].https://www.sohu.com/a/459691182_159067.(2021-04-08).

曹一方,潘灯.獐子岛董事长吴厚刚:海底银行家[N].商界,2010(8) http://finance.sina.com.cn/leadership/mroll/20100803/19298415962_3.shtml.

王灿."扇贝跑路"的网红上市公司獐子岛,又出事了[EB/OL].https://new.qq.com/rain/a/20220221A0D40C00?no-redirect=1.(2022-02-21).

参考文献

高隆.扇贝闹剧上演六年终成空：獐子岛财务造假案将被追究刑责，主事者或处三年以下有期徒刑[EB/OL].https://www.time-weekly.com/post/273414.（2020-09-12）.

董指导.獐子岛罗生门[EB/OL].https://mp.weixin.qq.com/s/sRRbV3Cogy6YLbk4OUPVqw.（2019-11-24）.

马涵.瑞幸咖啡财务舞弊案例研究[D].中国财政科学研究院，2021.

谭孟林.瑞幸咖啡财务造假事件研究[D].四川大学，2021.

瑞幸咖啡22亿元造假大起底[EB/OL].（2022-04-03）.http://www.capwhale.com/newsfile/details/20200403/a4f382b0ee674db9b7a0b7281f39ba27.shtml.

辛有吉."暴打"星巴克的瑞幸，果真起死回生？[EB/OL].（2022-10-14）.https://www.thepaper.cn/newsDetail_forward_20290787.

方文宇，江昱玢.瑞幸起死回生，秘诀就藏在CEO的名字里[EB/OL].（2022-05-25）.https://baijiahao.baidu.com/s?id=1733804925623068380&wfr=spider&for=pc.

卢锐，唐子桢.瑞幸咖啡：如何在会计舞弊之后起死回生[EB/OL].（2022-02-18）.https://baijiahao.baidu.com/s?id=1725062276658038447&wfr=spider&for=pc.

瑞幸咖啡垂死回生，可以高枕无忧了吗？[EB/OL].（2022-05-16）.https://m.thepaper.cn/baijiahao_18111527.

381

附录

上市公司财务舞弊的治理：经验与理论分析[①]

2022年"一号罚单"[②]给了"复合肥龙头"金正大，该公司被曝出虚增利润近20亿元，财务舞弊规模直追震惊市场的康美药业[③]，操作复杂性又远超康得新[④]。继"两康"之后，竟仍有业界标杆顶风作案，实在发人深省，为何中国的财务舞弊总是"野火烧不尽，春风吹又生"？

同年5月，广州市中级人民法院对康美药业（600518）证券集体

[①] 本文原载《财会月刊》2022年第22期。基金项目：本文获得国家自然科学基金面上项目"经济失真与企业资源配置"（批准号71872186）；国家自然科学基金重大项目"会计、审计对企业经营管理与宏观经济发展的影响研究"（批准号71790603）；广州市哲学社科规划2022年度课题：广州民营企业家参与涉企政策制定机制研究（2022GZYB21）、广东省审计厅2022—2023年度重点科研课题：地方政府专项债审计研究（22GDSJZZ016617）与中山大学中央高校基本科研业务费专项（项目编号：22wklj03）。

[②] 《中国证监会行政处罚决定书（金正大、万连步、李计国、唐勇、崔彬、高义武、颜明霄、郑树林、徐恒军）》，［2022］1号，中国证监会，2022年1月4日，http://www.csrc.gov.cn/csrc/c101928/c1880815/content.shtml。

[③] 《中国证监会行政处罚决定书（康美药业股份有限公司、马兴田、许冬瑾等22名责任人员）》，［2020］24号，中国证监会，2020年5月13日，http://www.csrc.gov.cn/csrc/c101928/c1042341/content.shtml。

[④] 《中国证监会行政处罚决定书（康得新、钟玉等13人）》，［2020］70号，中国证监会，2020年9月24日，http://www.csrc.gov.cn/csrc/c101928/c1042302/content.shtml。

诉讼案作出一审判决：康美药业承担24.59亿元的赔偿责任；公司实际控制人马兴田夫妇及邱锡伟等4名原高管人员组织、策划、实施财务造假，属故意行为，承担100%的连带赔偿责任；另有13名高管人员按过错程度分别承担5%、10%、20%的连带赔偿责任。这种处罚对市场的效果很大，尤其是对独立董事的天价罚款，引起了大量的独立董事主动辞职。

中国的财务舞弊治理机制，历经1998年《中华人民共和国证券法》颁布到2020年注册制改革再到2022年退市新规出台，不断补充修订《证券法》《公司法》和《会计法》相关条款，卓有成效。尤其是中国证券集体诉讼首案"康美药业案"的胜利，在中国资本市场发展史上树立了里程碑。但居安思危、保持忧患意识、坚持创新发展是夺取新时代中国特色社会主义新胜利的内核，也是推进上市公司财务舞弊治理取得更大进步的关键。

黄世忠等[1]对中国上市公司过去10年财务舞弊的特征进行分析，他们认为，只要财务舞弊预期收益大于财务舞弊预期成本，当前中国舞弊与反舞弊的博弈就难以被打破。朱伟骅[2]、罗培新等[3]均提出，中国惩戒措施的威慑力严重不足，阻止再犯的效果不明显。因此，明确严刑峻法，迫在眉睫。

本文通过对中国2001—2021年因财务舞弊被证监会处罚的205家上市公司的描述性统计分析，结合国内外财务舞弊相关法律法规的治理对比，进而提出构建"不敢舞弊、不能舞弊、不想舞弊"的财务舞弊治理模型，并从加重自由刑和罚金刑的角度，于"检举、诉讼、问责和索赔"四个层面，提出强化"不敢舞弊、不能舞弊、不想舞弊"的财务舞弊治理模型的建议。

本文可能的创新：第一，结合当前的上市公司财务舞弊现状，提出"不敢舞弊、不能舞弊、不想舞弊"的财务舞弊治理模型，丰富上市公司财务舞弊治理的相关研究成果；第二，我们从加重自由刑和罚金刑的角度，从检举、诉讼、问责和索赔四个具体层面提出了相应的建议，力求打破上市公司舞弊收益大过舞弊成本的怪圈，以加强上市公司财务舞弊治理，维护资本市场的公正与稳定。

中国上市公司财务舞弊现状分析

中国对于财务舞弊的认识是不断发展的。1997年，中国注册会计师协会定义：舞弊是导致财务报表产生不实反映的故意行为。2006年，中国财政部提出，舞弊是由被审计单位的管理层、治理层、员工或第三方实施用于获取不当利益的。2014年，中国内部审计协会指出，舞弊涉案人员包括组织内外部人员，其手段包括欺骗等违法违规行为。现有文献中，黄世忠[4]等总结了中国上市公司利用关联方和虚构交易操纵收入等众多舞弊手法。另有任朝阳和李清[5]、胡华夏和刘雯[6]等归纳出了法律法规的缺失、企业治理结构、管理层过度自信、组织文化、企业发展情况、利益相关者的契约动机等因素刺激了企业财务操纵行为，加剧了上市公司的财务舞弊现象。

本文依据证监会的处罚公告，选取和整理中国2001—2021年205家因财务舞弊而被证监会处罚的上市公司，对中国上市公司过去20年财务舞弊的特征进行概要性分析，从舞弊处罚时间和行业、舞弊的手法与金额、舞弊的处罚、财务舞弊的危害四个方面，分析中国上市公司财务舞弊现状。

一、财务舞弊的处罚时间和行业

图附-1列示样本公司处罚年度分布情况，2014年以来，财务舞弊公司的被处罚数量快速上升，累计占比达78.04%。根据黄世忠等[1]提出的"公司从舞弊发生到被监管处罚的间隔周期一般长达3年"可以推算，财务舞弊发生公司数量于2011年后呈现较明显的增长趋势，该推断与黄世忠等[1]现有研究结论一致。从表1可以看出，近两年监管部门的处罚数量明显提高，这说明2020年新《证券法》的推出一定程度上加强了上市公司财务舞弊监管的识别敏锐性和执法力度，使得以往的舞弊公司纷纷现形。另一方面，根据舞弊三角理论（the fraud triangle）、舞弊GONE理论、舞弊风险因子理论及冰山理论（iceberg theory）等分析，近几年的疫情影响加重了公司的生存负担和业绩压力，而依旧严苛的上市门槛和融资条件更可能使得不少企业铤而走险，粉饰财报，使得舞弊恶相愈演愈烈。

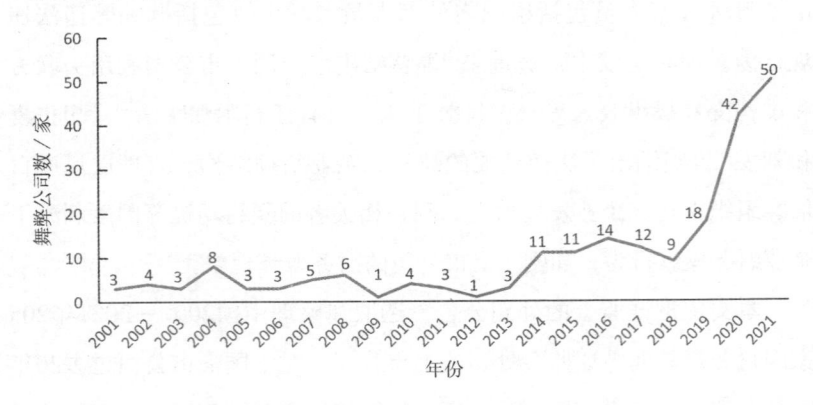

图附-1　舞弊处罚年度分布特征①

---

① 出现个别公司在不同年度反复被处罚的情况，因此实际舞弊公司数为205家。

图附-2列示了财务舞弊公司的行业分布特征。陈彬和刘会军[7]在研究中国概念股时指出上市公司分行业监管的重要性，强调了财务舞弊公司的行业特殊性在舞弊治理中举足轻重。刘元等[8]也提及中国上市公司财务舞弊存在特定行业多发的特点。图2可以看出，财务舞弊公司大多集中于金融业、制造业、服务业、农林牧渔业等领域。金融业企业自身可以通过虚增客户数据等实施舞弊，同时又可以配合其他公司利用银行流水、对账单、询证函等凭证信息进行造假。而在制造业、农林牧渔业领域，虚构业务收入、存货或是在建工程的隐蔽性更强。另外，还有非实物类服务公司业务环节简单且难以验证，农业、林业资金流动缺乏痕迹，养殖业不易盘点等行业特征，都助长了舞弊者的冒险投机心理，提高了舞弊可能性，进而使得中国上市公司的财务舞弊现象愈加猖獗。

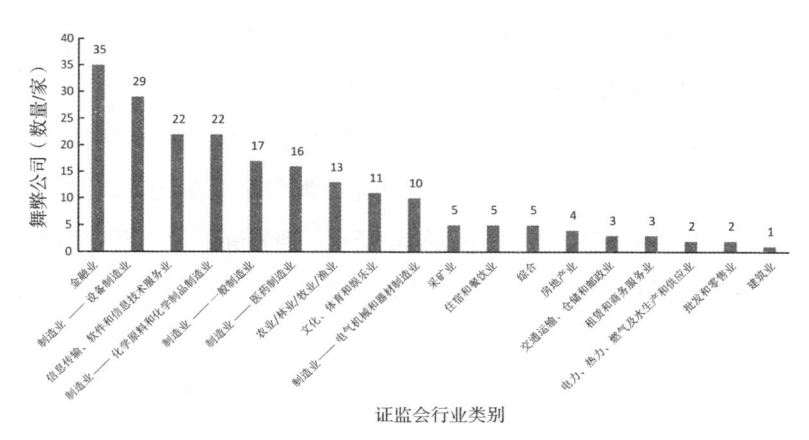

图附-2 财务舞弊处罚行业分布特征

二、财务舞弊的手法与金额

舞弊手段的日益精进也是上市公司财务舞弊现状的一大难题，总体上呈现出行为人高素质化、技术高科技化、形式多样化、领域多元化四大特点。陈思喆[9]重点分析资金拆借等借以舞弊的关联交易行为。李克亮[10]、牛彦秀和宫子琇[11]通过九好集团、雅百特等系列舞弊案介绍了虚构银行存款、海外项目等众多新型手段。目前已披露的公司舞弊案例中使用的手段可归纳为四个层面：第一，滥用会计准则，如伪造销售单据、伪造资产凭证等；第二，粉饰利润表，恶意操纵会计在收入、成本、费用等存在的时间和处理方法的专业估计和政策选定；第三，利用复杂的公司结构，进行资产重组或合并报表等调整利润；第四，中国目前资本市场的经济活动愈加复杂，企业利用新兴产业、工具的相关准则、法条的暂时缺位，大肆财务舞弊。且财务舞弊帮凶，更是涉及企业供应链上下游，还有各路关联方，配合舞弊手法的虚虚实实，加大了甄别难度，提高了舞弊的可能性。

这些财务舞弊手段所达成的舞弊金额更是骇人。图附-3列示了样本公司的财务舞弊金额特征。近20年来，舞弊金额在1亿元以上的上市公司占比为44.62%，其中不乏辅仁药业、康得新、紫鑫药业等业界龙头老大，对有关利益方的侵害可见一斑，对社会经济生活的破坏更是非同小可。

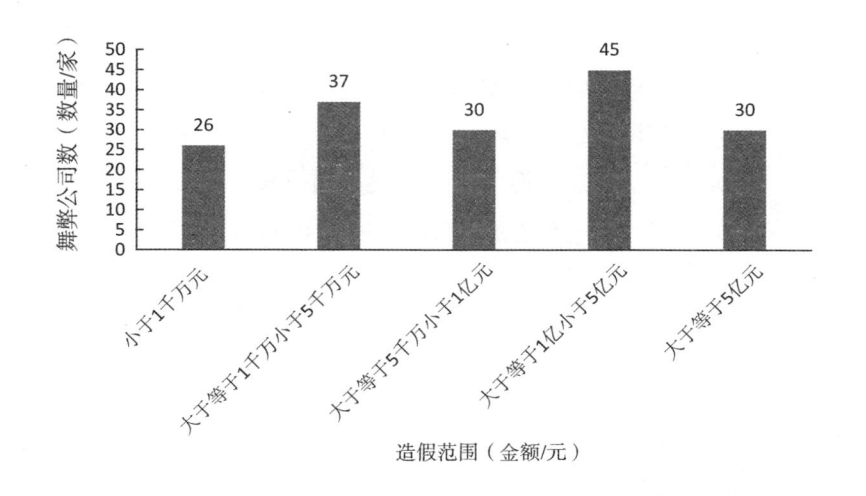

图附-3 舞弊公司舞弊金额分布特征

三、财务舞弊的处罚

对比高额的舞弊数额，现有的舞弊处罚力度不痛不痒。图附-4列示了样本公司所受处罚的金额范围分布特征，近20年来，处罚范围小于等于60万元的上市公司占比竟为66.82%，远远超过半数。根据旧《证券法》，无论财务舞弊金额大小，最高罚款均以60万元为限[①]。

财务舞弊的预期成本大大低于预期收益，无疑增加了舞弊者博弈的理由和冲动。2020年正式实施的新《证券法》已就此进行了修改。针对欺诈发行的处罚，对尚未发行证券的，新《证券法》将罚款额度从30万～60万元提至200万～2 000万元，对已发行证券的，罚款占非

---

① 《中华人民共和国证券法（2005修订）》第一百八十九条，全国人民代表大会，中华人民共和国主席令第四十三号，2005年10月27日颁布，自2006年1月1日起施行。

法募资的比例也从1%~5%提升至10%~100%，对直接负责的主管人员及发行人的控股股东、实际控制人指使从事前款违法的行为，从各自罚款3万~30万元也分别提高到100万~1 000万元和200万~2 000万元[①]。针对编造、传播虚假信息或者误导信息扰乱市场的处罚，新《证券法》保留旧《证券法》提出的没收违法所得，并将罚款上限从5倍提升至10倍，将旧《证券法》中"没有违法所得的或者不足3万元的，罚款3万~20万元"[②]修改为"没有违法所得的或者不足20万元

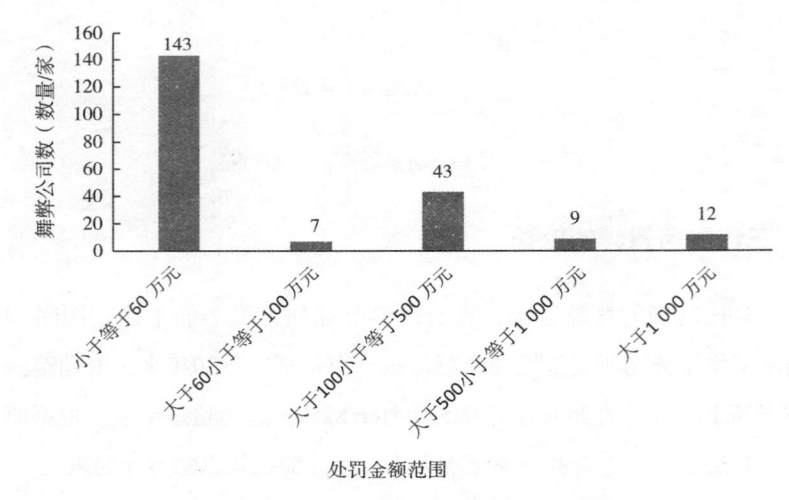

处罚金额范围	舞弊公司数（数量/家）
小于等于60万元	143
大于60小于等于100万元	7
大于100小于等于500万元	43
大于500小于等于1 000万元	9
大于1 000万元	12

图附-4 舞弊公司处罚金额范围分布特征

---

① 《中华人民共和国证券法（2019修订）》第一百八十一条，全国人民代表大会常务委员会，中华人民共和国主席令第三十七号，2019年12月28日颁布，自2020年3月1日起执行。

② 《中华人民共和国证券法（2005修订）》第二百零六条，全国人民代表大会，中华人民共和国主席令第四十三号，2005年10月27日颁布，自2006年1月1日起施行。

的，罚款20万~200万元"①。但这仍远不及财务舞弊的利益刺激，无法令舞弊公司自食恶果，威慑作用大大削弱，客观上仍助长上市公司做大舞弊规模的心理。

四、财务舞弊的危害

通过上述分析可知，目前上市公司财务舞弊现象依旧猖獗，在特定行业频发且舞弊手法日益高明，涉案金额巨大但处罚力度不足。现如今中国社会主义市场经济快速发展，正如王沛然[12]提及，资本市场的违法犯罪行为的逐年增多，案件量的大幅上升趋势，势必给中国市场经济的运行秩序带来巨大冲击。

根据郝玉贵和刘李晓[13]、骆良彬和曹佳林[14]等的研究发现，可总结出财务舞弊存在四个方面的重大危害：第一，财务舞弊直接扰乱了证券市场的公平性和正常管理秩序，严重侵犯了广大中小投资者的利益；第二，财务舞弊直接损害了会计信息的真实性，一定程度上削弱了国家对经济形势的掌握能力，不利于中观和宏观经济调控；第三，财务舞弊弱化了经济发展，舞弊事件一经曝光，则会沉重打击市场信心，不利于形成健康的投资环境；第四，上市公司的财务舞弊事件，是对国家法律法规的蔑视，与贪污腐败等违法犯罪行为是一丘之貉，严重败坏党风和社会风气。故而，加强对上市公司财务舞弊治理势在必行。

---

① 《中华人民共和国证券法（2019修订）》第一百九十三条，全国人民代表大会常务委员会，中华人民共和国主席令第三十七号，2019年12月28日颁布，自2020年3月1日起执行。

财务舞弊屡禁不止的原因分析：处罚不构成威胁

国内外学者普遍认为，内外兼治是解决财务舞弊问题的关键。王泽霞[15]、黄世忠[16]等均提出财务治理应双管齐下，对内健全公司治理，对外强化监督机制。刘行和李小荣[17]针对国企发生财务舞弊概率较低的情况分析得出有效政府分权和健全的信息披露制度能有效遏制企业舞弊。吴芃等[18]针对媒体对公司治理效应中的作用差别，发现媒体关注能够有效遏制财务舞弊行为。但发挥企业内部监管作用，降低外部监管成本和提高稽查质量固然重要。

《商君书》有云："胜法之务莫急于去奸，去奸之本莫深于严刑。"故而，本文认为，要想扼制目前财务舞弊频发的势头，更重要的在于加强立法，明确舞弊的犯罪性质，使舞弊成本增长远超其舞弊收益，令市场"闻假丧胆"。

一、舞弊金额与处罚力度对比的实例分析

当下舞弊金额与惩处力度严重失衡。图附-5显示，在已披露舞弊金额及处罚金额上市公司中，有88.69%的上市公司处罚金额与舞弊金额的比率不足10%，更有56.54%的上市公司该比率未达1%。哪怕新《证券法》的颁布大幅提高了舞弊惩处成本，但与财务舞弊的巨大预期收益相比，仍然不成比例。

当下舞弊案件的处罚力度薄弱已是不争的事实，康得新被曝2015年至2018年累计虚增利润119.21亿元，创下A股舞弊记录；2022年金正大收到"一号罚单"，被曝2015年至2018年累计虚增收入230.73亿

元，虚增成本210.84亿元，虚增利润总额19.90亿元。此两者皆为业内翘楚，涉案金额之大，舞弊手段之复杂，俱令人惊骇。然而，审判结果均是责令改正、给予警告，另外康得新和金正大各以被惩处60万元和150万元了事。除此，对相关责任人仅给予警告，并分别处以10万元至240万元不等的罚款，均未及舞弊金额的千分之一。在不涉及自由刑的情况下，单单面对差距如此悬殊的财务舞弊金额和被罚金额，又怎么能令企业受到切身教训？

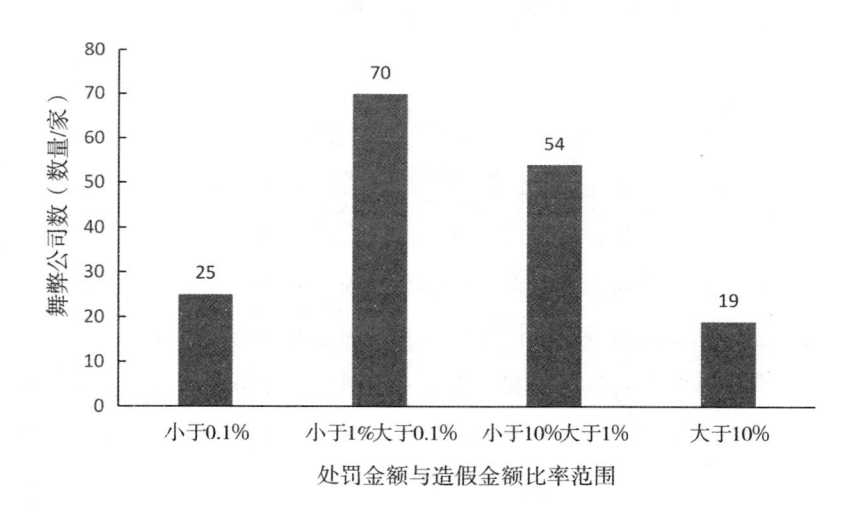

图附-5 舞弊公司处罚金额与舞弊金额比率范围分布特征

根据现有文献，张宗新和朱伟骅[19]发现市场对于中国监管部门的处罚公告，反应显著为负，但惩戒时滞性强，威慑力严重不足。这种在利益面前无关痛痒的处罚事件，根本无法敲打那些为了达到上市门槛和争取再融资而蠢蠢欲动的企业。不少企业仍为利所驱，在舞弊的不归路上前仆后继。另外，财务舞弊案的事后处罚很大程度上是以广大投资者的财富损失为代价,部分企业及其管理层早在舞弊期间通过虚假业绩,恶意哄抬股价,利用内部交易或者高位套现,卷跑了大量投资,收割了广大中小股民。再加上现有的投资者保护制度又不成熟,更令作俑者肆无忌惮。在中国司法机关高度重视资本市场有效治理的时代背景下,加大对控股股东、实际控制人的行政、刑事和民事责任规定,才有利于保障市场稳定、防范系统性风险。

二、上市公司财务舞弊治理改革过程

2014年,中国证监会明确表明"实施重大违法公司强制退市制度"[①]的决心,重点针对欺诈发行、重大信息披露等违法行为。证监会并强调,因涉嫌犯罪被证监会依法移送公安机关的,证券交易所应及时暂停或终止其股票上市交易,落实《证券法》关于暂停上市与终止上市的相关规定。2022年,中国沪深交易所发布的退市新规[②]中,特别新增信息披露或规范运作等方面存在重大缺陷、半数以上董事无法对年报或半年报保证真实准确、完整两项指标,也表明了中国资本市场监管方对于上市公司舞弊行为坚决制止的态度。由此可见,坚决打击财务舞弊现象,以加重处罚力度,加大舞弊后果来加强财务舞弊治理,已经成为各界广泛共识。

新《证券法》重点关注资本市场制度和监管执法体系的完善。对于前者,集中体现在证券发行注册制度、信息披露制度及投资者保护

[①] 《关于改革完善并严格实施上市公司退市制度的若干意见》,中国证券监督管理委员会令第107号,2014年10月15日公布,自2014年11月16日起施行。
[②] 《上海证券交易所股票上市规则(2022年修订)》,上证发〔2022〕12号,2022年1月7日发布,自发布之日起施行;《深圳证券交易所股票上市规则(2022年修订)》,深证上〔2022〕12号,2022年1月7日发布,自发布之日起施行。

制度三大亮点，后者则强调违法违规成本并提出"长臂管辖"条款。新《证券法》取消发行审核委员会制度，推动证券由公开发行转向注册制，同时确立发行人员及其控股股东、实际控制人、董事、监事、高级管理人员公开承诺的信息披露制度，降低财务舞弊可能性。赔偿机制的设立和代表诉讼制度的完善，也是新《证券法》一大亮点。该举措大大加重了事后成本，对财务舞弊犯罪成本低、第三方责任承担不到位等问题起到了防治效用。针对中介机构，新《证券法》明确规定作为保荐人、承销商的证券公司及责任人员在职责缺失情况下所应承担的过错推定、连带赔偿责任[①]，同时也提高证券服务机构未履行勤勉尽责义务的违法处罚幅度[②]。

为与新《证券法》相衔接，于2021年起正式实施的《刑法修正案（十一）》在违规披露、不披露重要信息罪和背信损害上市公司利益罪条款下均单独强调对控股股东、实际控制人的刑事责任。商浩文提出，《刑法修正案（十一）》这次立法扩张更以刑罚的严厉性凸显了对证券犯罪从严打击的刑事政策。《刑法修正案（十一）》不仅在法定刑的配置上将控股股东、实际控制人责任与单位主要责任人责任、单位责任分开规定，也从自由刑和罚金刑两个方面提高了控股股东、实际控制人的法定刑，使其更加具有针对性。其推行带来三大显著变化：其一，增加量刑档次。本次修正改变了之前违规披露、不披露重

[①] 《中华人民共和国证券法（2019修订）》第一百八十二条，全国人民代表大会常务委员会，中华人民共和国主席令第三十七号，2019年12月28日颁布，自2020年3月1日起执行。

[②] 《中华人民共和国证券法（2019修订）》第一百八十三条，全国人民代表大会常务委员会，中华人民共和国主席令第三十七号，2019年12月28日颁布，自2020年3月1日起执行。

要信息罪等单一法定刑的局面，设置了两档量刑档次，体现了罪责刑相适应原则，利于司法实践操作。其二，提高了违规披露、不披露重要信息罪第一档次的法定刑，由3年以下调整为5年以下，并将提供虚假的或者隐瞒重要事实的财务会计报告与违规披露、不披露重要信息罪法定最高刑提升至5年以上10年以下有期徒刑[①]。其三，严格罚金刑设置。针对犯罪行为，无论适用哪种量刑档次，是否罚金刑无自由裁量权，必须判处罚金；将违规披露、不披露重要信息罪的倍比罚金制改为无限额罚金制，取消罚金数额限制，有利于针对不同案件中行为人的违法所得、犯罪情节等情况确定合理的罚金数额。对于控股股东、实际控制人刑罚的趋重化趋势，体现了立法机关对于该类案件从严打击的刑事政策，有助于发挥刑罚的威慑作用，以实现一般预防。而且，罚金刑可以打击行为人逐利动机，剥夺犯罪人再犯罪的能力，以实现特殊预防。

另外，为配合《证券法》《刑法》中对控股股东、实际控制人及相关责任人从严打击的趋势，《会计法》明确规定了财务舞弊行为范围和处罚及职业禁止从事规定。对伪造、变造会计凭证、会计账簿，尚不构成犯罪的，予以通报并对单位处5千元以上10万元以下的罚款；对其责任人员，可以处3千元以上5万元以下的罚款。其中，国家公职人员还面临被撤职甚至开除的行政处分风险；而作为会计人员，也将受到5年内不得从事会计工作的限制[②]。对隐匿或者故意销毁依法

---

① 《中华人民共和国刑法修正案（十一）》，刑法第一百六十一条修订，2020年12月26日第十三届全国人民代表大会常务委员会第二十四次会议通过，自2021年3月1日起施行。

② 《中华人民共和国会计法》第四十三条，本法自2000年7月1日起施行，2017年11月4日第十二届全国人民代表大会常务委员会第三十次会议进行第二次修订。

应当保存的会计凭证、会计账簿、财务会计报告,或者授意、指使、强令相关机构或人员施行该行为且构成犯罪的,依法追究刑事责任;尚不构成犯罪的,也处以罚款或行政处分。

通过现有法律法规的梳理,可以肯定,中国相关法律责任体系已基本形成。但正如汪明亮[20]指出,中国现有法律责任体系对欺诈发行股票、债券罪以及违规披露、不披露重要信息罚金刑与自由刑的修订均非重刑主义的表现,反而是对原有证券犯罪法定刑设置较轻的纠偏,并且远远没有达到应有的刑罚力度。中国的财务治理长期处于轻罚薄惩的状态,现有法律责任体系收效甚微,行政责任和刑事责任威慑失灵,民事责任相关法律并不健全。以更严厉的法律惩处抑制财务报告舞弊的发生,应该是中国相关立法与司法实践努力的方向所在。

三、美国财务舞弊的治理:一些启示

他人之事,我事之师。财务舞弊一直是历史性与世界性的重大难题之一,自1720年英国南海公司财务丑闻伊始,各国在舞弊和反舞弊的斗争中不断积攒经验教训,尤其是美国的相关舞弊重大案件,对全球的治理进程影响深远。

美国注册会计师协会(AICPA)于2002年在第99号审计准则公告中将财务报告舞弊界定为"为迷惑财务报表使用者而对财务报告数字信息故意错报或漏报"。该审计准则公告明确了财务舞弊的性质,大大推动了美国财务舞弊治理进程。

美国一开始就对财务舞弊实行严惩重罚。1929年的大萧条催生了美国第一部有效的公司融资监管法《1933年证券法》,该法从保护投资者利益的角度对IPO时招股说明书中的错误陈述或隐瞒、相应责

任、原告诉讼、起诉对象、举证责任、诉讼时效和被告对抗诉讼的辩护理由均作了详细规定，用于约束和惩罚一级市场舞弊行为。紧接着推出《1934年证券交易法》来处理二级市场的财务舞弊行为。二者明确规定，联邦司法部可对于涉嫌在股票发行注册登记表或者持续信息披露中舞弊的行为提起刑事诉讼，最高可判20年刑期和500万美元罚金。对于牵涉到内幕交易、毁灭证据、妨害司法等其他罪行的舞弊行为，可数罪并罚。此外还有《公用事业控股公司法》的出台和SEC（the securities and exchange commission，证券交易委员会）的设立，均是为了加大财务舞弊的预防治理。

但百密一疏。美国历史上重大财务舞弊案在2001年后悉数爆发，严重程度和惩处后果轰动全球。2001年安然事件中，首席执行官杰弗里·斯基林被数罪并罚，被判处1.83亿美元罚金和24年监禁，安然的审计机构安达信以涉嫌构成帮助欺诈等罪行被罚款700万美元。数月后，世界通信（worldcom）因15个月内虚构38.5亿美元利润被罚7.5亿美元，其首席执行官艾伯斯被数罪并罚，被判处4 500万美元罚金和25年监禁。同期还有环球电讯破产、施乐公司被处以历史最高民意罚款等。系列案件的爆发，直接催生了《2002年萨班斯-奥克斯利法案》。在该法案中，对编制违法违规财务报告的刑事责任，最高可处500万美元罚款或者20年监禁；篡改文件的刑事责任，最高可处20年监禁；证券欺诈的法律责任，最高可处25年监禁；对于举报者进行打击报复的法律责任，最高可处10年监禁。处罚措施的狠厉，大大促进了美国财务报告舞弊的积极治理。

尽管中美资本市场的制度背景迥异，但美国在财务舞弊治理史上久经摸索得出的严惩重罚，对中国在上市公司财务舞弊治理的法律责任和处罚力度方面仍大有启发。第一，针对不同的调整对象，对错误陈述、隐瞒等大部分属于财务报告舞弊的行为，凡参与财务舞弊的都必须入刑，且有必要修改量刑标准。第二，民事赔偿行为及其判决是财务舞弊法律责任中的根本责任，起到重要的威慑作用。第三，财务舞弊相关立法应结合法庭的应用方便性，注重法律本身的实操性。第四，有必要加大经济处罚力度，立法对举报者加以奖励和保护，分散监管压力。

构建一体推进"三不"的财务舞弊治理模型

2020年6月28日，在第十三届全国人民代表大会常务委员会第二十次会议上提出《关于〈中华人民共和国刑法修正案（十一）（草案）〉的说明》指出，为了保障注册制改革顺利推进，维护证券市场秩序和投资者利益，加大对控股股东、实际控制人等有关责任人证券违法行为的追责力度是立法修正的主调。齐文远和李江[21]就提出，当前中国证券犯罪的刑罚设置存在自由刑先天不足、罚金刑威慑力度不大、"剥夺政治权利"适用性不强等弊端，因此有引入刑事职业禁止的必要性。

中国目前财务舞弊与反舞弊力量始终悬殊，丝毫不能低估对舞弊治理形势的严峻性和复杂性。结合上述分析，本文认为必须强调财务舞弊参与方的行政责任、刑事责任和民事责任，加大经济处罚力度，构建一体推进"不敢舞弊、不能舞弊、不想舞弊"治理模型（如图附-6），这一体制机制的构建也符合财务舞弊治理的内在机理。

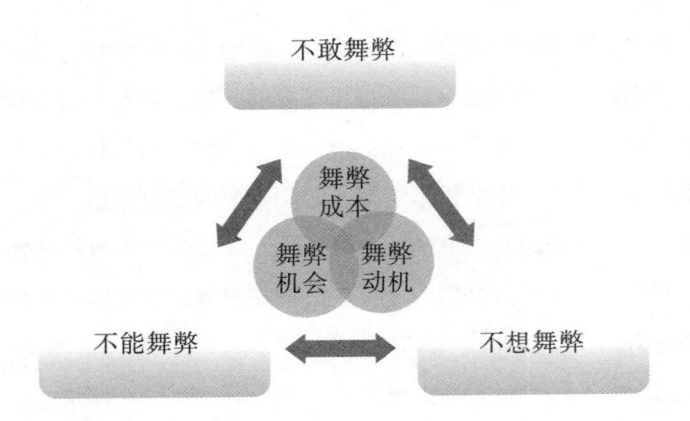

图附-6 构建一体推进"不敢舞弊、不能舞弊、不想舞弊"治理模型

从理论上讲，只要实现了"不敢""不能"和"不想"其中任何一条，财务舞弊就可以得到有效治理，但治理的稳定性确实大相径庭。想最大限度地防治财务舞弊，还得让企业"不想舞弊"，这是治理财务舞弊的最稳定状态和最高境界，也是提出加大自由刑和罚金刑标准的必要所在。"三不"任务涉及舞弊成本、舞弊机会、舞弊动机，它们各司其职却密不可分，故不能单打独斗，需同向发力，这也是构建"三不"财务舞弊治理模型的前提。

构建"三不"财务舞弊治理模型，需要在构建机制的路径选择上脚踏实地。一是逐步击破"三不"中的各个环节。首先解决不敢的问题，要继续保持反舞弊高压态势，绝不放松惩治。其次解决不能的问题，要对舞弊权力和收益进行打压限制并加重成本。一般来说，对权力和收益的控制有两种方式：就是监督和制约。但也要防止监督万能论，从治理成本考虑，更要注重舞弊成本问题。再次解决不想的问题，要旗帜鲜明地引导舞弊行为人认识到财务造假的惨痛下场。二是

"不敢舞弊、不能舞弊、不想舞弊"是一个有机整体，要必须实现三者贯通协同，也就是要处理好反舞弊中的纠正与防范、治标与治本、阶段性与连续性的关系，才能实现"三不"治理模型的长期效果。三是从具体构建上，要强化三者之间无缝对接和系统集成。在强化"不敢舞弊"的震慑时，也应把"不能"和"不想"的效用纳入考量；在扎紧"不能舞弊"的牢笼时，也可科学借鉴"不敢"和"不想"的经验；在增进"不想舞弊"的自觉时，也需运用"不敢"和"不能"的约束力量。

第一，不敢舞弊着眼于惩戒层面，具体化为法律规章等，解决的是舞弊成本问题，也是"三不"模型的构建前提。严厉惩治财务舞弊企业及相关责任人，确保一旦舞弊必然面临万丈深渊，使舞弊者得不偿失，才能让意欲舞弊者悬崖勒马，为不能舞弊、不想舞弊奠定基础。

强化"不敢舞弊"的震慑，必须保持惩治舞弊的高压态势。要以集中削减舞弊存量，坚决遏制舞弊增量为出发点，坚持从舞弊企业、同谋的会计师事务所及会计师多管齐下，确保有案必查。对新《证券法》颁布后不收敛、不收手，特别是对《刑法修正案（十一）》颁布后无敬无畏者，坚决重惩。要在关键行业和重点环节加大反舞弊力度，坚决斩断财务舞弊利益链，坚决破除权钱交易关系网。推进追逃防逃追责，深度参与国际财务舞弊治理，切断舞弊主要责任人外逃后路，切实保护广大中小投资者的切身利益。通过对不敢舞弊惩戒机制的构建，为深化标本兼治夯实基础。

第二，不能舞弊着眼于制度层面，具体化为制度约束和机构监督等，解决的是舞弊机会问题，也是"三不"模型的构建关键。必须强化监督和制度的约束，确保胆敢舞弊者无可乘之机。权力运行和利益驱动是财务舞弊的两驾"马车"，反舞弊必须强化对舞弊权利的约束、舞弊收益的打压和对舞弊成本的放大。

扎紧"不能舞弊"的牢笼，一要健全内外部监督制度。以企业内部监督为主导，推动各类监督有机贯通、相互协调，增强监督的严肃性、协同性、有效性。二要完善利益制约机制。要收缩上市公司财务操纵的权力，健全权责清单制度，推进权力运行公开透明，将虚假记载等财务报告舞弊行为的惩治放在一个战略高度上来。三要坚持权责法定制度。将这类舞弊行为的刑事责任与民事责任的规范作为重点，正确区分证券发行和交易过程中的虚假记载、误导性陈述和重大遗漏的法律责任，并对虚假记载等舞弊行为的责任人、承担何种责任以及承担民事赔偿的方式、金额及金额在不同被告之间的分配、被告的抗辩理由等予以详细且严厉的规定。通过健全、权威、高效的监督体系，提升制度权威性和执行力，切实保护广大投资者尤其是中小股民的利益。

第三，不想舞弊着眼于思想层面，具体化为文化观念等，解决的是舞弊动机问题，也是"三不"模型的构建内核。正如反腐倡廉一般，舞弊治理只有树立廉荣贪耻的价值取向，才能从思想源头上消除舞弊逐利之念，实现不敢舞弊、不能舞弊的升华。

增进"不想舞弊"的自觉，需建立"三不"模型的自律机制。一方面，要坚持以案为鉴、以案促改，通过筛选典型案例，剖析案发原因，提高警示教育的针对性、实效性。另一方面，要坚持固本培元，加强思想道德教育，要时刻提醒企业的社会责任和自我使命，筑牢不想舞弊的思想基础。

构建一体推进"三不"治理模型的具体举措

刘艳红[22]提出,立法应以"目的为导向",重视对犯罪的积极预防,让法律规定发挥所预设的规则作用以及体现其背后的政策重点,具有积极影响特定社会活动事实的能力。本文从加重自由刑和罚金刑的角度,提出了从"检举、诉讼、问责、索赔"四个层面强化上述提出的"不敢舞弊、不能舞弊、不想舞弊"财务舞弊治理模型,目的也在于落实细化"三不"模型的推进,促进当下财务舞弊治理及相关立法和司法实践。

魏汉涛[23]也曾提出,在成本-效益理论下,刑罚成本包括显性的犯罪直接成本和隐形的潜在成本与机会成本。显性的犯罪直接成本,由犯罪本身的特点所决定;隐形的潜在成本与机会成本,由惩罚的严厉性与查处概率两个方面决定,提高目前法规的威慑力度,提高舞弊成本才是解决之道。故本文提出,加大自由刑和罚金刑适用于信息披露违法既契合了目前财务舞弊的高发特征,又有利于加强对财务舞弊活动的预防,还有利于实现财务舞弊治理体系的行刑衔接,更有利于构建一体推进"不敢舞弊、不能舞弊、不想舞弊"治理模型。

第一,立法保护对企业舞弊的检举行为。针对目前舞弊手段的高技术化,强化内外部监管固然重要,但建立起有效的检举机制也能大大降低稽查成本。鉴于绝大多数财务舞弊是通过举报发现的,尝试建立财务舞弊有偿举报机制,并通用立法规定由舞弊公司承担举报奖金,更能使舞弊公司自打嘴巴。对于受到直接伤害的举报者,补偿其相应的损失费和律师费;对于对举报者进行打击报复的行为予以刑事处罚，并处以实际损失作为赔偿上限，切实打击舞弊公司恐吓威胁检举人的行为，提高对财务舞弊行为的惩戒力度，使其"不敢舞弊"。

第二，保护民事诉讼行为。财务舞弊属于典型的贪利性犯法，提高舞弊成本，是达到根源性治理的关键。目前，中国新《证券法》已借鉴美国市场经验，探索建立了具有中国特色的证券集体诉讼制度，但相较于美国市场最高可判处20年监禁和500万美元罚金的量刑标准，中国还应当提高现行刑法中关于欺诈发行、违法披露信息罪的最高有期徒刑和非法募集资金罚金的追责力度。让众多中小投资者求诉有门，而不是只能被动接受企业财务舞弊暴雷后资产缩水、股价跌停甚至破产倒闭后血本无归的情况。积极推动、探索、优化诉讼费用缴纳相关安排及执行机制，落实舞弊公司及相关责任人的民事责任，保障审判过程公正和赔偿方案充分落实，以减少公司财务舞弊对中小投资者权利的侵害。对于证券欺诈犯罪的诉讼时效要适当延长，堵住相关责任人的逃躲漏洞，进一步加强上市公司"不敢舞弊"的意识。

第三，加大对公司财务舞弊负责人、会计机构及相关人员的法律问责。对于控股股东、实际控制人，具体可以包括：对于故意进行虚假披露实行欺诈的犯罪加重自由刑与罚金刑力度，以犯有欺诈罪的个人或者公司因舞弊获取收益的倍数为参考确定其罚款金额；对故意破坏或捏造文件以阻止、妨碍或影响调查的行为视同严重犯罪，并处以罚款或刑事处罚，或予以并罚；适当延长执行证券发行的会计师事务所的审计和复核工作底稿的保存期，对任何故意破坏工作底稿保存的行为予以罚款或刑事处罚；对于实行上述多项行为的，数罪并罚并提高自由刑力度，加大罚款金额。

对于会计机构及相关人员，可大力整治注册事务所及会计人员的审计和非审计服务，切实保证形式上与实质上的独立性。积极通过行政监管的方式实现新《证券法》及《证券市场禁入规定》为核心的职业禁止制度框架。同时结合《公司法》《会计法》等法律法规中有关从业限制的规定，弥补刑事职业禁止制度在中国资本市场行政性从业限制体系中的"缺位状态"。对于构成犯罪的，依法实行刑事处罚；对于尚不构成犯罪的，参与舞弊事件的会计师事务所及相关责任人进行批评教育，强制要求其参加相应的专业培训和再教育。

通过上述行为，以求打破目前上市公司财务舞弊预期收益与预期成本严重失衡的局面，打击减少上市公司的舞弊机会，以此达到"不能舞弊"的成效。当然，对于加强相关责任人的法律问责，经济犯罪刑事立法的扩张虽然是保障资本市场发展的现实需求，但正如商浩文[24]提及的，其也存在一定的片面性和附随性效果。因此，在鼓励对控股股东、实际控制人、中介机构等刑事责任进行立法扩张的同时，也应强调司法实践必须在法治的基本框架下坚持刑法的基本原则，审慎适用相关的刑法规范。另外，若在实践中出现控股股东、实际控制人的大部分犯罪行为在受到刑事追诉前已受到证监会等行政机关给予的行政处罚，量刑时司法机关应考虑行政处罚与刑事处罚的衔接。

第四，完善民事赔偿制度。中小投资者若在投资前所获得的有关财务信息是虚假的，并因此蒙受损失，投资者有权对实行财务舞弊的公司和中介机构开展集体诉讼，对侵犯其权益的当事人提出赔偿。具体可以包括：首先追究公司董事和财务总监的责任，包括刑事处罚和民事处罚。再由法院根据财务舞弊的违法程度对控股股东、实际控制人、会计师事务所及其他相关责任人进行判决，判处的罚金全部用来赔偿投资者。借鉴最高人民法院于2021年通过的新《虚假陈述司法解释》，对于公开发行或公开交易的债券有关的虚假陈述案件，此时应推定虚假陈述行为与交易和损害之间存在的因果关系；涉及非公开发行亦不公开转让的债券，由投资者证明因果的成立。解决财务舞弊侵权案件时，可以加大判定虚假披露具有重大性的标准范围，在计算投资者损失时，亦应以实际损失作为赔偿上限，堵住上市公司舞弊获益的机会，提高对财务舞弊行为的惩戒力和威慑力度，反向掐断舞弊动因，使上市公司"不想舞弊"。

结论与讨论

过去20年，中国的财务舞弊治理的表现参差不齐。尤其伴随数字化变革的推进，愈演愈烈的舞弊事件，加上舞弊行业之广、舞弊手法之高、舞弊金额之巨、舞弊处罚之弱、舞弊危害之重，让中国的财务舞弊治理问题毁誉参半。中国的财务舞弊治理改革过程一再推进，但苦于没有彻底切除"处罚不构成威胁"这一病灶，只是治标不治本。明确舞弊参与方的行政、刑事与民事责任，构建一体推进"不敢舞弊、不能舞弊、不想舞弊"的财务舞弊治理模型，刻不容缓。结合中国立法，以加重自由刑和罚金刑的角度从检举、诉讼、问责和索赔四个层面强化"不敢舞弊、不能舞弊、不想舞弊"治理模型，也更有助于积极促进上市公司财务舞弊的治理与监管。但如何科学稳步推进"不敢舞弊、不能舞弊、不想舞弊"治理模型的实施，于大处着眼，小处下手，因企施教，对症下药，仍须上下求索。

参考文献

[1]黄世忠,叶钦华,徐珊,等.2010—2019年中国上市公司财务舞弊分析[J].财会月刊,2020(14):153-160.

[2]朱伟骅.上市公司信息披露违规"公开谴责"效果的实证研究[J].经济管理,2003(16):92-96.

[3]罗培新.我国证券市场和谐生态环境之法律构建——以理念为研究视角[J].中国法学,2005(04):89-102.

[4]黄世忠.康美药业财务造假延伸问题分析[J].财会月刊,2019(17):3-6+178.

[5]任朝阳,李清.上市公司会计舞弊风险指数影响因素研究[J].当代经济科学,2017,39(05):67-75+126-127.

[6]胡华夏,刘雯.从企业生命周期角度分析财务舞弊影响因素及演化[J].财会月刊,2018(14):101-108.

[7]陈彬,刘会军.什么样的公司有财务造假嫌疑?——来自香橼公司和浑水公司的启示[J].证券市场导报,2012(07):66-71.

[8]刘元,林爱梅,单雅迪.我国上市公司财务报告舞弊的特征和手段——基于2008-2013年证监会处罚公告[J].财会月刊,2015(28):16-19.

[9]陈思喆.上市公司关联交易舞弊手段与审计识别[J].财会通讯,2015(10):85-86.

[10]李克亮.论九好集团的财务造假新手法与审计新策略[J].会计之友,2018(09):102-105.

[11]牛彦秀,宫子琇.雅百特财务舞弊暴露的问题及对策探究[J].财务与会计,2019(04):36-39.

[12]王沛然.欺诈发行证券罪的立法反思与教义学阐释——以《刑

法修正案（十一）》为视角[J/OL].兰州学刊，2022（08）:1-14.

[13]郝玉贵,刘李晓.关联方交易舞弊风险内部控制与审计——基于紫鑫药业案例的研究[J].审计与经济研究,2012,27（04）:26-35.

[14]骆良彬,曹佳林.基于公司治理的财务舞弊问题探析——以日本东芝为例[J].会计之友,2017（05）:118-121.

[15]王泽霞,邰鼎,肖兰.舞弊上市公司内部控制重大缺陷特征研究——基于沪深A股上市公司的经验数据[J].生产力研究,2017（06）:131-135.

[16]黄世忠.上市公司财务舞弊的八因八策[J].财务与会计,2019（16）:4-11.

[17]刘行,李小荣.政府分权与企业舞弊：国有上市公司的经验证据[J].会计研究,2016（04）:34-41+95.

[18]吴芃,卢珊,杨楠.财务舞弊视角下媒体关注的公司治理角色研究[J].中央财经大学学报,2019（03）:51-69.

[19]张宗新,朱伟骅.证券监管、执法效率与投资者保护——基于国际经验的一种实证分析[J].财贸经济,2007（11）:3-8+128.

[20]汪明亮.刑事立法刑罚模式化——以《刑法修正案（十一）》为视角[J].苏州大学学报（哲学社会科学版）,2021,42（05）:60-68.

[21]齐文远,李江.论《刑法修正案（九）》中的"从业禁止"制度——以证券犯罪为考察视角[J].法学论坛,2017,32（05）:83-90.

[22]刘艳红.象征性立法对刑法功能的损害——二十年来中国刑事立法总评[J].政治与法律,2017（03）:35-49.

[23]魏汉涛.罪刑关系的反思与重构[J].政治与法律,2019（04）:2-17.

[24]商浩文.论欺诈发行证券罪的规范构造——以《刑法修正案（十一）》为视角[J].中国政法大学学报,2021（05）:248-256.

后记

多年来，我一直在上"财务报表分析"这门课，也逐渐形成了自己的教学体系，但要说出版教材，我是没想过的，不过，要出一本汇集相关案例的书，我却是有想法的。我想用一种写法，把财务舞弊的故事写出来，让更多非专业的人也能读得进去。

记得当时，我让黄悦昕来写一篇《为什么中国的财务舞弊屡禁不止？》的小文章，后来这篇小文章发在《财会月刊》。这篇文章有一个很基本的观点就是：我们的法律在面对这些财务舞弊的时候，处罚出现了问题。此前，《证券法》的顶格处罚是60万元。对，你没看错，受立法等因素的限制，证监会对发行人、上市公司等的信息披露造假等行为的顶格处罚为60万元，这与一些发行人获利数十亿元、上百亿元的造假情况极不匹配！至于其他类似于"资本市场的禁入处罚"的处罚，更是没有警示作用。好在，随着刑法修正案（2021年3月1日起正式施行）的落地，对于欺诈发行，相关责任人员的刑期上限由5年有期徒刑提高至15年有期徒刑，并将对其个人的罚金由"非法募集资金"的1%~5%修改为"并处罚金"，取消5%的上限限制；对单位的罚金由非法募集资金的1%~5%提高至20%~100%。对于信息披露造假，修正案将相关责任人员的刑期上限由3年有期徒刑提高至10年有期徒刑，并对其个人的罚金由2万元~20万元修改为"并处罚金"，取消20万元的上限限制。

我认为，那些之前设置的所谓的处罚上限制度，在资本市场就是一个笑话，"伤害性不大，侮辱性极强"。

中国的资本市场能不能搞好？我认为能搞好，也必须要搞好。正如习近平总书记在主持中共中央政治局第十三次集体学习时所指出的，"要建设一个规范、透明、开放、有活力、有韧性的资本市场，完善资本市场基础性制度，把好市场入口和市场出口两道关，加强对交易的全程监管"。

本书我用了《财务治理大败局》的书名，但书中内容并不是完全贴题。正如前中国证监会（CSRC）首席会计师，中国注册会计师协会原副会长、秘书长陈毓圭博士所说："这本书里提供的会计财务造假案例，冠以'财务治理'这个标题，不是非常贴切。"甚至，在陈毓圭看来，从治理的角度来论述这些案例，高抬这些人了。在这些人的心里，没有治理，只有任性、狂妄、无知。这些公司的故事，不是治理的故事，而是玩弄大众的故事；这些公司的失败，不是治理的失败，而是种瓜得瓜的必然结局。陈毓圭的这番话深得我心。

事实上，我对这本书还不是特别满意，因为有些故事没写得特别到位。但是，我还是非常感谢和我一起完成编写的小伙伴，在我看来，他们非常努力，每次讨论，都能对书稿做一些修改，他们的能力也提高不少，我看到了他们的进步。

因此，针对这本书的不足之处，我希望大家能提出更多的修改意见，我会不断修改、完善。

未来，我国对于资本市场的监管一定会继续加强，只有规范、诚信的资本市场，才能得到真正的发展。

我庆幸身处在当今这个时代，见证了很多发展。"位卑未敢忘忧国"，作为一名学者，我也希望用自己的专业知识为资本市场的进一步发展略尽绵薄之力。

罗党论
2023年11月30日